LESAGE

LESAGE

RICHARD DAIGNAULT

Maquette de la couverture:
France Lafond

Photo de la couverture:
La Presse/Pierre McCann

Tous droits de traduction et d'adaptation
réservés; toute reproduction d'un extrait
quelconque de ce livre par quelque procédé
que ce soit, et notamment par photocopie ou
microfilm, strictement interdite sans l'autorisation
écrite de l'éditeur.

©Copyright: Éditions Libre Expression, 1981

Dépôt légal:
2ᵉ trimestre 1981

ISBN 2-89111- 068-4

À mes enfants
et petits-enfants,
cette souvenance
du foudre politique
d'un printemps historique.

« Lesage a tellement travaillé !
À côté de lui, Maurice Duplessis
n'était qu'un bavard intelligent. »

                    Georges-Émile Lapalme

Sommaire

Avant-propos 9

Ouverture 13

    I — Le pressentiment de la fin 19

    II — Un testament politique 25

    III — Vaincre et mourir 33

LA PRISE DU POUVOIR

    IV — Une course terne et truquée 41

    V — Un grand blond dans le peloton 47

    VI — Qui perd gagne 65

    VII — La chance au coureur 77

    VIII — Seul en tête 99

RALENTIS SUR LA RÉVOLUTION TRANQUILLE
l'État, levier de la collectivité

    IX — L'explosion législative et administrative 115

    X — L'explosion budgétaire 133

    XI — L'explosion syndicale 149

    XII — Lesage et les Canadiens anglais 161

    XIII — Le pouvoir parallèle 175

L'EXERCICE ET LA PERTE DU POUVOIR

XIV — Des embûches sur le parcours 199

XV — L'odeur de la victoire 217

XVI — L'abandon 241

XVII — Un grand prince à Québec 259

Épilogue 269

ANNEXE

Le programme politique du Parti libéral du
    Québec — 1960. 275

Manifeste au Parti libéral du Québec — 1962. 297

Avant-propos

Malgré la critique extrêmement virulente, les injures et les coups sournois qui furent dirigés contre lui, Lesage réussit, avec l'aide d'une équipe de brillants lieutenants politiques, à mettre en place les structures nouvelles d'une société québécoise moderne, ouverte sur la France, l'Europe, le reste du Canada, et sur cette Amérique du Nord que les Canadiens français avaient parcourue d'est en ouest et du sud au nord.

Guy Frégault, l'éminent historien montréalais, écrivait que le temps n'était pas venu de faire l'histoire de la Révolution tranquille. Des historiens l'écriront « quand ce sera possible », disait-il. « Mais quel sujet pour une chronique! » s'exclamait-il du même souffle.

C'est une chronique de ce type que j'ai voulu faire! Factuelle, précise, jugeant moins qu'elle ne décrit cette époque de Lesage. Ce n'est qu'à l'occasion que je me suis permis de prendre un certain recul par rapport à mes modèles, Lesage et la Révolution tranquille, pour tenter de comprendre un peu mieux certaines facettes particulières du personnage ou de son œuvre.

J'ai voulu regarder un vaste ensemble. Correspondant parlementaire à Québec depuis 1947, j'ai été témoin de la fin d'une époque et de l'arrivée de cette comète que fut Lesage dans le ciel politique du Québec. Pour moi, la Révolution tranquille permit une concentration et une coordination d'efforts presque surhumains à l'intérieur d'une période de temps remarquablement brève. Les historiens diront qu'entre 1960 et 1963 il s'est dit chez nous à peu près tout ce qui fut avancé et fait par la suite. C'est une période marquée au coin du courage et d'une richesse inouïe. Il faudra fouiller la vie d'hommes extraordinaires, dont les noms ne sont pas généralement associés à la Révolution tranquille, pour voir complètement d'où sont venues toutes les lignes de force de ce bouleversement social, cette révolution sans violence.

Ce livre esquisse un portrait de Lesage. Je ne suis pas un historien. Je ne prétends pas à l'objectivité. J'ai été témoin de ce que je raconte et je ne chercherai pas à cacher au lecteur que je suis un admirateur de l'ex-chef du Parti libéral du Québec.

Je trouve assez curieux le fait qu'aucun ouvrage n'avait encore été publié sur lui. J'ai remarqué que, au cours des années, aucun de ceux qui mirent un peu ou beaucoup du leur dans cette grande œuvre collective que fut la Révolution tranquille, ne résista à la tentation de dire: « C'est moi qui ai fait ça! » ou « Sans moi, telle chose n'aurait pas réussi. » Chacun cherche à s'approprier une pierre ou un bloc entier du grand monument. Lesage, lui, ne parlait pas ou si peu. Il ne savait où commencer. Et s'il commençait, il craignait de ne jamais pouvoir finir. Car Lesage a plané sur l'ensemble de la Révolution tranquille, et c'est de ce survol dont je veux rendre compte. J'ai, en même temps, voulu mieux faire comprendre sa vie personnelle, son séjour à Ottawa et les chemins qu'il prit pour arriver au pouvoir à Québec.

Pour décrire les années de pouvoir de Jean Lesage, c'est volontairement que ma chronique a pris l'allure échevelée de cette course au progrès dans laquelle Jean Lesage engagea le Québec à sa suite.

Ma narration est chronologique, avec cependant, comme au cinéma, des espèces de ralentis, des pauses consacrées à l'étude un peu plus approfondie de certains des grands éléments de la Révolution tranquille: l'État, levier de la collectivité, la syndicalisation de la Fonction publique, la grande réforme de l'éducation, les problèmes constitutionnels, etc. Mais, encore une fois, ces études tout approfondies soient-elles n'ont absolument pas la prétention de constituer des analyses. Ce n'est qu'en s'éloignant de nous dans le temps que la Révolution tranquille, laissant derrière elle des « traînées d'or », selon l'expression de Georges-Émile Lapalme dans ses Mémoires, pourra véritablement prendre sa place dans la perspective de l'histoire... et son principal pilote, Jean Lesage, avec elle.

Écrire ce livre, dans les mois qui suivirent la mort de Jean Lesage, me donna l'occasion de réentendre, nostalgique, les voix et les sons, de revoir les formes et les couleurs, de ce paysage politique où s'animent les souvenirs qui peuplent la mémoire des gens de ma génération.

Avant qu'il ne s'efface à jamais, j'ai tenté d'en fixer dans ces pages l'étendue et les grandes lignes, en plaçant bien au centre du tableau celui qui eut le génie de lever la tête avec les forces du changement et d'en voir la grandeur des horizons: Jean Lesage.

Ouverture

Des musiciens comme Rossini ou Bizet aimaient à rassembler, dans l'ouverture des opéras qu'ils composaient, quelques mesures des plus grands airs de l'œuvre qu'ils venaient d'écrire... Laissez-moi ici, beaucoup plus modestement mais de la même façon, vous retremper en quelques pages dans l'atmosphère sonore de ce Québec d'avant 1960 dont Jean Lesage s'apprêtait à prendre en main les destinées.

Depuis si longtemps qu'on entendait dire, au Québec, que la vie devait changer!

Rodolphe Hamel, le président du syndicat des mineurs de l'amiante en 1948, à Asbestos, celui de la Johns-Manville dont l'exploitation minière est la plus considérable au Québec, raconte:

« On demandait que l'employeur — je voudrais que ce soit dit dans toutes les parties du monde — que l'employeur s'engage à éliminer la poussière de l'amiante à l'intérieur et à l'extérieur de ses usines autant que possible. Nos gens étaient empestés; il nous en est mort je ne sais pas combien. Si vous alliez déterrer le cimetière d'Asbestos, je suis certain que vous y trouveriez une mine d'amiante. Les gens sont morts debout, écrasés, plus capables de respirer...

« La loi était passée, c'était reconnu comme maladie industrielle, mais on ne les payait pas. On est allé faire du lobbying à la Commission des accidents du travail, au ministère du Travail, mais ils bloquaient tout. » (*Rodolphe Hamel raconte sa vie ouvrière,* publié par le Service d'éducation de la CSN, page 10.)

C'est l'temps que ça change!

Madame Hamel rappelle quelques souvenirs:
« Aux pires moments il a toujours resté la prière. Quand Jean-Noël s'est fait massacrer, l'aumônier est venu, on était après dire notre prière; il n'y avait plus rien que ça, on n'avait plus rien pour s'accrocher... » (*Ibid.*, page 11.)

C'est l'temps que ça change!

« Une chrétienté où le mensonge est érigé en système est un pays où inévitablement on attaque le sens religieux, car la foi chrétienne est essentiellement d'abord un culte de la vérité. Les méthodes modernes de diffusion de l'idée permettent de bâtir d'immenses mensonges collectifs... Par exemple, l'on fera croire que prôner la sécurité sociale c'est glisser vers le marxisme, que promouvoir l'assurance-santé c'est saboter nos communautés religieuses... » (*L'immoralité politique dans la province de Québec,* par Gérard Dion et Louis O'Neil, prêtres, 1956.)

C'est l'temps que ça change!

« Le mensonge systématique et l'emploi du mythe sont déjà des manœuvres frauduleuses. Les procédés tels que l'achat de votes, les corruption de la loi électorale, la menace de représailles pour ceux qui ne soutiennent pas le « bon parti », les faux serments, les suppositions de personnes, la corruption des officiers d'élections semblent devenir des éléments normaux dans notre vie sociale en période électorale... Des méthodes similaires, utilisées en pays communistes, soulèvent l'indignation de nos braves gens et mettent en branle le zèle de nos journalistes catholiques. Au pays du Québec, elles obtiennent rapidement une généreuse absolution populaire. Même on s'en vante et on en rit comme s'il s'agissait de tours innocents. » (*Ibid.*)

C'est l'temps que ça change!

« Si donc quelqu'un s'avisait de penser en dehors du nationalisme officiel ou même de le reformuler en modifiant quelque caractéristique essentielle, on tenait automatiquement cet homme pour suspect, on le cernait, on perquisitionnait sa pensée... Ainsi en fut-il d'Édouard Montpetit et de quelques autres jeunes professeurs qui revinrent d'Europe avant la Première Guerre mondiale, avec la notion peu répandue que notre peuple devait se tourner vers l'industrie et la finance... Et en 1945, le père Arès, s.j., faisant le point sur l'ensemble de *notre question nationale,* écrivait que la révolution industrielle « ne pouvait avoir que des résultats désastreux pour notre peuple... » (*La grève de l'amiante,* Pierre Elliott Trudeau, 1956.)

C'est l'temps que ça change!

« Il faut aussi rappeler brièvement l'incroyable lutte que les apôtres de l'instruction obligatoire ont dû livrer contre une intelligentsia qui s'obstinait à ne voir dans cette réforme qu'une mesure radicale et athée... Quand le Comité (catholique du Conseil de l'instruction publique) eut à se prononcer, sur l'adoption de l'instruction obligatoire, on note les dissidences suivantes: NN.SS. Comtois, Langlois, Douville et Belleau, plus Sir Mathias Tellier et le juge H.-A. Fortier... En 1943, un projet de loi fut préparé... Le secrétaire de la province, Hector Perrier, avait eu raison de la résistance de la majorité des évêques en leur expliquant que sa loi était calquée sur celle de la Cité vaticane. Certains étaient néanmoins demeurés irréductibles, de même que des organismes comme la J.O.C. (Jeunesse ouvrière catholique) et la Société Saint-Jean-Baptiste de Montréal. » (*Ibid.*)

C'est l'temps que ça change!

« À l'Assemblée législative, les députés de l'Union nationale, M. Duplessis en tête, s'opposèrent en bloc à la loi, mais la majorité gouvernementale de M. Godbout l'emporta: le 26 mai 1943 la fréquentation scolaire devenait obligatoire pour tous les enfants de 6 à 14 ans. — Mais l'Union nationale était portée au pouvoir l'année après, et depuis, elle ne s'est guère souciée d'appliquer la loi. » (*Ibid.*)

C'est l'temps que ça change!

« C'est dans la province de Québec que la fréquentation scolaire est la plus faible au Canada. 50 p. cent des jeunes quittent l'école à l'âge de 15 ans... Une chose s'impose donc immédiatement: la gratuité scolaire. Tous les jeunes qui en ont le talent et la volonté pourront, sans payer de frais de scolarité, bénéficier de l'éducation à tous les niveaux... » (*Le programme politique du Parti libéral du Québec 1960*, page 6.)

C'est l'temps que ça change!

« Si j'ai accepté de faire de la politique c'est que je considère la situation grave. Si nous ne réagissons pas immédiatement, nous deviendrons comme l'Union nationale et le sens démocratique se perdra dans les faveurs, les positions humiliantes, l'asservissement total de l'homme à une politique de désintégration nationale. Ce mauvais gouvernement est au-dessus du niveau intellectuel et moral de la race canadienne-française. Nous méritons mieux que ça... » (René Lévesque, durant la campagne électorale de 1960, cité dans *René Lévesque*, par Jean Provencher, éditions La Presse, 1973, page 145.)

C'est l'temps que ça change!

« Être libéral, c'est être socialement juste. » (Georges-Émile Lapalme, cité dans le *Programme politique du Parti libéral de 1960*, page 19.)

C'est l'temps que ça change!

« La Confédération canadienne ne peut progresser que dans le respect mutuel de l'esprit qui a présidé à sa fondation. » (Paul Gérin-Lajoie, cité dans le *Programme politique du Parti libéral de 1960*, page 23.)

C'est l'temps que ça change!

« Le relèvement général du standard de vie que peut nous assurer une économie en pleine expansion ne saurait satisfaire toutes nos aspirations, comme groupe ethnique, tant que le contrôle et la gérance de cette économie continuent de nous échapper aussi tragiquement. » (Jean Lesage, cité dans le *Programme politique du Parti libéral de 1960,* page 9.)

C'est l'temps que ça change!

« Mesdames et messieurs, la machine infernale, avec sa figure hideuse, nous l'avons écrasée... » (Le cri de la victoire de Jean Lesage, le soir de l'élection du 22 juin, 1960.)

I

Le pressentiment de la fin

Fin mai 1980. Je suis au bureau d'Ottawa du journal *Le Soleil*, cinquième étage de l'édifice de la presse, rue Wellington, au cœur de la cité parlementaire, dans la capitale du Canada. Le téléphone sonne.
— Allô?
— Monsieur Daignault? demande une voix féminine.
— Lui-même.
— Un instant, Jean Lesage désire vous parler.
— Allô, Dick!

La voix de Lesage est amicale, chaude, sonore, comme dans les belles années de la Révolution tranquille, mais son timbre, s'il garde encore quelques échos de l'airain des grands jours, laisse déceler la blessure des ans.

Dick! C'est le diminutif anglais de mon nom de baptême, Richard. C'est ainsi que Lesage me nomme, familièrement, depuis 1958, l'année où je l'ai connu, l'année de son entrée en scène dans le monde de la politique provinciale québécoise et dans l'histoire.

— Vous m'excuserez, Dick, je vous prie, de ne pas avoir répondu à votre lettre concernant la possibilité de vous accorder une entrevue. Je subis actuellement des traitements et je perds la voix... Petit à petit.

Surpris, je ne comprends pas très bien où il veut en venir.

— Votre voix me semble peut-être fatiguée, mais elle a toujours son timbre, sa résonnance...

Je veux le détendre, lui rappeler les années héroïques, celles des grands discours de la Révolution tranquille. Lesage le sent bien.

— Ah! Dick, je vous remercie. Mais d'ici quelque temps je ne parlerai plus. Je deviendrai aphone. Mon mal affecte les cordes vocales. Le simple effort de vous parler au téléphone m'est très douloureux. Ce que je veux vous dire c'est qu'il m'est tout à fait impossible de m'entretenir avec vous pendant quelques heures pour répondre à vos questions. Lorsque la série de traitements que je dois subir sera terminée, je vous appellerai et nous prendrons rendez-vous.

— Ce que vous me dites est terrible...

— J'ai un cancer, Dick. Je subis des traitements au cobalt. Toute ma gorge est brûlée, vous savez.

— Brûlée?

— C'est extrêmement douloureux. La charge de cobalt brûle les chairs... Mais ce n'est pas la fin, ajouta-t-il avec énergie. Je ne vais pas mourir. Mes médecins affirment que le cancer est en voie de guérison. Ma voix reviendra. C'est une question de temps. Gardez tout ça pour vous, je vous prie.

Je demeurai dans un état de stupeur quelques minutes à la suite de cet appel.

J'avais vu Lesage pour la dernière fois en 1979, au salon-bar « Le caucus », à l'entrée du Hilton de l'ancienne capitale. Cela faisait alors dix ans que je ne l'avais pas rencontré. Je l'avais trouvé vieilli, blanchi, mais en forme quand même, et alerte pour un homme de son âge: 67 ans.

« Je veux vous voir, m'avait-il dit alors, je veux vous voir. Écrivez-moi et j'arrangerai ça. »

Je lui avais donc écrit. Mais il ne m'avait plus donné signe de vie. Je l'avais relancé par une autre lettre. C'est ce qui m'avait valu ce coup de téléphone, ou plutôt de tonnerre.

Cette muraille d'homme, ce menton de fer, cette tête de lion, atteint d'un cancer!... Et de plus, à la gorge, lui dont le rugissement si puissant — « C'EST LE TEMPS QUE ÇA CHANGE » — s'élevait, irrésistiblement, au-dessus des rumeurs de 1960 pour donner aux espoirs québécois cette force de cohésion et cet air victorieux qui allaient balayer l'empire étouffant des momies et les pyramides sacrées de notre histoire.

J'avais immédiatement informé mon journal, *Le Soleil,* de cette nouvelle, demandant, bien sûr, qu'on respecte la confidentialité de l'information.

Quelques semaines plus tard, la nouvelle de la maladie de Lesage paraît dans le quotidien *La Presse* de Montréal et, par le truchement de la Presse Canadienne, en première page du *Soleil*.

J'appelle immédiatemnt au bureau de Lesage. Je suis bouleversé par le tapage que l'information provoque et Lesage encore plus que moi. Je ne veux pas qu'il puisse penser que j'en suis le responsable.

— Écoutez, je suis guéri, ce n'est qu'une question de temps, me dit-il. Je vais au bureau régulièrement. Je continue de jouer au golf...

— Savez-vous quelle est la cause de votre maladie?
— La cigarette.
— Avez-vous abandonné?
— Non, mais je fume moins.

Je communique de nouveau avec Lesage en juin. Il me dit qu'il doit subir d'autres traitements. Je lui demande si je peux lui envoyer quelques questions écrites. Ses réponses serviraient à la rédaction d'un article que je souhaite consacrer au 20ᵉ anniversaire de la Révolution tranquille.

— Vous pourriez m'écrire vos commentaires, lui dis-je.
— Très bien, je le ferai.

Ce fut la dernière fois que j'entendis la voix de Jean Lesage, dans le vif d'une conversation.

Je lui envoyai une vingtaine de questions. Je ne reçus aucune réponse. Je rédigeai quand même, avec une certaine nostalgie, un article anniversaire de la Révolution tranquille, anniversaire que l'on fixe arbitrairement au 22 juin, car c'est à cette date, en 1960, que Lesage et ses libéraux prirent le pouvoir au Québec. Au mois d'août, je revins de vacances. Une lettre de Lesage m'attendait. Elle était datée du 3 juillet.

Cher ami,
J'ai lu avec une très grande satisfaction l'article que vous avez écrit sur la Révolution tranquille et qui a été publié dans l'édition du samedi 21 juin, du *Soleil*.

Vous avez été fort aimable à mon égard et veuillez croire que je vous en suis profondément reconnaissant.

Pour ce qui est de répondre à vos questions, j'ai commencé à y songer mais je n'ai pu le faire jusqu'à maintenant. Si je voulais répondre en détail à chacune, il me faudrait écrire un volume.

J'ai pensé qu'éventuellement il vaudrait peut-être mieux que nous nous rencontrions et que nous ayons une conversation à bâtons rompus. Dans le moment, l'état de ma voix ne me permet pas de ce faire. Je subis encore des traitements mais je ne crois pas que ma voix reviendra à la normale avant au moins un mois. Je me permettrai à ce moment-là de communiquer avec vous pour vous suggérer un rendez-vous.

Merci, etc...

Jean Lesage

La lettre était signée de sa main: signature sans détour — un enfant connaissant ses lettres eut pu la lire sans effort — d'une symétrie à la fois élégante et originale. Ce « E » final qu'il inscrit en majuscule donne à l'écriture comme au prononcé de son nom une impression de finalité qui, alliée au « g », accentue la dernière syllabe de LesagE, faisant écho au « Je » initial de son premier nom *Jean*.

Ainsi, son nom est encadré très exactement par « Je » et « gE », et cela est tout à fait délibéré, recherché. Enfantillage, diront certains. Il y a, chez Lesage, quelque chose de l'aplomb et de cette confiance dans « les autres » que l'on retrouve chez l'enfant. Comme l'enfant, Lesage ne doute pas un seul moment de son importance, d'où cette assurance dans le comportement et jusque dans la précision recherchée de la signature. Dans ce sens, oui, un certain optimisme enfantin, cette foi aveugle dans l'être humain, survit chez l'homme adulte mais à l'intérieur d'un cerveau organisé et discipliné et tout à l'opposé des esprits timides, craintifs, brouillons, improvisateurs, sournois que l'on rencontre si souvent dans le monde de la politique.

II

Un testament politique

Jean Lesage n'est pas un parasite de la politique. Il n'est pas entré dans la carrière pour profiter, par ruse ou tactique opportuniste, des avantages d'un destin que d'autres auraient préparé.

Lesage est coulé dans le moule de l'action. Au moment même où il apparaît dans la conjoncture politique québécoise de 1958, son idée est de transformer et bâtir en une structure organisée, intelligible et intelligente, le chaos impuissant de la révolte contre Maurice Duplessis et l'Union nationale. Il est celui qui cristallise l'opposition québécoise à l'hypocrisie autonomiste, à la corruption, à l'ignorance, à l'exploitation ouvrière, à l'assimilation, à ce que Guy Frégault a qualifié, dans son dur langage, de « sous-développement québécois ».

Cette petite famille humaine qui avait semé pendant trois cents ans ses noms français à la grandeur de l'Amérique, qui s'était incrustée dans la géographie et l'histoire de ce continent autant que dans la pierre des temps, s'était recroquevillée dans son riche passé et ses traditions pour survivre malgré l'industrialisation anglaise et américaine, malgré les *trade unions* américains, malgré l'indifférence ou l'hostilité des Canadiens anglais. Çà et là, de jeunes Québécois se constituaient de nouveau en équipage prêts à entreprendre de nouvelles explorations, à fonder de nouvelles assises. Il fallait rejoindre les États-Unis, eux-mêmes à la veille d'aborder l'ère spatiale subitement catapultée dans la conscience universelle depuis le « sputnik » de l'Union soviétique en 1957. Le Québec devait tailler sa propre place dans l'histoire des temps modernes.

Des idées pleuvaient à plein ciel. Mais quelle voix attirerait la majorité des suffrages dans l'entreprise qui inverserait le courant d'une époque vénérée. Quelle voix convaincrait la jeunesse de sortir de la caverne des habitudes pour affronter l'inconnu et bâtir un avenir fondamentalement différent du passé?

C'est alors que la voix de Lesage, entendue d'abord en 1958, rallia une forte proportion du peuple québécois au diapason du changement...

Cela ne dura que quelques années, puis cette voix de prophète se tut... jusqu'en 1980. Les plus jeunes des journalistes présents furent alors étonnés, impressionnés, par les tonnerres d'applaudissements déclenchés par cette voix du passé, le 7 mai, lors du grand ralliement du NON au Centre des congrès de Québec.

Lesage s'était fait entendre avec tant de force... Qui se serait douté que, ce matin-là, sur les conseils de son médecin, le Dr Paul Fugère, son beau-frère, Jean Lesage s'était rendu au Centre hospitalier de l'Université Laval, à Sainte-Foy, dans la banlieue de Québec, afin de subir une nouvelle fois des prélèvements dans la région du larynx?

On redoutait un cancer. Depuis quelque temps quelques ganglions étaient apparus. Lesage n'en parlait pas. Puis un certain gonflement, de chaque côté de la gorge, devint visible. Le médecin conseillait une intervention rapide pour vérifier la présence possible de tumeurs malignes.

Le diagnostic était fait. Il avait abattu quelque peu le vieux lion. Lorsque, ce 7 mai, il va à son bureau, magnifiquement situé au 18ᵉ étage de l'édifice de la Vieille Capitale, boulevard Saint-Cyrille, dans le centre de la haute-ville, Lesage venait d'apprendre qu'il était atteint d'un cancer.

Il s'était assis dans sa chaise pivotante, recouverte d'une étoffe bleu marine.

De son nid d'aigle, ouvrant sur l'extérieur par huit grandes fenêtres, en coin, sur le nord-est et le sud, il découvrait la ville de Québec, dans toute sa splendeur.

Quel extraordinaire et saisissant tableau! Au premier plan ce panorama s'étend en demi-cercle de la rue Saint-Jean jusqu'à la Grande-Allée à la hauteur de la rue Cartier. L'arrière-scène est remplie des formes colossales que dessinent les Laurentides, le fleuve Saint-Laurent, l'île d'Orléans et les parois rocheuses qui soutiennent Lauzon et Lévis.

À sa droite, sur un mur intérieur, un grand portrait de Corinne, son épouse, la mère de ses quatre enfants... la femme de sa vie.

Sa secrétaire, madame Papillon, le trouva ce jour-là d'une pâleur inaccoutumée.

C'est elle qui s'était occupée d'organiser son bureau au moment de sa décision d'abandonner la politique active, en août 1969. Elle et son mari, Maurice, un fonctionnaire au ministère du Travail, étaient de grands amis de la famille. Grande et jolie, blonde aux yeux verts parsemés de petits points dorés, madame Papillon accompagnait Lesage pour le lunch au « caucus » du Hilton une fois par semaine, ce qui ne manquait pas d'inspirer les mauvaises langues, à l'amusement un peu méprisant de Lesage.

Elle s'inquiète de son état. Il lui annonce sans détour sa maladie. Doit-il pour autant renoncer à cet engagement qu'il a pris de prononcer un discours à l'assemblée du NON où Pierre Trudeau, le Premier ministre du Canada, Claude Ryan, le chef du Parti libéral du Québec, et les autres figures dirigeantes du camp du NON doivent également prendre la parole?

Malgré l'état dépressif dans lequel il se trouve, malgré les prélèvements du matin, Lesage décide qu'il ne faussera pas compagnie à ses amis politiques et à la cause qu'ils défendent.

Il dicte à madame Papillon, à titre d'aide-mémoire, les notes politiques qui seront les dernières de sa vie.

Ces quelques notes, exposant ses vues sur le référendum québécois, paraissent ici pour la première fois.

« Depuis que j'ai quitté la politique active, dicte Lesage, il y a maintenant dix ans — c'était en 1970 — je n'ai fait en public qu'une seule intervention politique, lors du Congrès du Parti libéral du Québec en 1978. C'est l'importance que revêt à mes yeux le référendum du 20 mai qui m'incite à exprimer publiquement mon opinion aujourd'hui, non pas tant comme libéral que comme Québécois.

« La politique du gouvernement que j'ai dirigé de 1960 à 1966 tendait principalement à faire du Québec une société moderne et à donner aux Québécois de langue française les outils nécessaires pour acquérir la maîtrise de l'économie du Québec, de là le slogan « MAÎTRES CHEZ NOUS ». Il ne m'est jamais venu à l'esprit d'avoir un Québec séparé, souverain ou indépendant.

« Dans cette optique, mon gouvernement et mon parti ont poursuivi des politiques vraiment québécoises, mais aller jusqu'à dire que l'indépendance, la séparation en sont la suite logique, comme certains veulent le prétendre, est le fruit d'une imagination déformée par la partisanerie.

« Pour ma part, je n'ai jamais envisagé le Québec séparé du Canada. Le Canada c'est mon pays, j'en suis fier, comme le dit M. Ryan; le Québec c'est ma patrie et j'en suis fier, mais mon pays c'est le Canada, je veux y demeurer, je ne veux pas restreindre mes horizons, revenir au temps où le Québec était replié sur lui-même. Si les jeunes de nos jours avaient vécu les années de la grande noirceur, avant 1960, ils comprendraient vraiment le sens de la Révolution tranquille des années 60. — Nous avons déclenché à partir de 1960 une explosion de liberté et de progrès au Québec afin que ce dernier ait vraiment la place qui lui revient au sein du Canada.

« Pour ma part, je ne crois pas en la souveraineté-association, c'est-à-dire l'indépendance et la séparation, c'est une utopie. Personne n'a prêché plus que moi la fierté du Québec, mais l'indépendance politique, ce n'est plus de la fierté, c'est de la présomption et de l'inconscience.

« Le Québec a besoin du Canada et le Canada a besoin du Québec. Un tout est fort de la force de ses parties et chaque partie est forte de la force de l'ensemble. Pour ma part, et qu'on ne vienne pas m'accuser d'être un marchand de peur, je crains le pire pour l'avenir d'un Québec isolé, tant au point de vue économique qu'au point de vue social.

« Et que les gens du Parti québécois n'essaient pas de me faire la leçon. Je n'ai jamais utilisé ni la peur, ni le chantage. Lorsque le gouvernement que je dirigeais a obtenu de haute lutte ses victoires mémorables comme le retrait des programmes conjoints, l'amélioration de la péréquation, le Régime des rentes du Québec, la Caisse de dépôt et de placement, etc... nous n'avons jamais eu recours au chantage. Nos arguments étaient solides, ils étaient bien présentés et nous avions la fermeté et la détermination nécessaires. C'est avec les mêmes armes que nous pouvons écrire avec les Canadiens des autres provinces une nouvelle constitution.

« Certaines personnes, dont hélas plusieurs fédéralistes, pensent qu'un « Oui » au référendum va forcer les Canadiens hors du Québec à refaire la constitution. — Or, les Premiers ministres des autres provinces, comme le Premier ministre du Canada, sont prêts à modifier la constitution dans le sens de la décentralisation. Ceux qui veulent utiliser le « Oui » comme un moyen de chantage risquent de créer une muraille autour du Québec et de bloquer nos revendications légitimes pour une constitution renouvelée...

« Comprenons bien le sens d'un « Oui » au référendum. Ce que le Parti québécois demande, c'est de négocier la souveraineté, donc l'indépendance du Québec — l'indépendance politique du Québec, puis son association économique avec le reste du Canada. Or, les autres refusent de négocier sur cette base.

« Qu'on relise bien la question posée. Elle réfère à l'entente proposée au préambule qui implique non pas une constitution renouvelée, mais bien l'indépendance politique du Québec.

« En répondant « Oui » à la question, on autorise le gouvernement à négocier l'indépendance du Québec. Comment peut-on voter « Oui » si l'on est contre l'indépendance? Je ne puis demander au gouvernement de négocier une chose dont je ne veux pas — ce serait de l'illogisme. Sans compter que je ne suis pas prêt à prendre un risque aussi grave. »

On aura remarqué sans doute l'espoir que Lesage entretenait quant à la décentralisation plus poussée des arrangements constitutionnels au Canada, si les forces du « NON » l'emportaient.

Immédiatement après cette journée du 7 mai, Lesage doit commencer ses traitements aux rayons radioactifs, affronter cette fameuse « bombe au cobalt » de l'Hôtel-Dieu de Québec.

Quelques jours plus tard, Lesage confie à un de ses intimes: « C'est moi qui avais, du temps où j'étais Premier ministre, inauguré l'installation de cette dernière trouvaille de la science médicale. Et aujourd'hui, c'est moi qui en subis les bombardements. Curieuse destinée. »

Les traitements dureront sept semaines, cinq jours par semaine. La peau de son cou est toute brûlée par la violence des rayons destinés à l'élimination des excroissances cancéreuses.

C'est au cour de ces traitements que Lesage me téléphone et qu'il m'écrit la lettre à laquelle j'ai fait allusion.

En fait je n'ai pas l'exclusivité! il entre ainsi en communication avec bon nombre de ses amis. Il se rend aussi assez fréquemment au Club de réforme de Québec, le rendez-vous des libéraux. Il joue même au club de golf de Boischatel. C'est ainsi que la nouvelle de sa maladie se répand.

Les rapports des médecins sont optimistes.

Lesage refuse de se comporter comme un malade. Son cœur en subit des contrecoups.

Lesage a « quelque chose au cœur » depuis le malaise qu'il a éprouvé après la défaite de son gouvernement le 5 juin 1966.

Il s'agissait alors d'une crise cardiaque, selon Lesage

lui-même, mais qui n'était « pas très grave ». Voici comment il en parlait à Jean Larin au cours d'une émission de radio de la Société Radio-Canada intitulée « À suivre » et diffusée le 13 janvier 1980.

« ...dans la nuit du 16 au 17 juin, immédiatement après la remise de ma démission au lieutenant-gouverneur, j'ai fait une crise cardiaque, pas très grave, mais enfin c'était un avertissement, une crise cardiaque qui a nécessité mon transport à l'hôpital... Dès ce moment-là, après avoir consulté mes médecins, il fallait que j'abandonne la politique. »

Et Lesage d'expliquer que même s'il était resté en poste comme chef de l'opposition pendant trois ans, il avait dès cette crise décidé de quitter la politique active.

C'est possible. Ce n'est cependant pas l'opinion d'un certain nombre de ses collaborateurs.

III

Vaincre et mourir

Jean Lesage, après tant d'efforts, demeure confiant. Tout converge, chez lui, à animer l'espoir d'une guérison complète.

L'ablation de ganglions au cours de l'été, toutefois, ne réglait pas le problème. Il fallait une dernière intervention chirurgicale, radicale celle-là, qui s'attaquerait au centre du problème, l'épiglotte.

Car, contrairement à ce qu'on avait laissé entendre, Jean Lesage ne souffrait pas d'un cancer du larynx, c'est l'épiglotte qui était irrémédiablement attaquée.

L'épiglotte est située à l'orifice du larynx. C'est cette languette qui s'actionne durant la déglutition.

Les médecins voulaient prévenir toute possibilité d'une reprise des lésions cancéreuses, théoriquement en voie de guérison ou guéries, en effectuant un « grattage » de la région du larynx, à l'intérieur de la gorge, jusqu'au niveau des poumons ou presque.

L'intervention chirurgicale était majeure. Elle devait être définitive. Pourquoi se soumettre à des interventions répétées, douloureuses?

Était-ce nécessaire ou même utile? Une guérison était-elle vraiment possible? Ce sont là des questions lancinantes, épouvantables, que se pose aujourd'hui la famille du grand disparu.

Quand ses proches s'inquiétaient de son sort, Lesage

répondait, invariablement: « Je suis entre les mains de mes médecins. » En homme moderne, il faisait confiance à la science et à la compétence. Face à ses souffrances, face à sa maladie, face à la fin de sa vie, Lesage a étonné par le calme et la froide objectivité de son comportement.

L'ultime intervention chirurgicale fut fixée au 11 novembre. Pour Lesage, cette opération était le prix de sa victoire sur le cancer. Il est clair qu'il ne souhaitait pas mourir.

Le jour venu, Lesage est placé sous l'intense lumière de la salle d'opération. Tout est prêt. L'anesthésiste commence son travail.

Tout à coup un signal est donné. Feu rouge. Il faut tout arrêter. Le cœur de Lesage faiblit, menace de flancher. Les médecins s'activent...

Ranimé, sur son lit d'hôpital, Lesage apprend que l'intervention chirurgicale pour laquelle il s'était mentalement préparé n'a pas eu lieu. Elle est remise à plus tard. Il en ressent un profond désappointement. Un être humain ne se prépare pas à subir de tels chocs sans en ressentir de profondes tensions.

On fixe une nouvelle date, le 25 novembre.

Lesage apprend alors, en arrivant à l'hôpital de l'Université Laval, qu'il devra partager une chambre avec un autre patient. Il proteste. Il exige une chambre privée. Rien à faire. La mécanique anonyme de l'hôpital universitaire est en marche et bien malin celui qui pourrait l'arrêter...

En désespoir de cause, Lesage cesse ses supplications et, impérieusement, déclare: Très bien, je vais appeler le Premier ministre, René Lévesque. Mais il n'a pas à aller jusque-là. On lui accorde sa chambre privée avant qu'il mette sa menace à exécution.

Plus tard, Lesage racontera en souriant, du coin de la bouche, à quelques amis libéraux, cette petite confrontation politico-bureaucratique.

Cette fois l'opération est réussie. Lesage semble vouloir s'en remettre avec rapidité. Son entourage, les amis de la famille n'en reviennent pas. On l'a ouvert par l'extérieur de la gorge. Il sort de l'hôpital avec un réseau de sutures qui laissera une empreinte indélébile dans la mémoire de ceux qui le voient. Les points sont retirés au début de décembre. Tout est cicatrisé. La performance est impressionnante pour un homme qui a atteint 68 ans.

Le moral de Lesage tient bon, s'améliore même. Mais l'homme souffre sur le plan physique comme jamais auparavant.

Il ne peut plus avaler une goutte d'alcool tellement les parties internes opérées sont sensibles. Lesage avait précédemment continué de fumer tout au long de sa maladie. Depuis l'intervention du 25 il a dû cesser. La fumée a l'effet d'un feu.

Lui qui, par fierté, ne se plaignait pas! Il avoue: « Ce que je trouve le plus difficile: ne plus pouvoir fumer! »

Il mange avec beaucoup de difficulté. C'est une dernière souffrance qui s'ajoute aux autres. Les aliments solides, même bien broyés, lui causent des douleurs insupportables au moment de la déglutition. Il se résigne à ne manger que de la nourriture en purée.

Un ami qui l'accompagne lors d'un lunch — quelques jours avant sa mort — commande un steak. Lesage, lui, se fait servir un œuf à peine cuit, presque cru, dans sa coquille. Mais, même cet œuf à demi cuit, presque liquide, est difficile à avaler. L'ami en est atterré.

Jean Lesage cependant dit toujours espérer. Indomptable optimiste. N'a-t-il pas fait tout ce qu'on lui demandait de faire? N'a-t-il pas fait face à tous les défis?

Le 9 décembre il arrive à son bureau. Corinne l'accompagne. Il annonce à ses associés qu'il reprendra le travail le lundi suivant.

Il sort pour se rendre chez son coiffeur. Malgré l'âge, sa chevelure quoique très blanche est demeurée abondante et légèrement ondulée. Il se fait laver et légèrement teinter les cheveux de bleu.

Il revient au bureau, veut s'assurer que tout sera prêt pour sa rentrée du 15 et demande à Madame Papillon de faire son agenda pour 1981. Tous ceux qui connaissaient bien Jean Lesage savaient qu'il ne pouvait fonctionner sans se fixer des objectifs précis.

Certaines personnes disaient à Corinne Lesage que son mari devrait prendre plus de temps pour refaire ses forces.

« Sa meilleure thérapie, ce sont ses dossiers », répondait Corinne.

Le soir du 11 décembre il prend ses calmants pour dormir. « Il ne faut pas que je pense trop, en me couchant », dit-il à ses proches depuis quelques jours.

Le 12 décembre, vendredi, Madame Papillon est en train de lire à tout le monde au bureau du boulevard Saint-Cyrille une lettre très touchante qu'elle et son mari ont reçue de Jean Lesage.

L'enveloppe qui l'apporte est datée du 9 décembre. Elle est écrite de la main de Lesage.

Chers amis,

Les fruits, paraît-il, adoucissent les mœurs et même les « caractères ». C'est une excellente et généreuse idée qui vous a poussés à m'en faire parvenir — autrement je ne serais pas « endurable ».

J'ai bien hâte d'avoir repris toutes mes forces. Je n'ai pas été fait pour être malade!

Merci sincère de vos attentions et de votre dévouement!

Meilleurs vœux à vous et aux vôtres pour les Fêtes.

Décembre, 1980   Jean Lesage

Madame Papillon termine tout juste la lecture de cette lettre qu'on la demande au téléphone.

C'est Corinne Lesage. Elle raconte que son mari semble dormir mais ne bouge plus.

— Je crois qu'il est mort, dit-elle.

Madame Papillon part en trombe pour la résidence des Lesage, rue Leblanc, à Sillery.

Corinne vivait d'optimisme. L'intervention avait été une réussite. La cicatrisation des plaies progressait de jour en jour.

Lesage couchait normalement seul au deuxième étage.

Le matin du 12 décembre il tarda à faire son apparition. Son épouse monta donc le chercher.

L'étrange immobilité de son mari lui donna un premier frisson. Pourtant il avait les yeux bien fermés, il était couché comme toujours sur le côté droit, sa couverture le recouvrait jusqu'au-dessous de l'épaule gauche et n'était aucunement dérangée. Tout semblait normal. Mais sa bouche entrouverte paraissait figée.

Madame Papillon ne peut que constater que son « patron » est décédé en dormant.

On appelle le médecin, la famille, le chef du Parti libéral du Québec, Claude Ryan, pour annoncer la nouvelle.

C'est le Dr Paul Fugère, son beau-frère, qui signe le certificat de décès.

Jean Lesage, le père de la Révolution tranquille des années 60 au Québec, est mort à l'âge de 68 ans. Le cancer était vaincu mais l'effort avait achevé le cœur. « Je reprends le travail le 15 décembre! » avait-il proclamé au personnel de son bureau. C'est le 15 qu'il fut incénéré et enterré.

René Lévesque, Premier ministre du Québec, est en Belgique, en voyage officiel, lorsque la nouvelle du décès de Lesage est annoncée[1].

Il est à la veille de son départ pour Paris où une grande réception officielle et des pourparlers avec les plus hauts dignitaires de l'État français doivent débuter dans quelques heures.

Sans Lesage, Lévesque ne serait probablement pas à Paris.

---

1. Lévesque entrait dans une réunion, à Liège, lorsque des journalistes s'approchèrent pour lui annoncer la mort de Lesage.

« J'ai eu immédiatement un sentiment de tristesse. Un 'feeling' de profonde mélancolie », me dit Lévesque plus tard.

L'ombre de Lesage devait du reste planer sur toute la tournée de Lévesque en Europe. « Dans les réunions intimes, les plus vieux parmi les Français, quelques journalistes du *Monde,* ressassaient de vieux souvenirs à propos du bonhomme qui avait déclenché ce mouvement pour renouer le Québec avec la France », se souvient René Lévesque.

Sans Lesage, Lévesque ne serait pas Premier ministre, je ne suis pas le seul à en avoir la conviction.

Sans Lévesque, Lesage serait-il devenu Premier ministre en 1960? La question reste posée. Une chose est certaine, Lévesque n'était pas dans la course en 1958 lorsque Lesage décida, avec la bénédiction de son chef fédéral, Lester Bowles Pearson, de prendre en main les destinées du Parti libéral dans la province de Québec.

Lévesque était, à l'époque, la vedette de Radio-Canada, la grande vedette vénérée, adulée, admirée, du journalisme électronique, partout où le petit écran avait fait son chemin depuis 1953. En décembre 1958, il y avait eu cette grève des réalisateurs de Radio-Canada.

La désinvolture avec laquelle la Société Radio-Canada laissa pourrir le conflit changea le cours de la vie de Lévesque. En 1958, le journaliste ne connaissait même pas Lesage, sauf de nom...

Mais René Lévesque sentait sans doute qu'un vieux monde s'accrochait un peu trop désespérément à l'idée que rien ne devait changer.

Depuis quatorze ans Duplessis répétait: « Le soleil se lève à l'Est, le soleil se couche à l'Ouest. Il n'y a rien de nouveau sous la calotte des cieux. »

Celui que Zeus veut perdre, il le rend d'abord aveugle, dit le poète.

Duplessis en 1958 était ébloui par sa propre puissance.

Lesage, en 1958, partait en guerre contre cette puissance... et Lévesque le suivit.

La prise du pouvoir

IV

Une course terne et truquée

De 1949 à 1957, les Canadiens français du Québec votaient pour Louis Saint-Laurent et ses libéraux, sur la scène politique fédérale, et ils votaient pour Maurice Duplessis et son Parti de l'Union nationale aux élections provinciales.

C'était l'époque d'une sorte de « bon-ententisme » entre les machines électorales ennemies des Bleus et des Rouges, bon-ententisme dont fait les frais ce pauvre Georges-Émile Lapalme, le chef de l'aile québécoise du Parti libéral, l'homme qui a lutté, sans gloire, mais plus fondamentalement qu'on ne le croira jamais, pour battre le duplessisme et préparer la naissance d'une démocratie politique moderne au Québec.

Saint-Laurent à Ottawa! Duplessis à Québec!

Rouge à Ottawa! Bleu à Québec!

Des exemples de « bon-ententisme »?

• Duplessis donne le feu vert à l'exploitation des mines de fer dans l'Ungava par un consortium d'aciéries américaines dont les opérations sont dirigées par la société Iron Ore Company of Canada.

Lapalme accuse Duplessis de donner des « lambeaux de terre » du Québec aux Américains pour une chanson... Mais Saint-Laurent, Premier ministre du Canada, félicite le chef du gouvernement québécois d'avoir encouragé le développement minier dans le Grand Nord.

Bref, Lapalme se fait « asseoir » par son grand patron à Ottawa.

• En 1954, lorsque Duplessis décide de reprendre les droits de la province en matière d'impôt sur le revenu, cédés temporairement en retour de subventions au gouvernement fédéral depuis les ententes fiscales conclues au cours de la Deuxième Guerre mondiale, Lapalme et ses libéraux provinciaux s'opposent.

Lapalme appuie ainsi le refus catégorique qu'oppose Saint-Laurent à Duplessis, premier chef provincial à lever la tête contre Ottawa sur cette question.

Mais, numériquement faible, l'opposition libérale à Québec ne peut rien en pratique pour contrer le geste unilatéral du gouvernement québécois. De plus, l'opinion appuie le caractère autonomiste de la mesure fiscale de Duplessis.

Lapalme se sacrifie néanmoins, encore une fois, en votant contre. Une autre humiliation l'attend. Duplessis et Saint-Laurent négocient sur le pourcentage de total de l'impôt que pourrait prélever le Québec et finalement Duplessis obtient un pourcentage plus élevé qu'il n'avait d'abord demandé à Ottawa!

Ottawa étant d'accord avec Duplessis, l'année suivante Lapalme et ses libéraux n'auront d'autres choix que de perdre la face et voter pour l'extension de la loi qu'ils avaient auparavant combattue.

L'électorat québécois ne pardonne pas facilement ces loyautés partisanes qui forcent un chef à dire noir là ou il pense blanc.

À l'élection du 20 juin 1956, les libéraux provinciaux perdent de nouveau du terrain. Alors qu'en 1952, Lapalme, fraîchement élu chef provincial, attirait 46 pour cent du vote et obtenait 23 des 92 sièges de l'Assemblée législative, il retombe en 1956 à une proportion de 44,5 pour cent du vote et la représentation libérale glisse à 20 députés.

On aura noté l'importante proportion du vote antiduplessiste. Le phénomène est concentré à Montréal et dans quelques centres urbains dont la représentation au parlement québécois est proportionnellement bien inférieur à celle des régions rurales. D'où cette minuscule opposition, et les frustrations qui nourriront les flammes des années 60.

Ce qui arrive, en 1957, lors de l'élection fédérale, illustre brutalement le mur qui sépare la vie politique du Québec de celle du Canada anglais.

Saint-Laurent déclenche les élections quelques mois après un violent débat aux Communes sur le financement d'un gazoduc qui doit transporter le gaz naturel de l'Alberta vers l'Est du Canada. Pour mettre fin aux interminables attaques de l'opposition, le gouvernement libéral invoque le règlement dit « de clôture ». On crie au bâillon, à la guillotine.

De telles scènes ne sont pas sans précédents mais, en 1957, pour la première fois, elles font l'objet de commentaires quotidiens à la télévision de langue anglaise. C'est le premier grand débat politique qui paraît à la télévision, inaugurée en 1952. Les journalistes y dénoncent l'autoritarisme et l'arrogance insupportables du gouvernement Saint-Laurent et la servilité du président des Communes, Louis Beaudoin.

Autre malheur pour les libéraux, le pittoresque John Diefenbaker, de la Saskatchewan, mène la campagne du Parti conservateur en s'appuyant sur le profond ressentiment que l'Ouest nourrit depuis longtemps contre le Parti libéral.

Rien dans tout ce charabia politique ne soulève l'intérêt des Québécois qui votent, de nouveau, massivement pour Saint-Laurent. Soixante-deux des soixante-quinze députés du Québec aux Communes sont libéraux.

Dans les provinces anglophones le résultat est exactement à l'inverse, de sorte que le gouvernement Saint-Laurent est battu. Les anglophones se rendent compte qu'ils peuvent gouverner sans le Québec. Le Québec voit que le Canada peut être gouverné sans lui.

Ce premier bouleversement n'est que le présage de l'effondrement libéral de 1958 qui préparera les événements de 1960 au Québec.

La remarquable victoire de John Diefenbaker et du Parti

conservateur, en 1958, victoire à laquelle Maurice Duplessis et l'Union nationale se sont activement associés, plonge les libéraux dans la consternation la plus totale.

Maurice Duplessis est au faîte de sa gloire, de sa puissance. Fini le « bon-ententisme », — Rouges à Ottawa et Bleus à Québec — qui a fait la fortune des libéraux fédéraux et de l'Union nationale. Duplessis s'accommode fort bien de cette fin et se retrouve tout à son aise dans sa famille bleue. Les masques sont tombés. Ce sera la guerre à finir entre les Bleus et les Rouges, une guerre entre une vieille garde conservatrice menée par Duplessis et une vieille garde libérale fédérale qui n'a plus de chef au Québec depuis la démission de Saint-Laurent.

Ce que personne ne perçoit ni ne peut imaginer, dans les circonstances, c'est que ni l'une ni l'autre des vieilles gardes politiques n'aura la moindre importance quelques mois plus tard et que cette confrontation sera fatale aux deux vacillantes armées.

Au moment de sa défaite, Saint-Laurent avait 75 ans! Duplessis arrive au sommet de son pouvoir à 68 ans! Le premier est né en 1882, l'autre en 1890. Il faudrait la foi ou l'abnégation d'un chercheur d'or pour découvrir dans l'une ou l'autre de ces vieilles machines politiques la moindre idée neuve. Ni l'une ni l'autre ne voit ce qui se prépare ailleurs, ni ne s'en préoccupe.

Le plaisir de la vie dans ces milieux consiste à se rappeler et à goûter les succès passés.

Telles de vieilles frégates ancrées enfin dans un port sûr, ces organisations bercent doucement dans le clair de lune de leurs souvenirs. Ce qu'elles ne peuvent voir ou même imaginer ce sont les jeunes pirates, couteaux entre les dents, qui s'approchent d'elles dans les eaux noires pour les prendre d'assaut, tailler en pièces les matelots ivres d'anciens pouvoirs, et mettre enfin le cap vers un autre avenir. Une seule chose retarde le signal de l'offensive finale: le choix d'un grand chef dont le talent unirait en une seule force conquérante les appétits disparates des classes sociales montantes et des bandes hétéroclites et sans expérience qui les dirigent.

Pendant ce temps, de 1944 à 1957, Lesage ne s'intéresse que très indirectement à la politique provinciale.

Député fédéral de Montmagny-L'Islet depuis 1945, il n'éprouve aucune animosité à l'endroit de l'Union nationale. Ses organisateurs étaient en même temps, dans certains cas, les organisateurs de l'Union nationale. Il a vécu sans problème de conscience l'époque de la bonne entente entre Rouges fédéraux et Bleus provinciaux.

Lesage, à cette époque, s'intéressait aux Affaires extérieures et aux questions financières de l'administration fédérale. Il n'était pas, comme Jean Marchand, Gérard Pelletier, Pierre Trudeau ou René Lévesque, mêlé à la contestation du régime duplessiste.

Tout le prédisposait à devenir ce grand chef qui cristalliserait tous les courants du nécessaire changement. Pourtant, son heure allait sonner...

V

Un grand blond dans le peloton

Dans les sociétés démocratiques, le gouvernement ne change que lorsque la volonté de la majorité tourne le dos au passé pour affronter le risque d'une expérience nouvelle, et cela arrive, forcément, au soir d'une élection générale.

C'est pourquoi la Révolution tranquille a l'allure d'une explosion subite après la stabilité apparente du gouvernement de Maurice Duplessis de 1944 à 1960.

L'administration du gouvernement de l'Union nationale semblait pourtant jouir de cette stabilité avec le plein appui de la société québécoise elle-même.

L'immense et horrible carnage qu'avait été la Seconde Guerre mondiale avait semé la ruine en Europe et en Asie, mais apporté la prospérité dans la province, comme ailleurs en Amérique.

La vie est douce dans les villages. Évêques, curés et hommes politiques de l'Union nationale peuvent se donner la main. Une foule sinon la totalité des services sociaux pour les orphelins, les déshérités, les vieillards, les malades sont dispensés par les ordres religieux subventionnés par le gouvernement.

Quand vient le temps des élections, l'Église et le parti au pouvoir font l'union sacrée.

« Quelques prêtres se sont lancés directement dans la

mêlée », écrivent les abbés Gérard Dion et Louis O'Neill, se référant de l'élection de 1956.

« Dans une paroisse de banlieue de Québec un curé a poussé la bienveillance non seulement jusqu'à parler en chaire en faveur de son candidat, mais est même allé, paraît-il, jusqu'à solliciter des votes à domicile.

« Autre cas: dans le même comté, un curé a conseillé de voter pour le candidat dont le parti serait au pouvoir: sans cela on n'a rien, dit-il. Un autre: Votez pour qui vous voudrez, mais quand on a un bon gouvernement, on le garde. Un dernier cas: Avant d'aller voter, n'oubliez pas de regarder notre belle école neuve. »

L'industrialisation, financée surtout par les capitaux privés américains, crée de l'emploi, de la prospérité, mais ne dérange pas encore les cadres des structures formelles du mode de vie de la population. L'investisseur américain ne se mêle pas de réforme sociale. Ce n'est pas son genre! Il aurait plutôt tendance à s'y opposer et à appuyer « les pouvoirs locaux ».

Les conflits de travail, telle la grève de l'amiante, font couler des fleuves d'encre dans les milieux avant-gardistes, intellectuels ou savants, mais ne dérangent pas, ou si peu, la stabilité politique générale de la province.

L'ensemble de la population constate cette collaboration amicale et naturelle entre l'État, le capital privé et l'Église catholique. Les révoltes isolées, même celle d'un archevêque à Montréal, n'ont aucun effet.

Les résultats de chaque élection provinciale viennent confirmer à tout coup l'appui populaire au statu quo, à la stabilité, et le refus du changement.

Georges Lapalme, le chef de l'aile libérale au Québec depuis 1950, est suspect pour la simple raison qu'il prêche le changement, surtout dans le domaine de l'éducation. Ce communiste!

« Trop d'éducation c'est comme l'alcool! C'est dangereux pour l'esprit! » Ça s'est dit, ça, en 1958 et beaucoup de gens ont applaudi cette assertion.

Si le gouvernement néglige l'éducation primaire et secondaire de l'ensemble de la population[1], il subventionne l'université et opère un réseau d'écoles techniques dont certaines sont très modernes.

Bref, si Duplessis peut répéter au peuple, à chaque discours électoral — et Dieu sait s'il en a fait — qu'il n'y a rien de nouveau sous la calotte des cieux, il peut aussi se vanter dans d'autres milieux d'accomplir de grandes choses pour la modernisation de la province.

C'est « le progrès dans la stabilité ». — Ne riez pas, c'est là un slogan qui reflétait parfaitement l'idéal politique de la classe au pouvoir au Québec avant 1960 et depuis si longtemps.

En 1957, à Sherbrooke, Mgr Panico, délégué apostolique au Canada, pouvait déclarer lors de l'inauguration de la Faculté des sciences de l'Université de Sherbrooke:

« J'avais causé avec le Souverain Pontife de la bonne influence de la vie familiale et du système scolaire sur les catholiques de votre pays. Mais aujourd'hui, maintenant que je sais ce que je sais, je dois féliciter M. Duplessis de l'esprit de tolérance et de liberté que l'on trouve dans la province de Québec en rapport avec le système de l'éducation et je voudrais bien que partout, les chefs laïcs s'inspirent, dans ce domaine, de ce qui se passe dans la province de Québec. Et je ne me manquerai certainement pas de dire au Souverain Pontife le spectacle que présente chez vous cette belle coopération entre l'Église et l'État. »

Lorsque la politique du gouvernement du Québec reçoit la bénédiction de l'envoyé de la Cité Vaticane auprès du Canada que peuvent faire les soi-disant apôtres d'une éventuelle grande réforme scolaire sinon se mettre à genoux et

---

1. Dans son livre, *La démocratie à Montréal*, Éditions du jour, 1972, Marcel Adam écrit, en se basant sur les chiffres du recensement de 1961: « Quant au niveau d'éducation des conseillers (municipaux), notons que si 49 p. cent des Montréalais ont reçu une éducation primaire, 44 p. cent une éducation secondaire et *6,9 p. cent une éducation supérieure,* la situation est inversée au Conseil municipal où les conseillers d'éducation primaire représentent 10 p. cent et ceux d'éducation supérieure 57 p. cent, les francophones se trouvant parmi les moins instruits. »

subir les flèches indignées des politiciens de l'Union nationale.

On parle souvent, même dans les milieux libéraux d'aujourd'hui, de l'amertume qui se dégageait des Mémoires du chef libéral Lapalme. Mais il faut se replacer dans le contexte de cette époque pour comprendre que, oui, Lapalme pouvait être amer quand il y avait tant de gens qui le prenaient pour un agent de Moscou!

Il y avait chez Duplessis une vénération idéologique des anciennes valeurs, pour ne pas dire une sorte d'idolâtrie du passé. La société québécoise n'était pourtant plus celle du XIXe siècle dans laquelle le vieux chef était né. La grande majorité des gens savait, en 1958, que le Québec n'était plus strictement un milieu rural et agricole, mais une société très largement urbanisée, voir américanisée à bien des égards.

Pourtant, pour Duplessis, le progrès matériel, technique, devait servir au Québec à revivifier la culture rurale. Paradoxal? Sans doute. Mais Duplessis n'est pas le seul chef d'État qui a cru que la société qu'il gouvernait pouvait s'emparer de tous les outils et de tous les jouets du pays le plus moderne du monde — les États-Unis d'Amérique — sans que cela ne bouleversât son ancienne façon de vivre et d'envisager l'avenir.

C'était d'autant plus facile pour lui d'idéaliser la famille canadienne-française, dont il parlait souvent dans ses discours électoraux, qu'il n'était lui-même pas marié et vivait dans une suite au Château Frontenac, coupé des tracas quotidiens.

Le discours du budget de 1958 est intéressant parce que c'est l'avant-dernier auquel Duplessis aura mis la main. Le discours annuel du budget était une des petites jouissances de ce célibataire endurci. Il veillait à son contenu et s'assurait d'avance que son ministre des Finances le flatterait et l'encenserait, devant tous les députés, pendant un bon cinq minutes.

L'événement le passionnait. Il ne laissait pas des yeux son ministre. Et il formulait avec ses lèvres, silencieusement, chaque mot que prononçait le discoureur officiel. Inoubliable! Il faut l'avoir vécu.

On trouve dans le discours du budget de 1958 de Duplessis une synthèse de cette pensée politique du gouvernement de l'Union nationale; en lire quelques extraits permet de constater tout ce qui séparera ce régime des réformateurs de 1960.

« Le gouvernement de l'Union nationale a toujours compris que l'agriculture est l'industrie de base des nations... Il faut aussi un équilibre démographique entre la population des campagnes et la population des villes.

« Certains soutiendront que la première diminue par rapport à la seconde. Il faut retenir cependant le fait incontestable que notre superficie agricole continue toujours d'augmenter... Nos campagnes peuvent facilement nourrir nos villes. De plus, les traditions, les coutumes, le folklore, qui donnent à un peuple son vrai visage, se conservent à la campagne...

« Il y a eu dans la province, au cours des douze dernières années, un nombre considérable de nouvelles industries. Nos richesses naturelles se sont développées à un rythme toujours plus accéléré pour augmenter le progrès de la province. Nous avons voulu que ce progrès se traduise par des mesures *destinées à favoriser le milieu rural. C'est là, à mon avis, l'idée dominante qui se dégage de l'ensemble des lois que le gouvernement, sous la direction de son chef, a présentées à la législature.* Nous espérons que la Providence continuera de conserver à notre chef la santé, afin que toute la population puisse compter encore sur son énergie, ses talents, sa ténacité et son expérience pour assurer le progrès de la génération présente et de la génération de demain. »

C'est clair qu'un abîme de plus en plus profond se creuse entre la vision de la société que véhicule le gouvernement Duplessis et la réalité de la dernière moitié du XXe siècle au Québec telle que perçue par les générations montantes.

Ce discours fut prononcé en février 1958.
Duplessis préparait son dernier grand triomphe.

L'électorat des provinces anglophones du Canada a congédié en 1957 le gouvernement libéral de Louis Saint-Laurent. Seul le Québec vote libéral. John Diefenbaker prend le pouvoir.

Un Canadien anglais de l'Ontario, Lester Bowles Pearson, diplomate de carrière, Prix Nobel de la paix pour la solution qu'il a parrainée au différend meurtrier entre l'Égypte et la France et l'Angleterre dans l'affaire du canal de Suez, succède à Saint-Laurent.

Pearson est nouveau dans le domaine et n'aime pas la politique. Il ne veut pas être chef. Son fils, Geoffrey, ambassadeur du Canada à Moscou (l'image de son père), s'en était ouvert à moi lors d'une conversation que nous avions eue avant son départ pour l'Union soviétique. Mais l'establishment libéral se fera pressant et finalement Pearson acceptera de se laisser parachuter à la direction du Parti libéral du Canada.

Ainsi, donc, la race libérale fédérale ne produit plus elle-même ses chefs. Il faut qu'elle aille les recruter en dehors de ses clubs politiques, ces serres chaudes vermoulues par tant d'années de pouvoir où les parasites étouffent le moindre bourgeonnement.

William Lyon Mackenzie King avait recruté Saint-Laurent pendant la Seconde Guerre mondiale pour le parachuter ensuite à la direction des libéraux. En 1957, on recruta Pearson. En 1968, ils iront chercher un autre « étranger », Pierre Trudeau. Mais revenons au début de 1958!

Diefenbaker et ses conservateurs sont minoritaires. Ils cherchent l'occasion de déclencher immédiatement une nouvelle élection générale.

Duplessis n'aurait jamais osé tenter d'écraser Saint-Laurent. Le pacte de non-agression entre Duplessis et Saint-Laurent avait rendu des « services » appréciables à l'Union nationale. Mais Pearson et ses libéraux modifiaient le tableau. Duplessis ne pouvait plus résister à la tentation qui lui était offerte de faire élire une députation qui lui serait redevable de sa situation majoritaire au Parlement canadien.

Pearson n'est connu au Québec que d'une certaine élite. L'impitoyable peuple québécois s'amuse à parler de « Monsieur personne ».

Une fois la nouvelle élection fédérale déclenchée, Duplessis prend charge officieusement des opérations conservatrices dans le Québec.

L'initiative connaît un succès foudroyant. Cinquante des soixante-quinze députés fédéraux élus le 1er mars sont conservateurs.

Diefenbaker, dans l'ensemble du Canada, fait élire 208 conservateurs. C'est un record. Le Parlement canadien compte 265 sièges, à l'époque. Les libéraux n'en détiennent plus que 49, dont 25 viennent du Québec.

Duplessis est au faîte de sa puissance, maître à Québec et « parrain » de la députation fédérale. Sur tous les fronts, les libéraux sont repoussés.

Ce fut pourtant le commencement de sa fin.

Pour un observateur politique attentif, Québec sentait déjà la fin de régime en 1958. Dans le dos de Duplessis, on parlait de son mauvais état de santé et de l'éventualité de sa retraite. Le Premier ministre était diabétique depuis plusieurs années. On le disait faible.

Les collets empesés de ses chemises ramollissaient sous les torrents de sueurs qui coulaient de son visage lorsqu'il prononçait des discours à l'Assemblée nationale. De minces filets de bave se formaient à la commissure de ses lèvres.

Il n'y avait pas de microphones ni de haut-parleurs à l'Assemblée nationale dans ce temps-là. Un homme politique ne pouvait pas s'en tirer en marmottant quelques mots sans effort dans un microphone, s'il voulait se faire entendre.

Il fallait qu'il se lève, qu'il dresse la tête, et gonfle la poitrine tel un chanteur, qu'il parle avec une élocution convenable et une voix forte.

En 1958, pour Maurice Duplessis, un homme malade qui croyait sincèrement porter sur ses épaules tout le Québec, la tâche de prononcer de longs discours était devenue épuisante.

Paul Sauvé, celui qui allait être son successeur, réunissait les journalistes de la Tribune, les courriéristes parlementaires, de temps à autres pour parler politique à bâtons rompus. Le médecin de Duplessis l'avait averti confidentiellement que le Premier ministre pourrait mourir d'une journée à l'autre.

Un des députés libéraux qui avaient survécu au massacre duplessiste dans la poignée de libéraux fédéralistes élus à Ottawa était Jean Lesage, député libéral de Montmagny-L'Islet.

J'ai été frappé du contraste extraordinaire entre Lesage et les politiciens, la première fois dans les années 50, à Québec, au théâtre Capitol, situé sur la vieille rue Saint-Jean, à l'occasion de la visite de la Reine Élizabeth d'Angleterre. J'y étais allé pour « couvrir » un événement mondain qui réunissait les hautes personnalités religieuses et politiques désireuses de rendre hommage à Sa Majesté britannique.

Un des seuls souvenirs qu'il me reste de cette cérémonie est l'arrivée du couple Lesage à la place qui lui avait été réservée.

Quelle volière d'oiseaux sombres et noirs que cette salle remplie de politiciens et de religieux! Et quelle surprise agréable à l'œil que l'arrivée des Lesage! Ils étaient tous deux blonds. Le contraste de leur chevelure couleur or, étincelantes sous les feux, sur ce fond noir, m'apparut presque émouvant. Madame Lesage portait une robe d'un bleu français qui attirait tous les regards.

Mais ce n'est pas seulement le coloris de ses deux personnages qui retenait l'attention, mais aussi leurs sourires, leur amitié l'un pour l'autre...

Le jeune ministre libéral et son épouse attiraient tous les regards.

Grand de taille, bien découplé, Lesage était impressionnant. Sa tête, d'allure hautaine, tout autant que son physique attirait l'attention. La proéminence de son menton était contrebalancée par la noblesse du front au-dessus duquel l'abondante chevelure blonde, bientôt striée de gris, ajoutait son éclat. Son nez était moyen, en retrait, mais il « retroussait », surtout quand Lesage riait aux éclats. Les yeux bleus étaient remarquablement changeants; tels des miroirs, ils reflétaient toute la gamme de ses états d'âme, de la colère incontrôlée à la joie débordante.

Le comportement de Lesage tenait du caractère de la pompe. C'était chez lui une seconde nature: sa classe recouvrait avec apparat le naturel du grand gêné.

Qu'il s'agisse de prononcer un discours ou de donner la main à un nouvel ami, Lesage se montrait invariablement sous son extérieur grandiloquent. Il avait fait du théâtre au Petit séminaire de Québec et il avait longuement pratiqué l'art oratoire. Issu d'une famille qui avait d'excellentes entrées dans le monde politique de la Vieille Capitale, Lesage s'était décidé, étant encore étudiant, de faire de la politique. Être capable de faire un discours, c'était là un élément essentiel de la formation de tout jeune qui nourrissait de hautes ambitions politiques.

Il s'était donc préparé à la fonction comme un boxeur s'entraîne pour le combat dans l'arène. Toute sa personnalité annonçait sa profession de politicien.

Les personnages politiques qui ont eu du succès au Québec ont tous eu quelque trait attirant, propre à faire tourner les têtes, même de ceux et celles qui ne les connaissaient pas.

Mais si quelqu'un m'avait dit ce jour-là au Capitol que Jean Lesage serait Premier ministre du Québec d'ici 24 mois, j'aurais éclaté de rire tellement les Lesage avaient plutôt l'air d'un couple américain égaré par hasard dans ce monde rigide, sombre et formel qu'était le milieu politique québécois de l'époque.

Il était né à Montréal le 10 juin 1912, premier d'une famille qui comptera sept enfants. Son père est membre de l'aile « pauvre » des Lesage qui ont des intérêts dans la société d'assurance Les Prévoyants. La famille déménage à Québec alors que Jean a cinq ans. Les mauvaises affaires et la crise forcent le père à se trouver un emploi au gouvernement provincial.

Le père, Xaviéri Lesage, s'occupe activement de l'éducation de son fils aîné et se charge lui-même de lui faire répéter ses leçons. Il inscrit son fils au Séminaire de Québec où Jean fait ses études classiques. Il doit apprendre la langue latine. Le père lui fait décliner à haute voix les substantifs et conjuguer les verbes de la langue de César. Pendant ce rituel, la famille doit se tenir bien tranquille. Le père ne tolérait aucune distraction, aucun bruit pendant ces périodes d'études.

L'aîné tenait une place bien spéciale dans la famille canadienne-française de l'époque. La considération que lui accordaient les membres de sa famille a sans doute contribué à développer chez le jeune homme une grande fierté personnelle.

Madame Lesage, mère de Jean, voit à tout. « Une femme extraordinaire », disent d'elle tous ceux qui la connurent. Jean Lesage tenait d'elle sa méticulosité, sa ténacité de bouledogue et son instinct de foncer du « côté du neuf ». Toute sa vie, Lesage sera en admiration devant elle. Il continuera toujours d'être près d'elle, la consultant dans les moments difficiles de sa carrière[2].

Très tôt, on nota chez les Lesage les talents de diction de Jean. Il était membre de la chorale de la paroisse des Saints-Martyrs canadiens et il jouait au théâtre du séminaire. Il participait dès l'âge de quinze ans à des concours oratoires.

Un de ses amis de séminaire, Louis-Paul Dugal, se souvient de sa voix. « Il avait une voix extraordinaire, raconte-t-il. Je l'avais convaincu de prendre part au grand débat oratoire annuel où s'affrontaient les collégiens du Québec les plus talentueux. J'étais son entraîneur. On comptait sur le timbre de sa voix et sa force d'élocution pour remporter la palme. Jean arriva deuxième pour la province. Roch Pinard avait remporté les honneurs. » (Pinard se dirigea lui aussi vers la

---

[2]. Deux jours avant qu'il ne décède lui-même, Lesage rendra une dernière visite à sa mère, mourante. Elle était dans un état de sénilité depuis trois mois. Lesage la regarde une dernière fois, lui parle. Mais ses yeux sont vides. Lesage décède le 12 décembre 1980. Madame Cécile Lesage meurt le jour des funérailles de son fils.

politique fédérale, mais sa carrière n'eut rien de l'éclat de celle de Lesage.)

En 1931, Lesage décroche son diplôme de bachelier ès arts de l'université Laval. Trois ans plus tard, il passe avec succès ses examens de droit et il est admis au Barreau de la province de Québec.

À 22 ans, ses talents d'orateur attirent sur lui l'attention des organisateurs politiques libéraux. Il réussit à se faire nommer procureur du gouvernement fédéral pour le ministère du Commerce. Lorsque la guerre éclate, il s'enrôle dans l'armée de réserve où il détient le rang de capitaine dans un régiment d'artillerie.

Mais il ne livrera jamais d'autre guerre que celle qui se fait avec des discours et des bulletins de vote.

Tacticien politique de talent, Lesage se permettait cette fantaisie de répéter qu'il avait été soldat.

Lors des premières rencontres qu'il avait organisées, au nord de Montréal, après sa victoire de 1960, avec les députés qu'il voulait appeler au ministère, Lesage avait déclaré à l'épouse d'un futur ministre: « J'ai fait la guerre, vous savez. »

Je ne connais point d'hommes qui, à un moment ou à un autre de leur vie, ne s'amusent à faire des fantaisies. Celle de laisser croire qu'il avait participé à la Seconde Guerre mondiale était la lubie de Lesage.

D'ailleurs, tout ce qui pouvait le rendre plus impressionnant, plus prestigieux aux yeux de son entourage, il se l'appropriait pour ajouter à son apanage déjà brillant d'homme politique.

Il se permettra ce genre de coquetterie même après sa retraite de la vie politique. Le curriculum vitae qu'il envoie à ceux qui lui en font la demande se lit en partie comme suit:

« De 1934 à 1945, agit comme procureur de la Couronne, comme procureur du gouvernement fédéral pour le maintien du niveau des prix et salaires (industrie, commerce et alimentation) tout en faisant son service militaire comme capitaine d'artillerie. »

On s'arrête un moment en lisant cette phrase: le Capitaine Jean Lesage!...

Mais revenons aux débuts politiques du jeune avocat.

En 1940, la Seconde Guerre mondiale précipite l'humanité dans la plus grande tuerie de l'histoire. La France est subjuguée sous la botte nazie. L'Angleterre se prépare aux pluies de feu et de fer. Le Canada est sur le point d'organiser un immense effort pour seconder l'Europe alliée.

Le Premier ministre William Lyon Mackenzie King, élu en 1935, doit tenir des élections générales.

Les libéraux ont la partie belle. Ils avaient facilement renversé le premier gouvernement de Maurice Duplessis en 1939 en promettant aux Canadiens français qu'on ne les enrôlerait pas pour le service outre-mer. King est réélu très majoritairement. Au Québec, 61 des 65 sièges sont libéraux.

Les jeunes avocats qui veulent se faire la dent au combat électoral sont engagés pour faire des discours. Lesage n'a pour toute richesse, comme la plupart des Canadiens français d'ailleurs, que son talent, son ambition et sa fameuse voix.

Pendant la campagne de 1940, le Dr Jules Desrochers, candidat libéral, demande de l'assistance dans la circonscription de Portneuf. L'organisation de Québec lui envoie trois orateurs: Paul Bouchard, le nationaliste en brouille avec Duplessis, Roger Letourneu et Jean Lesage.

L'épouse du Dr Desrochers est mariée en secondes noces et l'une de ses filles, du premier lit, est Corinne Lagarde, grande, très belle et musicienne.

La jeune fille est plus intéressée à préparer sa carrière comme chanteuse qu'à suivre les péripéties d'une campagne électorale.

Le Dr Desrochers lui dit: « J'ai un jeune avocat qui fait des discours pour ma campagne. Tu devrais le rencontrer et l'entendre! »

Quand ils se voient pour la première fois, c'est le coup de foudre. Lesage ouvre un bureau d'avocat à Saint-Raymond-de-Portneuf par la suite. Corinne poursuit sa carrière. Le couple se rencontre régulièrement pendant trois ans, avant de s'engager dans le mariage.

Lesage est candidat libéral dans Montmagny-L'Islet à l'élection de 1945. Cette élection fédérale se déroule dans un climat extrêmement hostile aux libéraux. Il semble que chacune des parties du pays ait des comptes à régler avec Ottawa. Au Québec, le climat est à l'orage.

Le référendum sur la conscription de 1942, par lequel King trouve le moyen de trahir la promesse qu'il avait faite aux Canadiens français, la chasse aux conscrits qui se cachent et se sauvent, l'émeute de Drummondville où la population évince les forces combinées de la GRC et de la police militaire, la fusillade policière qui tue un jeune conscrit en fuite, agitent l'opinion publique.

La députation libérale au Parlement du Canada tombe de 61 à 51. Des candidats du Bloc populaire et quelques indépendants prennent treize sièges. Un seul candidat conservateur est élu.

La province de Québec est accrochée au Parti libéral. Son électorat ne voit nulle part ailleurs dans l'éventail des partis fédéraux une solution de rechange.

Ailleurs au pays, les libéraux sont partout déboutés. Ils se font écraser en Ontario et perdent aux néo-démocrates et aux créditistes 23 sièges dans l'Ouest. C'est la fidélité québécoise alliée au vote traditionnel des Maritimes qui sauve King. Mais de justesse. Sur le total de 245 sièges, il n'en détient plus que 123 au lieu des 181 qu'il gagnait en 1940.

Entre temps, en 1944, Duplessis a repris le pouvoir à Québec. En pourcentage de votes, les libéraux ont l'appui de la majorité des électeurs, mais le vieux système de la carte électorale biaisée en faveur des ruraux donne la majorité des sièges à l'Union nationale et à son chef qui a juré de prendre sa revanche sur ceux qui l'avaient battu avec de fausses promesses de non-conscription en 1939.

À partir des élections de 1944 (provinciales) et de 1945 (fédérales), les Québécois appuieront donc les Bleus à Québec et les Rouges à Ottawa. Il en ira ainsi aux élections provinciales de 1948 et fédérales de 1949, aux provinciales de 1952 et aux fédérales de 1953, de 1956 et de 1957.

En 1957, c'est le Canada anglais qui abandonne les libéraux.

Entre temps, Lesage, particulièrement doué dans le domaine des mathématiques et de la finance, participe aux travaux de diverses commissions parlementaires à Ottawa. Il est vice-président de la Commission des banques et du commerce et président de la Commission des pensions de retraite.

En 1951, il devient l'adjoint parlementaire du ministre des Affaires extérieures, Lester Pearson, avec qui il entretient d'excellentes relations.

Le jeune adjoint parlementaire représente son pays à l'Assemblée générale des Nations unies à Paris lors de la session de 1951-1952, à titre de vice-président; il agit comme président de la délégation canadienne au Conseil économique et social à Genève en 1951 et à New York en 1952.

En 1953, Lesage devient l'adjoint parlementaire du ministre des Finances puis, à la fin de l'année, Pearson l'appelle au gouvernement où il lui confie le portefeuille des Affaires du Nord et des Ressources nationales.

C'est l'occasion pour le député de Montmagny-L'Islet de se familiariser avec les dossiers les plus « modernes » de l'administration fédérale: l'exploitation du pétrole et du gaz naturel dans le Nord canadien, le harnachement de la rivière Columbia qui traverse la frontière internationale entre la Colombie-Britannique et l'État de Washington et les négociations qui s'ensuivent entre le Canada et les États-Unis, enfin l'organisation de nouveaux services pour les populations autochtones aux prises avec les effets du développement.

Lesage, pendant quatre années, prend de l'expérience. Elle lui sera d'autant plus précieuse qu'en 1960, lorsqu'il devient Premier ministre du Québec, pas un seul membre de son cabinet n'a la moindre expérience du rôle ministériel dans un gouvernement.

En 1953, le ministère des Affaires du Grand Nord n'est pas encore perçu comme bien important. Blair Fraser, dans son livre *The Search for Identity,* parle de Lesage comme d'un « *junior minister* ».

Ce n'est qu'avec l'arrivée au pouvoir de Diefenbaker et l'évolution subséquente du dossier énergétique que le Grand Nord s'imposera et deviendra une des principales préoccupations du gouvernement canadien.

Tous ceux qui ont connu Lesage à cette époque sont d'accord sur une chose: cet homme est déjà un bourreau de travail. Il a beaucoup appris. Il a 45 ans. Il peut espérer un portefeuille de prestige et même la direction éventuelle du Parti libéral du Canada.

Aussi, lors de la défaite du gouvernement Saint-Laurent en 1957, Lesage accepte mal d'aller siéger sur les banquettes de l'opposition. Comme le gouvernement Diefenbaker est minoritaire, même si on commence à parler de lui comme le successeur possible de Lapalme au Québec, il reste cependant intéressé à suivre l'évolution des événements à Ottawa.

Ils se précipitent. C'est l'effondrement libéral, à la grandeur du pays, à l'élection fédérale de 1958. Lesage, lui, est réélu dans Montmagny-L'Islet. Ses organisateurs, dit-on, étaient les mêmes que ceux qui se chargeaient de l'élection d'Antoine Rivard, le député de Montmagny sur la scène provinciale et procureur général dans le cabinet Duplessis[3].

Les organisateurs et les électeurs de Lesage, malgré l'évidence d'un grand balayage bleu, lui étaient restés fidèles. Il est probable qu'ils avaient été influencés par les nouvelles qui laissaient entendre que leur député prendrait en main la direction du Parti libéral du Canada.

Côté libéral, Pearson était une faillite totale, non seulement au Québec, mais dans l'ensemble du Canada anglais. C'était la pire défaite libérale depuis 1867. Le Québec, forteresse libérale depuis Wilfrid Laurier, avait renié 70 ans de fidélité au parti qui avait la réputation d'être le défenseur de la cause canadienne-française à Ottawa pour appuyer l'alliance Diefenbaker-Duplessis.

Pour le *brain trust* libéral à Ottawa, l'évidence crevait les yeux: si jamais le Parti libéral voulait survivre il fallait tout recommencer au Québec.

---

3. On s'est scandalisé, à une certaine époque, en prétendant que quelques députés fédéraux et provinciaux avaient conclu des pactes de non-agression.

On s'est mépris en accusant les députés. En fait, ce sont les organisateurs d'élection qui s'entendaient afin de bénéficier d'une assiette de patronage qui s'étende à tous les paliers politiques.

C'est ce qui explique, en partie, le succès de Duplessis en 1958. Tous les organisateurs savaient que le vent avait changé de direction au Canada anglais et que la victoire de Diefenbaker serait immense.

Georges Lapalme ne voulait pas laisser sa place de chef au Québec. Il avait mis le plus clair de sa vie politique à combattre le régime de Maurice Duplessis.

Âgé de 68 ans, Duplessis avait tout en main, mais il était malade et chacun savait dans les cercles politiques de la Vieille Capitale qu'il pouvait mourir subitement. Lapalme se croyait logiquement en droit de récolter ce qu'il avait semé, si « le chef » venait à disparaître.

L'Union nationale avait la réputation d'être le parti d'un seul homme. Personne n'entrevoyait, Duplessis étant mort, que la popularité de Paul Sauvé serait délirante.

Lapalme, qui avait travaillé durant la chaleur du jour aux vignes libérales, n'accepterait pas de voir un ouvrier de la dernière heure lui prendre sa place légitime et son dû.

Bien sûr, en convoquant un congrès à la direction du Parti libéral du Québec, Lapalme avait annoncé qu'il se retirait, mais les observateurs savaient bien que cette opération visait plutôt sa reconfirmation comme chef du parti.

Et d'abord, qui pourrait le remplacer? Paul Gérin-Lajoie?

Ce brillant jeune constitutionnaliste et avocat jouissait certes d'une excellente réputation. Il avait été très actif au sein de la Commission politique du Parti libéral du Québec. C'est lui qui avait préparé le mémoire de la Fédération des collèges classiques pour la Commission royale d'enquête sur les problèmes constitutionnels, instituée par Duplessis en 1953 et présidée par le juge Thomas Tremblay, avec la collaboration d'Arthur Tremblay, un des rares experts en matière d'éducation au Québec.

Non, Lapalme ne doutait pas de la compétence professionnelle de Gérin-Lajoie, mais il le croyait incapable de livrer une lutte politique contre Duplessis.

Gérin-Lajoie fut surpris d'apprendre que Lapalme avait changé d'idée et se représentait à la direction du parti au congrès convoqué pour le 31 mars. Lapalme, qui lui avait suggéré de se présenter et de tenter sa chance, décrira plus tard cet étonnement.

> « Je n'y voyais que la naïveté d'un jeune homme inexpérimenté et je contemplais d'avance la curée dont il

serait le gibier. Gérin-Lajoie contre Duplessis: non, c'était impensable! Plus tard peut-être, dans 10 ans, dans 20 ans, quand l'âge l'aurait mûri, tout en sillonnant son visage d'adolescent[4]. »

Lesage, en définitive, était la seule figure qui émergeait du chaos de l'opposition.

Cependant, pour beaucoup, cette candidature n'était pas évidente. Lorsque, en 1956, Duplessis avait décidé, unilatéralement, d'imposer un impôt provincial sur le revenu personnel, Lesage à Ottawa avait été un des seuls ministres fédéraux à le condamner violemment aux Communes. Lesage se fera souvent reprocher ce discours par la suite.

Malgré ce handicap, il semble assez clair que certains hommes politiques fédéraux, dont Lionel Chevrier, voulaient que Lesage prenne le pouvoir au Québec. Les libéraux québécois siégeaient dans l'opposition depuis 1944 et avec Georges-Émile Lapalme à la direction du parti il y avait peu d'espoir que la situation changeât.

Les libéraux anglophones comme francophones d'Ottawa allaient voir en Lesage un nouveau Saint-Georges qui irait au Québec tuer le dragon duplessiste. Le monstre bleu avait avalé toutes les troupes libérales aux deux niveaux de gouvernement, et Lesage serait celui qui ouvrirait les flancs de la bête pour les libérer.

Évidemment, ceux qui luttaient sans succès contre Duplessis depuis près de quinze ans voyaient ce nouveau venu d'un œil suspect. Lesage les gagna à peu près tous à sa façon de voir les choses, sauf quelques intellectuels qui se sentaient frustrés de voir un autre homme politique traditionnel accéder à la direction du parti.

Des gens comme Pierre Trudeau, qui ne s'était pas mouillé dans la bagarre de 1960, après avoir condamné le duplessisme pendant des années, ne furent pas très heureux, c'est évident, de la venue de Lesage à la tête du parti.

---

4. Georges-Émile Lapalme dans *Le Vent de l'oubli,* Leméac 1970, pages 216-217.

Le nouveau chef leur donnerait la chance de livrer le combat à ses côtés, mais seul René Lévesque répondrait à l'appel.

VI

Qui perd gagne

La décision de Jean Lesage de se présenter au congrès d'investiture du Parti libéral du Québec provoqua un immense éclat de rire dans l'entourage de Duplessis et dans les salons du Club Renaissance, sur la Grande-Allée, à Québec. Ainsi le Parti libéral du Québec ne pouvait plus produire ses propres chefs et devait chercher à se recréer une image avec des personnages élevés en des milieux plus favorables à l'éclosion de nouvelles idées politiques. L'aile québécoise du parti en était réduite à choisir ses chefs dans la députation fédérale!...

Georges-Émile Lapalme, natif de Saint-Esprit, comté de Joliette, avait été député fédéral de sa région avant d'accéder à la direction du Parti libéral québécois, en 1950. Lettré et intelligent, lié d'amitié avec quelques contestataires et intellectuels, cet homme ensemença le Québec d'idées modernes, nouvelles, ouvertes sur l'avenir, pendant huit ans, c'est-à-dire du moment où il prit en charge le Parti libéral jusqu'au jour où il se retira à l'avantage de Lesage au congrès de 1958. Ce geste il le posa en exprimant une profonde amertume envers l'équipe libérale qui venait de remettre son destin entre les mains d'un nouveau chef.

Lapalme n'avait pas le talent de Lesage. Il ne l'avait pas compris et ne l'admettrait jamais. Il mettra toujours au compte de la chance les succès de Lesage quand les dieux, se mettant de la partie, semèrent la destruction dans les hautes sphères de l'Union nationale, et lorsque, comme par enchantement, des anges vinrent placer le sceptre du pouvoir entre les mains de son successeur à la tête du Parti libéral.

Lapalme en demeurerait marqué, profondément. Plus tard, étant ministre des Affaires culturelles, il dira à son sous-ministre, Guy Frégault, dans l'entrebâillement de la porte du bureau où il s'affairait tard le soir: « Travaillez pour la race! Travaillez pour la race! Elle ne vous en saura jamais gré[1]. »

Si jamais l'histoire de la Révolution tranquille est écrite, Lapalme y occupera certes une place importante, mais Lesage y jouera le premier rôle.

Les moments décisifs dans la vie des peuples sont ainsi provoqués qu'ils arrivent au point de convergence de plusieurs lignes de force dont la fusion momentanée, en faisant fondre les résistances du passé, moule irrévocablement l'avenir.

Lesage est arrivé sur la scène politique québécoise à l'un de ces moments. L'histoire saura montrer, sans doute, que, tel un nouveau Vulcain, il n'a pas craint les feux de l'innovation qui couvaient sous la cendre des années et que, contrairement à ses prédécesseurs, il a refusé de les éteindre.

Mais revenons au congrès de 1958. L'événement soulève l'intérêt. Maurice Duplessis, entouré d'amis qui ne lui disent que des choses agréables à entendre, s'apitoie sur le sort des libéraux. Déposer un ex-député fédéral — Lapalme — pour le remplacer par un autre ex-député fédéral — Lesage — lui semble le comble de la stupidité. Comment craindrait-il les attaques d'un ennemi sot et buté?

Les libéraux fédéraux sont les créatures d'Ottawa. Duplessis s'est appliqué à faire de cette assertion un dogme. Ce sont des ennemis de la province de Québec. Lesage ou Lapalme? C'est bonnet blanc ou blanc bonnet. C'est prendre le peuple pour un aveugle.

Duplessis se dit qu'à 45 ans Lesage a tout perdu dans la débâcle libérale de l'élection de 1958. Il avait investi

---

[1]. Guy Frégault, *Chroniques des années perdues,* Leméac, 1976, page 115.

14 ans de sa vie dans la politique fédérale, pour finalement décroché un portefeuille. La défaite de 1958 venait mettre un point final à son ascension politique dans le firmament canadien et le suspendait au-dessus du vide.

Pour Duplessis, si Lesage s'élançait en politique provinciale, c'était plus par nécessité que par ambition.

Pour Duplessis, la spectaculaire victoire de John Diefenbaker signifiait le crépuscule des libéraux. Dans sa boule de cristal, il ne voyait que la force des conservateurs à Ottawa et la solidité de l'Union nationale à Québec.

Un deuxième personnage, moins connu, conteste la direction du Parti libéral: Paul Gérin-Lajoie. Il n'a que 40 ans. Duplessis, à l'instar de Lapalme, le disqualifie à cause de son âge. Il n'en parle que peu, et ne le voit pas à la tête du parti concurrent du sien.

De fait, et c'est assez curieux, il y a à cette époque comme un voile gris sur l'image de Gérin-Lajoie. Les ennemis les plus connus de Duplessis, dans une certaine presse et sur l'écran de la télévision de Radio-Canada, sont alors des personnalités au charisme reconnu tels Jean Marchand, le président général de la Confédération des travailleurs catholiques du Canada, Gérard Filion le directeur du journal *Le Devoir*, André Laurendeau, le rédacteur en chef du combatif *Quotidien de Montréal*, Gérard Pelletier, un ami personnel de Marchand, directeur du journal syndical *Le Travail* et animateur de programmes à la télévision, Pierre Trudeau, fils de famille riche qui se consacre au droit et à la critique de la vie politique au Québec en plus de travailler pour les syndicats catholiques, et René Lévesque, journaliste à Radio-Canada, animateur du célèbre « Point de mire » qui marque la jeunesse d'après-guerre et qui élève le journalisme canadien-français à la télévision au même niveau professionnel que celui que l'on retrouve dans toutes les grandes capitales du monde.

Gérin-Lajoie n'apparaît pas dans cette liste. Lorsque Robert Rumilly, l'historien et le défenseur passionné du régime de l'Union nationale et de son chef Duplessis, dresse en 1958 la liste des gauchistes, amis du fédéral et ennemis du

Québec, on retrouve tous les noms que j'ai cités plus haut et même ceux du révérend père Georges-Henri Lévesque de l'université Laval, des abbés Gérard Dion et Louis O'Neill. Mais point celui de Gérin-Lajoie.

Duplessis l'a cependant à l'œil depuis 1950. Gérin-Lajoie est à ma connaissance le seul intellectuel que, durant les années de « la grande noirceur » duplessiste, le grand patron de la province empêcha d'enseigner le droit constitutionnel à l'Université de Montréal.

Il a été écrit — et je crois que lui-même le dit quelque part — que Pierre Trudeau avait été évincé des rangs du professorat de l'Université de Montréal à cause de certaines cordes tirées par Duplessis.

Mais si l'on fouille et gratte un peu cette affaire, il semble que le cardinalat catholique, autorité suprême à l'Université de Montréal à l'époque, fut bien le principal, sinon le seul, responsable de cette mise à l'écart du jeune Trudeau.

L'ostracisme de Gérin-Lajoie, demeuré inconnu parce que Gérin-Lajoie n'en parla que peu, fut lui, sans aucun doute, l'œuvre de Duplessis.

Gérin-Lajoie était boursier Rhodes, membre d'une famille prestigieuse mais de moyens modestes. Son épouse est une jeune Papineau, descendante en ligne directe de Louis-Joseph, le chef de la rébellion de 1837.

Sa bourse lui permet de s'inscrire à l'Université d'Oxford, en Angleterre, où il étudie le droit constitutionnel avec les plus grands experts de son temps.

Gérin-Lajoie, encore dans la vingtaine, décide d'entreprendre une recherche pour trouver une formule qui permettrait aux Canadiens de prendre le contrôle de leur constitution, de la rapatrier. Ce rêve de sa jeunesse devient le sujet de la thèse que Gérin-Lajoie défendra avec succès à l'Université d'Oxford. Elle deviendra de plus le texte du seul livre qui, à ma connaissance, ayant été écrit dans la langue de Shakespeare par un Canadien français, gagne le grand prix du gouvernement du Québec, le prix David.

Cette œuvre magistrale, qui fait encore école actuellement, voit le jour grâce à l'Université de Toronto qui la publie en 1950. Gérin-Lajoie est âgé de 30 ans. Son livre est intitulé: *Constitutional Amendment in Canada*. Jusqu'à ce jour — et je souligne que c'est là une honte — aucun éditeur n'a jamais cru profitable de publier en français ce classique constitutionnel. C'est là une réalité brutale difficilement admissible.

Gérin-Lajoie gagne le prix David en 1950. Duplessis est au pouvoir. Il vient d'être réélu avec une majorité écrasante. Il ne reste plus que huit libéraux à l'Assemblée nationale, la plupart représentants de circonscriptions anglophones. Le leader libéral d'ailleurs est un anglophone, parfaitement bilingue faut-il le souligner, résident de Westmount, le notaire George Marler.

Le prix David est un prix du gouvernement de la province de Québec. Son attribution à un libéral militant cause un certain remou.

La faculté de droit de l'Université de Montréal entre en communication avec Gérin-Lajoie. Au Canada français, il est devenu expert reconnu en matière constitutionnelle.

Le doyen de la faculté rencontre le jeune avocat et lui propose de donner des cours dès l'automne. Le doyen précise avoir consulté l'ensemble du Conseil de la faculté et que tous ses membres sont d'accord pour l'accueillir. Gérin-Lajoie accepte, mais tout cela est à reconfirmer.

Les semaines passent. Bientôt le mois d'août arrive et Gérin-Lajoie qui n'entend plus parler de l'Université, veut savoir à quoi s'en tenir. S'il doit enseigner le droit, il doit préparer ses cours.

Le doyen veut le rencontrer. Il lui dit: « Je croyais que la décision du Conseil de la faculté était unanime; mais j'avais oublié qu'un membre était absent lors de la décision originale. Il s'est depuis manifesté et il a opposé son véto à votre titularisation. Mes regrets. »

Qui était cet absent? Marcel Faribault, président du Trust Général du Canada, à l'époque, une des âmes damnées de Duplessis et lui-même juriste et constitutionaliste à ses heures.

Lapalme a fait une tournée de ses principaux organisateurs de Lévis à Rivière-du-Loup, avant le congrès. Il ne se rendra pas plus loin. Il appelle Henri Dutil, le secrétaire du parti, et lui dit qu'il n'a aucune chance d'être reporté à la direction du parti. Les libéraux veulent un nouveau chef.

Gérin-Lajoie est un candidat inacceptable aux yeux de la vieille garde libérale qui veut continuer de jouer sur tous les tableaux et qui veut une campagne axée plus sur les faiblesses du régime de Duplessis que sur un programme de réformes sociales.

Lapalme rencontre Lesage. Il décide qu'il ne doit pas maintenir sa candidature. L'essentiel, c'est de bloquer Gérin-Lajoie. Toute la machine passe du côté de Lesage, dont l'organisateur en chef, Alcide Courcy, député libéral d'Abitibi-Est. Lapalme se retire de la course dans l'intérêt de l'unité du parti.

Gérin-Lajoie avait avec lui les jeunes libéraux. Il menace de créer un troisième parti s'il est battu. Il a rallié les éléments les plus sérieux, ceux qui veulent donner un contenu au programme libéral. Gérin-Lajoie veut affranchir le parti de la haute main d'Ottawa, il veut un renouveau, un renouveau démocratique au niveau des municipalités et des commissions scolaires. C'est le chef de l'aile révolutionnaire.

Lesage, lui, sans s'opposer au renouveau, vise droit au cœur de l'Union nationale. Il ne parle que de l'organisation d'une guerre sainte contre la corruption et le vice de la faction duplessiste.

Gérin-Lajoie n'avait pas encore appris que l'électeur ne vote jamais *pour* un parti au pouvoir, ou *pour* un parti d'opposition mais bien *contre* un gouvernement ou *contre* un parti d'opposition.

Les peuples se donnent des nouveaux gouvernements en renversant des régimes dont ils ne veulent plus comme ils maintiennent des gouvernements en place par crainte du changement pour le pire. Ils jugent ce qu'ils connaissent, jamais l'inconnu. Gérin-Lajoie a cru jusqu'au scrutin qu'il pouvait faire une lutte serrée au nouveau cheval de course de la vieille garde. Lorsque, le 9 février 1958, il avait annoncé publiquement son intention de contester la direction du parti, il avait reçu l'assurance que Jean Lesage n'était pas intéressé à la politique provinciale. Gérin-Lajoie s'était rendu à Ottawa. Lesage l'avait reçu au restaurant « Le parlementaire », situé dans l'édifice central de l'Hôtel du gouvernement. Il l'avait rassuré.

Gérin-Lajoie allait apprendre qu'en politique on ne peut jamais jurer de rien. Le hasard y fait loi. Il faut présumer que les sirènes du pouvoir se servent de moyens pour enflammer ceux qu'elles désirent que d'autres muses de l'ambition humaine ne connaissent pas.

Lesage était un homme d'Ottawa. Et cela était une tare fatale à celui qui prétendait devenir le chef politique du Québec, croyait Gérin-Lajoie:

« Soyez assurés, déclara-t-il aux délégués du congrès, que je n'ai pas pris cette décision sans d'abord posséder la conviction que ma longue préparation dans le domaine des affaires strictement provinciales était non seulement une garantie de mes connaissances et de mes convictions profondes sur les grandes questions de la politique provinciale, mais aussi un gage de la confiance que je pourrais éventuellement inspirer aux électeurs du Québec à ce sujet. »

Et, ayant entendu la rumeur qu'une directive avait été donnée en faveur de Lesage par les grandes autorités du parti (dont le porte-parole était le conseiller législatif Philippe Brais), Gérin-Lajoie affirme, en frappant du poing sur la table devant lui:

« Je veux terminer par un appel au sens de la responsabilité de chacun des délégués ici réunis. Certains libéraux s'en vont répétant, en chuchotant dans nos rangs, qu'un mot d'ordre est donné, que ce congrès n'est convoqué que pour entériner un choix déjà décidé par quelques libéraux. Eh! bien, je vous dirai ceci, mes chers amis, si un mot d'ordre est donné, il est donné par une petite clique de libéraux et cette petite clique, quelle qu'elle soit, ne doit pas mener. »

À ce moment-là, un tonnerre de huées se firent entendre. Si Gérin-Lajoie ne savait pas que Lesage tenait le congrès entre ses mains, il venait de l'apprendre.

Plus tard il dirait qu'il s'attendait à perdre mais jamais par une majorité aussi écrasante.

Le vote fut de 630 voix pour Lesage contre 145 pour Gérin-Lajoie.

De tels combats ne sont pas sans laisser de profondes blessures. Lesage devait maintenant tout faire pour encourager la cicatrisation des traces laissées par les coups qui s'étaient échangés depuis trois mois.

Lapalme bouderait longtemps le destin. Pourtant sans Lesage, sans son optimisme débordant, son énergie et cette force communicative qui étaient le fondement de son génie politique, le Parti libéral n'aurait jamais pu mobiliser suffisamment de votes pour renverser les murs de la forteresse conservatrice et Lapalme n'aurait jamais pu assister à si brève échéance à la réalisation de ses rêves les plus chers.

Et si quelqu'un voulut s'assurer que Lapalme participât aux fruits de la victoire, après 1960, ce fut bien Lesage.

Quant à Gérin-Lajoie, Lesage savait qu'il était le mieux préparé de l'équipe libérale aux plans juridique et constitutionnel.

Aussitôt le congrès terminé, il demanda à son bras droit, Henri Dutil, chargé de l'organisation permanente du parti, d'entrer en communication avec Gérin-Lajoie pour prévoir une rencontre.

Lesage allait découvrir la ténacité à la fois intelligente et viscérale d'un homme dont la taille, harmonieuse mais compacte, et l'allure, soignée et précise comme on imaginerait celle d'un académicien du XVIIIe siècle, cachaient une certaine férocité féline.

Le grand et gros Paul Sauvé, celui-là même qui avait fait la guerre en Europe, qui avait été réélu *in absentia* dans le comté de Deux-Montagnes en 1944 et qui allait bientôt succéder à Maurice Duplessis, avait ainsi reçu un mauvais coup de griffe du jeune Gérin-Lajoie en 1957 lors d'une élection partielle.

Gérin-Lajoie, avec son air de jeune diplômé, avait dû sembler bien inoffensif aux yeux de Sauvé, parlementaire aguerri qui avait la réputation d'écraser ses adversaires assez brutalement dans les duels oratoires.

Gérin-Lajoie avait subi une première défaite à l'élection de 1956 dans le comté de Vaudreuil-Soulanges où il continue d'ailleurs de résider. Quelques mois plus tard, le député mourait subitement. Duplessis décida de tenir une élection et envoya Sauvé pour diriger les forces de l'Union nationale.

Vaudreuil-Soulanges est un comté qui compte plusieurs paroisses rurales. La tradition de l'assemblée contradictoire en temps d'élection y survit. C'est Sauvé qui eut la charge de tailler en pièces le jeune aspirant libéral.

En somme, Sauvé dit aux électeurs qu'un vote pour Gérin-Lajoie serait un vote pour un député qui irait siéger dans l'opposition, bref, un vote gaspillé.

Gérin-Lajoie se lève pour répondre à Sauvé: « On vous dit qu'un vote pour moi est un vote pour un député de l'opposition, un vote gaspillé. Mais qui donc est ce monsieur Sauvé qui vous affirme cela?... »

Et Gérin-Lajoie de raconter l'histoire de Jos Sauvé, éternel chef de l'opposition. Paul Sauvé était le fils d'un ancien chef du Parti conservateur, Jos Sauvé. Ce dernier dirigeait l'opposition du temps d'Alexandre Taschereau, Premier ministre libéral dans les années 1920 et 1930. Il n'avait jamais siégé ailleurs que dans l'opposition.

Gérin-Lajoie se tourne vers Sauvé, devenu rouge comme un coq: « Vous croyez donc que les électeurs qui ont appuyé votre père pendant de si nombreuses années ont gaspillé leur vote? Vous savez que ce n'est pas vrai. Vous savez que le gouvernement libéral d'Alexandre Taschereau ne punissait pas les électeurs de Deux-Montagnes parce qu'ils votaient pour votre père. Vous savez que la liberté du vote était respectée. Mais vous, son fils, vous venez dire aux électeurs aujourd'hui que s'ils osent voter libéral le gouvernement Duplessis leur coupera les vivres. Que dirait votre père s'il entendait des propos aussi scandaleux? »

Gérin-Lajoie fut ovationné. En partant Sauvé cria: « Vous me paierez ça! »

L'Union nationale remporta l'élection partielle quand même mais sa majorité était substantiellement réduite. Gérin-Lajoie savait maintenant qu'à l'élection suivante il prendrait le comté.

Les parts de Gérin-Lajoie dans le Parti libéral avaient monté. Sa lutte pour la direction du parti lui méritait une place prioritaire parmi les premiers violons de l'équipe.

Lesage voulait maintenant s'assurer de son entière collaboration. Indépendamment de ses ambitions politiques, Gérin-Lajoie comprit que le premier objectif du Parti libéral devait être la prise du pouvoir.

Lesage avait le don de fixer les esprits sur l'essentiel. Son parti à Ottawa avait tout perdu. Lui-même n'était plus ministre depuis la défaite du gouvernement Saint-Laurent en 1957. Il devait, maintenant qu'il était le chef du Parti libéral du Québec, démissionner de son poste de député fédéral. Ce qu'il fit même si, face à la toute-puissance duplessiste dans les royaumes fédéral et provincial, son avenir paraissait hypothétique.

Les années 1958 et 1960 furent financièrement difficiles pour le nouveau chef libéral. Le premier centre d'intérêt de Lesage était son épouse et sa famille. Madame Lesage élevait quatre enfants, Jules, Marie et René aux études, et Raymond, le tout petit dernier. Cette importance capitale que Lesage accordait à sa famille, son attachement à son épouse faisaient partie de son style public, de son image politique.

À cette époque, c'était une petite révolution que de se présenter sur les estrades politiques, comme chef d'un parti, avec sa femme et parfois ses enfants.

La politique était un monde mâle, à peu près exclusivement. Peu de femmes assistaient aux réunions politiques. Duplessis était célibataire. William Lyon Mackenzie King, le Premier ministre fédéral, l'était aussi. Louis Saint-Laurent, son successeur, était marié, mais son épouse ne l'accompagnait que rarement[2].

---

2. Lapalme fut lui aussi innovateur à cet égard. Sa femme grande et fort belle, l'accompagnait assez souvent. Il était, lui, chauve comme un genou et son visage orné de grandes lunettes encadrées de montures noires annonçait une certaine propension à la misanthropie. Le contraste était frappant. Le fait hypnotisait les spectateurs aux assemblées. Un jour un fermier dit à un autre: « C'est t'y de valeur, une si belle femme avoir un mari si laid. » Lapalme, qui l'entendit, parut s'amuser de la remarque.

Les foules étaient frappées par le charme du couple Lesage. La télévision, relativement récente à l'époque, en disséminait partout l'image qui n'était pas sans rappeler celle des Kennedy aux États-Unis[3].

On ne le réalisa pas à l'époque, mais, rétrospectivement, c'est une évidence: la présence de Corinne sur la scène politique du Québec était annonciatrice d'une participation accrue des femmes québécoises à la vie politique.

Lesage avait laissé derrière lui à Ottawa une carrière brisée. De plus en plus, il prenait des allures de gagnant au Québec.

Les vieilles choses usées finissent par se briser, même si elles gardent encore l'apparence de la force et de la puissance.

Un journaliste de 37 ans, du quotidien *Le Devoir,* Pierre Laporte, ébranle les fondations de l'Union nationale en publiant les détails du scandale du gaz naturel.

Le gouvernement Duplessis a fait adopter une loi instituant une société privée qui prendra charge, à la place d'Hydro Québec, de la distribution du gaz naturel dans la ville et la région de Montréal. Des ministres et conseillers législatifs, bénéficient d'informations privilégiées et réalisent un coup de bourse lucratif.

À la conférence de presse de Duplessis, j'apporte une copie du *Devoir* avec moi. Je prends place directement devant le Premier ministre. Quand il termine ses déclarations, je lui présente la première page du journal. Duplessis l'a déjà lue, c'est évident.

---

3. Leur allure, la présence courante de leur épouse à leur côté ne sont pas les seuls éléments d'une comparaison qu'on pourrait établir entre Jean Lesage et John Kennedy qui, tous deux, allaient être élus en 1960 à la tête de leur gouvernement respectif. Je ne crois pas cependant qu'on puisse prétendre que Lesage chercha à accentuer cette vague ressemblance, même si, pour le préparer au débat télévisé de la campagne électorale de 1962, Maurice Leroux, son conseiller en relations publiques, se rendra aux États-Unis pour connaître les toutes dernières techniques de Kennedy qui était le modèle que Leroux avait suggéré à M. Lesage.

« *Le Devoir* écrit qu'il révélera les noms des hommes politiques impliqués, dis-je à Duplessis. Pourriez-vous commenter? » Duplessis répond, avec assurance: « Je demande au *Devoir* de publier les noms. »

C'est ce que *Le Devoir* fait dans une édition subséquente et, à partir de ce moment, le gouvernement Duplessis se désagrège.

Duplessis n'est pas personnellement impliqué dans l'affaire bien qu'une personne de sa famille l'ait été. Quelques ministres, dont Daniel Johnson, le sont. On intente des poursuites contre *Le Devoir*. Cela met fin au débat politique. Mais lorsque, quelques semaines plus tard, j'assiste, à Kamouraska, à une assemblée de l'Union nationale où Duplessis doit parler, je vois des centaines de collants qui dénoncent le scandale sur les poteaux de téléphone qui longent la route.

C'est le début de nouvelles tactiques électorales (anonymes) au Québec. Elles se répandent rapidement. L'Assemblée nationale est muselée par les procédures intentées en justice contre *Le Devoir*, mais toute la province de Québec ne parle que du scandale du gaz naturel.

Fin décembre 1958, la grève des réalisateurs éclate à Radio-Canada. C'est là une des premières sinon la première grève de cadres au Canada. Il s'agit d'une lutte pour le droit d'association. Radio-Canada refuse de négocier. La grève traîne. Le gouvernement Diefenbaker ne sait trop que faire. La Confédération des travailleurs catholiques du Canada supporte financièrement la lutte des réalisateurs.

L'événement politise René Lévesque, arrêté sur les lignes de piquetage.

Après 15 ans d'immobilité, la terre tremble au Québec... Ce n'est qu'un début.

VII

La chance au coureur

Le monde politique québécois ressemble, en 1959, à une ville fortifiée dont le roi, les généraux et la troupe, riches et vieillis, exercent un pouvoir absolu. Ce n'est que l'apparence des choses.

Dans quelques mois tout se sera effondré. Personne ne soupçonne encore l'ampleur du pourrissement qui facilitera la voie non seulement à toute une nouvelle génération d'hommes politiques, mais à l'éclosion d'une nouvelle moralité et d'une nouvelle culture.

Les événements de 1958, l'avènement de Lesage, le scandale du gaz naturel, le balayage conservateur, la grève du quotidien *La Presse* puis celle de Radio-Canada minèrent les fondations mêmes du pacte de paix qui avait, depuis des générations, garanti aux financiers, à l'Église et aux machines politiques établies essentiellement sur le patronage.

L'année 1959 sera témoin de l'effondrement. Duplessis, qui se prétend toujours « dangereusement bien », est très malade même s'il ne veut pas l'admettre.

À la chambre, les libéraux ne le ménagent pas. Il est dans un état lamentable à l'ajournement des séances houleuses de l'époque où les libéraux, sentant la fin du régime, l'attaquent à propos de tout.

René Hamel, député de Saint-Maurice, circonscription que représentait jadis à l'Assemblée nationale le père de

Duplessis, est le principal tourmenteur du tigre devenu vieux et malade.

Hamel dirigeait l'opposition libérale car Lapalme ne put jamais se faire élire tant qu'il fut chef du parti et Lesage, par prudence, avait refusé de se présenter lorsque Duplessis avait décrété la tenue d'élections partielles. Duplessis avait invité Lesage à croiser le fer en deux occasions: aux partielles du 20 août 1958, dans Labelle et Roberval, et à celles du 15 juillet 1959, dans Labelle (de nouveau) et Lac-Saint-Jean.

Ancien avocat syndical, c'est ce même Hamel qui déjà avait fait reculer Duplessis, lequel avait pourtant juré qu'il ne remplacerait jamais le vieux pont de Shawinigan tant et aussi longtemps que la population ouvrière de ce comté serait représentée par un libéral.

Hamel poignardait l'air d'un doigt vengeur quand il montait ses charges accusatrices. Sa poitrine se gonflait et son dos s'arrondissait à mesure que sa tête s'allongeait vers sa cible impuissante. Sa voix bourdonnait avec l'âpreté d'un taon en pleine chasse.

Il se plaisait à humilier Duplessis en lui posant tous les jours des questions de chiffres, de détails. Duplessis ne répondait pas ou répondait mal, et Hamel répétait jour après jour:

« Pour me répondre, l'honorable Premier ministre peut consulter le paquet de cigarettes sur lequel il tient compte des affaires de la province. » Duplessis, qui ne fumait que le cigare, contenait difficilement sa rage.

Tous les députés savaient que Duplessis griffonnait des notes sur des bouts de papiers et qu'il gardait dans ses poches toutes sortes d'informations.

Obsédé, Duplessis révéla maladroitement un jour qu'il avait donné 25$ à Hamel, adolescent, pour l'aider dans ses études. Grand seigneur, l'autre sortit quelques billets de sa poche, claqua des doigts pour appeler un messager de la chambre et fit remettre la somme au Premier ministre devant toute la députation interloquée.

Ce jour-là, la députation de l'Union nationale avait été à même de constater l'inéluctable déclin du vieux guerrier humilié. Hamel ricanait de satisfaction.

Un soir à l'ajournement de six heures, je me rappelle être

descendu sur le parquet de l'Assemblée législative pour parler à un député et avoir aperçu Duplessis, debout à sa place, essayant de reprendre son souffle après un long et violent discours. Une écume blanche paraissait à la commissure des lèvres. Il suait à grande eau. Daniel Johnson, s'approchant de lui pour le féliciter, lui dit en souriant: « Je pense qu'on va vous garder encore pour un bout de temps, chef! » Duplessis lui avait lancé un éclair de ses yeux noirs comme des charbons. Toute allusion même indirecte à sa retraite éventuelle ou à son âge blessait Duplessis au cœur. Les consolations de ses amis l'affolaient.

Même s'il était affecté du diabète depuis des années, Duplessis était demeuré remarquablement jeune de caractère et plein d'entrain malgré la soixantaine. C'est pourquoi la détérioration rapide de sa santé en 1959 est si évidente.

Néanmoins, sans doute à cause de la grande confiance qu'inspire Paul Sauvé, l'Union nationale ne s'inquiète pas trop.

Seul, comme la voix dans le désert, Robert Rumilly, l'historien, loyal ami de l'Union nationale, prévoit la chute du gouvernement, le début d'une révolution sociale et le renversement des valeurs qui soutenaient le régime en place.

Il publie, à compte d'auteur, précisément en 1959, un pamphlet: *Les socialistes dominent le réseau gauchiste*.

> « Presse, radio, universités (professeurs et étudiants et surtout journaux étudiants), syndicats, sociétés patriotiques, associations de commerçants: qui pourrait nier l'existence d'un réseau gauchiste dans notre province? écrit-il. Tout ce qui peut encadrer ou influencer le peuple canadien-français, à l'exception du gouvernement provincial, a été noyauté. La ligue d'Action civique et les Amis du *Devoir* s'emparent de l'Ordre de Jacques-Cartier qui, à son tour, contrôle le « bureau » de presque toutes les sociétés Saint-Jean-Baptiste.
>
> « Tout ce monde se tient, malgré les nuances d'opinion, comme il se doit dans un réseau. *Le Devoir* vante Jean-Louis Gagnon; *La Presse* encense *Le Devoir*. Léopold Richer l'observe; *La Presse* d'autrefois feignait

d'ignorer *Le Devoir* qui, de son côté, affectait de mépriser son gros frère...

« De même la coïncidence et la similitude sont frappantes entre certaines campagnes du *Devoir* et les articles du *Travail* ou les déclarations des chefs de la CTCC... Le mouvement est bien synchronisé.

« Jean-Louis Gagnon livre ses idées au *Devoir,* qui l'interroge par la voix de Jean-Marc Léger, à la fin de mai 1959. Il demande que l'on rompe la liaison entre le fait français et le fait catholique. Quelques jours plus tard, le 11 juin, l'abbé Gérard Dion donne une conférence... Le professeur à la faculté des Sciences sociales de l'université Laval nous rappelle, en insistant beaucoup, que la province de Québec n'est pas un État catholique, que les catholiques n'y jouissent d'aucun privilège et que « le pluralisme religieux est à la base de notre société... »

« Et remarquons encore que l'abbé Dion, presque au lendemain de cette conférence est une fois de plus invité à la télévision, par Radio-Canada. On peut poser cette règle générale que toute incartade susceptible de plaire au réseau gauchiste reçoit de Radio-Canada un salaire immédiat, sous la forme d'une invitation à la télévision. »

Tous les noms de ceux qui ont osé attaquer le régime apparaissent dans cette diatribe: Marcel Rioux, Pierre Elliott Trudeau, l'abbé Louis O'Neill, Gérard Filion, le père Georges-Henri Lévesque, Gérard Pelletier, Gérard Picard, Jean Marchand, René Lévesque. Et bien d'autres moins connus aujourd'hui.

« Le peuple, la masse du peuple canadien-français reste indemne, de conclure Rumilly. Mais pour combien de temps?... Une révolution sociale ne s'improvise pas. Elle est le fruit d'une longue préparation culturelle, politique, sociale, morale. Mais les contemporains, en règle générale, ne s'en rendent pas compte. »

D'autres ont écrit que les profonds virages de l'histoire passent inaperçus de ceux qui y disparaîtront.

Formellement, en 1959, Duplessis contrôle tout. Mais, en fait, tous les réseaux d'influences dans la société, tout ce qui est nouveau et qui inspire l'idéal et les mouvements de la jeunesse vers le modernisme sont dirigés pas des forces qui contestent le régime à partir des universités, de la télévision, des journaux, des syndicats, et de certains presbytères où l'on veut surtout garder une place pour l'Église dans la société que les laïcs sont à la veille de prendre en main même dans les secteurs dominés depuis des siècles par les institutions religieuses.

Duplessis, célèbre par la fréquence et la régularité de ses conférences de presse, ne parle presque plus aux journalistes. Ses conférences de presse sont très rares. Il a des blancs de mémoire. Il fait des erreurs de chiffres, de dates, de lieux. Un jour il téléphone chez moi pour me demander de corriger une erreur dans un texte distribué à l'ensemble des quotidiens, des postes de radio et de télévision par la Presse Canadienne pour qui je travaille à l'époque.

Lesage, lui, sillonne la province. Il est en campagne. Il assène de grands coups contre le monument politique réputé indestructible, « le chef » Duplessis. La série d'accusations de patronage, qu'il lance contre certains personnages de l'Union nationale, n'obtient pas de réponses du gouvernement et Lesage peut claironner dans toute la province: « Celui qui était bavard comme une pie est devenu silencieux comme une carpe! Pourquoi? »

Un vent de folie souffle dans les corridors et les bureaux du vieux palais législatif et de l'édifice attenant où Duplessis est cloisonné à longueur de journée pour recevoir et donner des informations au téléphone. Les fonctionnaires ne se parlent qu'en chuchotant. À la tribune des courriéristes parlementaires les tensions sont grandes. Certains journalistes, comme Pierre Laporte, sont évidemment très partisans des libéraux alors que d'autres sont étroitement liés à l'Union nationale. Duplessis met le feu aux poudres en annulant « l'allocation sessionnelle » de Laporte.

Depuis le temps d'Alexandre Taschereau les journalistes de la tribune politique recevaient une allocation pour subvenir à leurs dépenses. Ces montants, anciennement de quelques dollars, avaient atteint les 600$ environ en 1959. Ils étaient votés par l'Assemblée nationale, unanimement, et le président de l'Assemblée nationale devait les distribuer à tous les journalistes sans tenir compte des affiliations politiques des journaux ou des journalistes.

Quelques années auparavant, certains journalistes refusaient systématiquement les allocations. Pour ma part j'avais accepté celles de 1947 et 1948 (mon journal était d'accord), mais je les avais refusées par la suite.

Voilà que Duplessis se servait de ces petits moyens pour punir ses ennemis à la tribune parlementaire[1].

Le 20 février 1959: c'est le jour du budget. La pratique voulait (et veut encore) que des copies du budget soient distribuées à l'avance aux journalistes de la tribune pour leur permettre de lire le document et de rédiger leurs dépêches au cours de la journée avant que le texte ne soit rendu public. À cette fin, ils sont enfermés dans une pièce et ils s'engagent à ne point communiquer avec l'extérieur avant le dépôt du budget à l'Assemblée nationale.

Mais ce 20 février-là, Duplessis voulait se payer une petite vengeance. Les heures passent. Les journalistes ne sont pas convoqués pour le budget. Devront-ils passer la soirée, sinon la nuit à rédiger leurs nouvelles seulement après le dépôt du document budgétaire?

Duplessis me fait venir à son bureau et m'apostrophe: « C'est ce que tu veux des nouvelles? Hein? Assis-toi. »

Il presse un bouton sous son pupitre et un fonctionnaire

---

1. Après l'élection de 1960, Lesage, devenu Premier ministre, me convoquera à son bureau à propos de cette allocation.
   — Dick, me dit Lesage, qu'est-ce que vous me recommandez de faire avec ce système de subventions aux journalistes?
   — Abolissez-le, lui dis-je. Si les politiciens veulent corrompre les journalistes qu'ils le fassent à leurs frais, s'ils trouvent preneur, au lieu de le faire aux frais des contribuables.
   Lesage me regarda en pleine face:
   — Très bien, j'abolis tout ça...
   Ce qu'il fit immédiatement!... Mes excuses aux jeunes confrères qui regretteront...

entre avec un document. Un autre fonctionnaire, Walter Duchesnay, son garde du corps, viendra se joindre à nous. Duplessis me remet le texte: « C'est le budget. Tu seras le seul à le recevoir à l'avance. Walter va te conduire dans un bureau. Il devra rester à tes côtés. Quand le budget sera déposé tu pourras sortir. »

Les autres journalistes étaient furieux. La plupart prirent le parti d'en rire. Un jaloux, plus déséquilibré que méchant, me menaça d'un « accident »...

Peu après, la Presse Canadienne me donna comme mission de suivre Lesage sur le sentier de la guerre. Je le rejoins dans le Nord-Ouest. Nous logeons dans les mêmes motels. Au cours de nos conversations il apprend avec surprise que les nouvelles que je télégraphie à la Presse Canadienne sont rédigées en anglais et traduites en français à Montréal pour être ensuite diffusées dans les deux langues aux journaux canadiens. À l'époque, la Presse Canadienne n'avait pas de journalistes écrivant leurs dépêches en français. Je ne pense pas que mon impartialité de journaliste ni mon sens critique en aient trop souffert, mais je dois écrire ici que je ressentis dès ces premières rencontres qu'un fort courant de sympathie (réciproque, je le crois) s'établit entre Lesage et moi[2].

---

2. À ce propos, qu'il me soit permis de citer ici une anecdote un peu plus personnelle. À Québec, je demeurais rue des Remparts, au quatrième étage d'un vieil édifice. Pour accéder à ma porte il fallait monter un petit escalier en tire-bouchon.

Un matin, avant l'élection de 1960, on frappe à ma porte. Un homme grand et blond, ressemblant étrangement à Jean Lesage, est debout dans l'escalier.

— Mon nom est Henri Lesage, dit-il, je suis le frère de Jean Lesage et il m'a confié cette enveloppe pour que je vous la remette.

L'homme sort l'enveloppe blanche de son veston. Elle semble remplie de billets de banque.

— Écoutez, lui dis-je, je ne prends pas ça.

— Voyons, répondit l'homme, personne ne le saura. Mon frère veut vous témoigner sa gratitude.

— Je regrette, mais monsieur Lesage ne me doit rien, répliquai-je.

Et l'homme partit. Je n'en eus jamais d'autre écho et jamais je ne soulevai la chose auprès du Premier ministre. Lesage voulait-il vraiment me faire un cadeau? Voulait-il plutôt me mettre à l'épreuve? Je ne le saurai pas.

Après des années d'assemblées dominées par des dignitaires, entourées de policiers et de fiers à bras (celles de l'Union nationale), ou studieuses, ferventes et criardes, (celles de Lapalme), les foules sont surprises par l'homme à la chevelure blonde, revêtu d'un « trench » très pâle, accompagné de cette grande et magnifique femme blonde, Corinne.

Lesage entre en action comme un lutteur entre dans l'arène. Il sourit largement laissant voir ses dents blanches pendant qu'il enlève son imperméable pour découvrir un habit de couleur claire. Sur la tribune tout un monde d'organisateurs et d'amis s'affairent autour de ce couple spectaculaire.

Lesage soulève les foules. Les retentissants coups de masse de ses meilleurs discours frappent la corruption, l'oppression, la laideur du duplessisme, son immobilisme coupable devenu la cause du sous-développement québécois et la honte des Canadiens français.

« Nous n'avons plus de gouvernement provincial; il a été tué et remplacé par une machine infernale », tonne Lesage devant les auditoires étonnés.

Les simples gens ne se sont pas rendu compte de cette transformation « diabolique » qui débutait en 1948. Certaines personnes, coupables, se sont contentées de l'observer. Peu ont compris. D'autres ont préféré se laisser endormir, continue Lesage qui s'écrie: « C'est sans doute ce qui explique la vague de stupeur qui existe dans notre province depuis 1956, surtout depuis que le scandale du gaz naturel est devenu le symbole du duplessisme. »

Lesage parle du réveil collectif du Québec face à un régime d'occupation qui a usurpé les valeurs les plus chères aux Canadiens français, et trahi leur amour de la patrie québécoise.

C'est non seulement le scandale du gaz naturel, dans lequel on retrouve les noms de Paul Sauvé et de Daniel Johnson, qui aide la cause de Lesage, mais aussi le fait — et je crois que ce fut capital à l'époque — que des prêtres dénoncent le cynisme du régime et l'inconscience morale des citoyens.

Le texte de la brochure intitulée « *Deux prêtres dénon-*

cent l'immoralité politique dans la province de Québec », diffusée à la grandeur de la province par le Comité de moralité politique de Montréal, prépare non seulement le retour de Jean Drapeau à la mairie de la métropole mais aussi la victoire de Jean Lesage aux provinciales.

La diffusion de ce texte — *Le Devoir* le publie in extenso à deux reprises en 1956 — constitue un véritable bombardement de l'opinion.

C'est une nouvelle mode que de dénoncer l'achat des consciences et le banditisme pratiqués par l'Union nationale.

Les auteurs, Gérard Dion et Louis O'Neill, et leur texte étaient devenus célèbres à cause d'une fuite. Le document n'était destiné qu'au clergé catholique du diocèse de Québec. Il avait été d'abord publié dans une circulaire portant la mention *Ad usum sacerdotum* (à l'usage du clergé).

C'est un journaliste irlandais, natif de la ville de Québec, Robert Duffy, qui avait eu vent du texte. Duffy était le premier correspondant à plein temps, à la tribune des courriéristes parlementaires, pour le compte d'un grand quotidien de Toronto, *The Globe and Mail*. Il avait traduit les parties les plus fracassantes du document et envoyé cette nouvelle à son journal.

Sa publication, en traduction anglaise, eut l'effet d'une véritable bombe au Québec. Elle alluma un feu qui contribua à forcer la réforme des mœurs électorales après 1960.

L'Agence de nouvelles, la Presse Canadienne, s'empara du texte du *Globe and Mail* et le diffusa à la grandeur du pays.

C'était, ajouté à la publicité néfaste suscitée par la persécution des Témoins de Jéhovah, le scandale du gaz naturel et les bastonnades policières infligées aux ouvriers, autant d'armes pour Lesage dressant le bilan de la honte qu'inspirait leur gouvernement aux Québécois.

Gérard Filion, directeur du journal *Le Devoir* (que Lesage nommera plus tard président de la Société générale de financement), écrivait ses éditoriaux à coups de hache.

Depuis 1956, il frappait à coups redoublées sur l'Union nationale. La publication de la brochure des deux prêtres, au mois d'août, quelques semaines après la victoire du parti de

Duplessis aux élections générales, du 20 juin, lui donna du bon bois à bûcher.

« La façon dont les choses se sont passées en juin dernier démontre l'urgence de quelques réformes radicales, écrit Filion. Une profonde réforme électorale s'impose. Réforme de la loi d'abord. Celle qui est actuellement en vigueur permet au parti au pouvoir de voler l'élection dans les villes. La démonstration par l'absurde en a été faite le 20 juin dernier. Si la police montréalaise n'avait pas désorganisé la machine de Marcel Lafaille à trois heures de l'après-midi le 20 juin, il y a gros à parier que le leader du Conseil municipal serait aujourd'hui député de Saint-Henri. Dans Laurier, des gangsters ont pénétré, revolver au poing, dans une vingtaine de bureaux de scrutin et ont bourré les boîtes de bulletins marqués d'avance. Je sais bien que la plus parfaite des lois laissera toujours de fausses issues aux entrepreneurs malhonnêtes. Mais quand la loi favorise délibérément le vol, il faut crier: Halte-là.

« Il s'est dépensé durant la dernière campagne électorale des dizaines de millions. On parle de trois à quatre millions du côté des libéraux et de quinze à vingt millions du côté de l'Union nationale. Ces chiffres paraissent nettement conservateurs. On nous dirait que la caisse de l'Union nationale a déboursé trente millions que nous n'en serions nullement surpris, tant les flots d'argent pour les fins les plus inimaginables parurent inépuisables. *Money has no object,* comme on dit en anglais.

« S'est-on seulement demandé d'où provenaient ces fonds?... Regardons plutôt du côté des grandes corporations qui bénéficient de commutations d'impôts, du côté de celles qui exploitent les richesses naturelles de la province moyennant de ridicules redevances. Qu'est-ce que ce serait après tout pour une compagnie comme l'Iron Ore de verser cinq millions à la caisse électorale de M. Duplessis, si elle a la garantie que, pour tant d'années à venir, elle ne paiera en royauté qu'un cent la tonne de minerai?...

« Par-dessus tout, il nous faut une réforme des mœurs et un réveil de la conscience. Les prédicateurs nous rappellent fréquemment nos devoirs envers nous-mêmes et envers nos semblables, mais rarement envers la société. La plupart des Québécois paraissent avoir deux consciences, une pour leur vie privée, une pour leurs actes publics. Tel qui est scrupuleux quand il s'agit de ses affaires personnelles affiche une immoralité désespérante quand il s'agit d'affaires publiques. Mentir, tricher, voler pour soi est odieux, mais pour son parti, pour son député, pour son gouvernement, c'est un geste innocent, presque un acte de vertu. »

André Laurendeau, éditorialiste au *Devoir*, écrit la semaine suivante:

« Pour plusieurs Canadiens français, la dernière élection a eu l'effet d'un choc psychologique: ils ont eu honte — honte de la dégradation subie par la politique, honte des mœurs indignes d'un peuple chrétien, honte de ce que les attitudes vénales ont en même temps de puéril. Ils réclament un assainissement des élections. C'est un point de vue préliminaire, mais c'est aussi une fondation sur laquelle on peut bâtir quelque chose de plus ample — une vraie démocratie. »

Les journaux canadiens-anglais dans les autres provinces avaient fait écho à ce réveil québécois en signalant que la situation était la même un peu partout au Canada.

Ce qui était nouveau ce n'était pas l'existence de la corruption électorale et l'achat des votes, mais la dénonciation qu'en avaient faite deux prêtres, et cette nécessité partout ressentie de définir un code de moralité publique.

Le plus grand quotidien de Toronto, *The Star*, commente:

« Premièrement, nous devons nous rendre compte que les tactiques condamnables qu'on a dénoncées existent à un certain degré dans toutes les provinces. Ici en Ontario on entend rarement dire qu'un électeur a été

> acheté. Mais c'est un secret de Polichinelle que le parti au pouvoir — conservateur ou libéral — garde jalousement ses fruits les plus juteux, sous forme de routes, de ponts ou d'édifices publics, pour les comtés qui lui ont accordé le plus d'appui lors des élections... Et on admet comme pratique courante que les entrepreneurs ou autres qui transigent avec le gouvernement contribuent à la caisse électorale... Si nous voulons que notre système de liberté demeure, nous devrons fixer nos yeux au-dessus de ce qui est généralement accepté et établir un plus rigoureux code de moralité publique dans tout le Canada. »

Ce ferment réformateur pénètre partout et ses effets multiplicateurs sont incalculables.

La Révolution tranquille s'amorce au Québec, elle frappe déjà l'imagination et la conscience des Canadiens anglais d'outre-frontières, mais en 1959, elle n'a pour seule réalité et encore à l'état potentiel, que le programme du Parti libéral du Québec ou la fine fleur des progressistes de la société québécoise ont voulu s'exprimer.

Lesage se garde d'accuser le peuple d'être le premier responsable du long règne de l'Union nationale mais il veut lui faire sentir qu'il a été en quelque sorte consentant.

> « Pour ma part je refuse d'accepter que le duplessisme soit devenu le vrai visage du Québec... Il ne faut pas nous laisser aveugler par cette dictature qui a dominé la scène provinciale... »

Lesage parle de la transformation de certains groupes dans la société québécoise malgré le duplessisme. Il parle des artistes, des écrivains, des dramaturges, des acteurs et des musiciens qui se font connaître par la radio et la télévision de l'État fédéral et par les contributions du Conseil des arts de la ville de Montréal et celui du gouvernement d'Ottawa.

> « Il n'y a pas à s'étonner de cette absence de politi-

> que culturelle (au niveau provincial) quand on sait que le chef de l'Union nationale se vantait de ne jamais lire, qu'il méprisait les intellectuels et qu'il les faisait traiter de gauchistes par ses valets, déclare Lesage.
>
> « Dans le domaine de l'éducation combien de fois il (Duplessis) a également dit non aux individus, aux groupements et aux institutions qui, depuis une quinzaine d'années se sont intéressés, avec plus d'ardeur et de compétence que jamais, au progrès de l'enseignement. »

En dépit d'une politique obscurantiste, les universités, diverses associations d'instituteurs et d'étudiants, des regroupements de parents constituent « autant de facteurs qui stimulent nos espoirs de libération ».

Lesage vante l'essor de l'Union catholique des cultivateurs, l'ancêtre de l'Union des producteurs agricoles, de la Coopérative fédérée, les succès des Caisses populaires et la vigueur du mouvement coopératif.

> « Songez à la puissance grandissante de nos organisations ouvrières qui ne cessent d'améliorer les structures démocratiques... Il y a encore des chefs syndicaux qui, malgré les tristes expériences d'Asbestos, de Louiseville et de Murdochville, prétendent être capables de promouvoir efficacement la cause ouvrière dans notre province en ignorant le régime d'occupation. Vaine illusion!... Qu'ils se rappellent les barricades... Ils devraient être convaincus que la province ne pourra pas se débarrasser de l'occupant s'ils ne participent pas activement au mouvement de libération... »

Lesage met en garde les syndicalistes contre leur participation à des partis idéologiques « qui n'ont aucune chance de réussir » et il les invite à se rallier à la croisade libérale contre le duplessisme.

> « Il y a encore des patriotes, dit-il aux nationalistes, qui pensent pouvoir défendre les valeurs traditionnelles dans le domaine de l'autonomie provinciale sans avoir à combattre le duplessisme. Vaine illusion! C'est le gouver-

> nement lui-même qui bloque la voie;... il n'a jamais vraiment servi la cause de l'autonomie... »

Lesage s'attaque aux chefs d'entreprises qui appuient Duplessis, les contrats sans soumissions, une politique gouvernementale des achats ruineuse pour le trésor public, la violation du salaire minimum, l'antisyndicalisme. Pour eux, le duplessisme était leur sauvegarde et ils ne devaient pas participer à sa destruction.

> « Vaine illusion! Ils doivent se rendre compte, avant qu'il ne soit trop tard, que l'Union nationale bloque la voie du progrès économique, qu'elle pratique à leurs dépens le chantage électoral et qu'elle crée chaque jour par son favoritisme et son encouragement aux abus, de nouveaux ennemis au système de l'entreprise libre.
> « Ils doivent également se convaincre que si le mouvement de libération se fait sans eux, il pourrait peut-être — et ce serait regrettable — se faire contre eux. »

Ce genre de menace n'impressionnait guère les milieux d'affaires en 1959.
Lesage se cherche des candidats et il se plaint publiquement de l'absentéisme des personnes les plus actives et les plus progressives de la société.
Parlant de ces « absents » Lesage dit qu'ils se consacrent entièrement à leurs mouvements ou à leurs secteurs et refusent de faire de la politique partisane.

> « Tel est, à mon avis, ajoute-t-il, le paradoxe de notre situation politique qu'on ne peut sûrement pas l'expliquer seulement par le manque d'esprit démocratique ou l'immoralité publique. Le duplessisme a pu se consolider parce que trop peu d'hommes sincères et compétents étaient activement présents sur la scène provinciale. »

Lesage fait appel aux femmes et aux hommes de bonne volonté. Il les invite à adhérer au Parti libéral.

« Certains hésitent encore en prétendant que le Parti libéral est un vieux parti. Mais je leur réponds, en m'appuyant sur le passé politique de notre pays, qu'il vaut mieux adhérer à un vieux parti comme le parti libéral qui a de profondes racines historiques mais qui sait aussi se renouveler, plutôt qu'à un parti relativement jeune comme l'Union nationale qui, elle, est frappée d'une vieillesse prématurée; ou à d'autres qui peuvent être frappés de mortalité infantile... »

Les réformes? Elles ne viennent qu'en second dans le propos de l'orateur. Lesage parle d'abord de réformes administratives, la modernisation de l'État, la réorganisation de la justice. Il parle d'une nouvelle politique agricole qui ne soit pas uniquement basée sur le crédit agricole et le patronage, d'une politique des ressources naturelles, d'une politique sociale qui soit autre chose que la charité électorale, d'une nouvelle loi électorale.

Mais c'est la promesse de faire de profondes et très vastes réformes dans le domaine de l'éducation qui fait s'allumer l'étincelle qui embrasera les foules et qui sera le véritable moteur de la Révolution tranquille.

Là, le dossier de Lesage est très fort et son argumentation solide. La situation de l'ensemble de la jeunesse canadienne-française était scandaleuse dans une province qui pouvait se piquer d'envoyer des missionnaires, hommes et femmes, dans plusieurs parties du globe et de former quelques beaux esprits dans ses collèges classiques et ses facultés de droit et de médecine.

Le rapport de la Commission Tremblay, largement alimenté par les travaux et les études d'Arthur Tremblay, a révélé l'ampleur de la faillite du système élaboré au cours des années par le Conseil de l'Instruction publique créé en 1856.

Adélard Godbout, Premier ministre libéral du temps de la guerre, avait rendu l'éducation obligatoire jusqu'à l'âge de 14 ans. Mais sous Duplessis, la loi n'était tout simplement pas appliquée.

Si l'éducation obligatoire était imposée dans la pratique, ce serait la fin de l'instruction religieuse pour les catholiques à l'école, soutenait Duplessis.

Le nombre d'enfants non catholiques mais français augmentait dans les années 50. Certains parents protestaient contre l'instruction religieuse imposée à leurs enfants et invoquaient leurs droits et leur liberté de conscience.

Le 14 août 1957, la Cour d'appel du Québec avait rendu jugement dans une cause restée fameuse: « Chabot contre les commissaires d'école de Lamorandière ».

> « Le demandeur, témoin de Jéhovah, a droit d'exiger que ses enfants soient admis à l'école des commissaires sans être tenus de suivre l'instruction religieuse qui y est donnée ou de participer aux exercices de dévotion des catholiques romains », avait écrit le juge.

Lesage relève cette affaire dans sa tournée et cite Duplessis qui avait déclaré: « Nous avons aujourd'hui un jugement unanime disant que nous n'avons pas le droit d'enseigner dans les écoles catholiques de la province de Québec quand les témoins de Jéhovah y sont. »

Lesage parle aux foules de l'universalité de l'éducation que le Parti libéral veut instaurer s'il est porté au pouvoir. Il propose la gratuité scolaire pour tous.

Au Québec, à l'époque, il n'y a pas de règles fixes. Certaines commissions scolaires exigent des contributions mensuelles des élèves, variant de quelques sous par mois à des sommes assez importantes pour les élèves des grades supérieurs. Généralement, les élèves doivent payer leurs manuels scolaires quoique certaines commissions absorbent une partie des coûts.

La citation qui suit, tirée de la publication *Lesage s'engage* (Les éditions politiques du Québec, 1959, pages 42-43) qui ramasse tous les principaux thèmes de la tournée, fut un des refrains de Lesage.

> « Pour ceux qui ont les moyens de payer, disait-il, en parlant des frais qu'on imposait aux parents, cela ne présente pas un problème grave. Mais il reste tout de

même que ce coût... est prohibitif pour un grand nombre. D'autre part, très nombreux sont les pères de famille qui, en payant la contribution mensuelle pour plusieurs de leurs enfants, doivent les priver pour autant du nécessaire. Il est bien beau de faire des comparaisons entre ce qui est dépensé pour l'éducation et ce qui est dépensé en boissons alcooliques, en tabac et en amusements, mais cette comparaison est absolument boiteuse, car, dans presque tous les cas, ceux qui se privent pour payer l'éducation de leurs enfants ne sont pas ceux qui gaspillent.

« Il faut avoir été pendant des années député d'un comté où j'ai connu des centaines d'ouvriers en chômage, des journaliers qui ne pouvaient pas trouver de travail l'hiver, des colons qui manquaient même du nécessaire, pour mieux comprendre jusqu'à quel point la gratuité totale de l'enseignement dans nos écoles publiques est absolument essentielle si nous voulons remonter le niveau de l'instruction dans notre province.

« Il faut aussi la gratuité des manuels scolaires, ou tout au moins le seul paiement par les parents de 25 pour cent de leur coût, comme le suggère l'Union catholique des cultivateurs. Car je connais des pauvres pères de famille de plusieurs enfants qui n'envoient pas leurs enfants à l'école parce qu'il leur en coûterait au début de l'année de 50 à 75 dollars pour acheter les livres nécessaires aux études. »

On imagine ce que pouvait signifier le déboursement de telles sommes il y a plus de 20 ans!

Au niveau du collège classique, seul moyen d'accès pour atteindre l'université, la situation est dramatique et Lesage cite le mémoire qui avait été présenté à la Commission Tremblay par la Fédération des collèges classiques.

« Chez le groupe des propriétaires, administrateurs et professionnels, la grande majorité des garçons aptes fréquentent le collège classique.

« Déjà le groupe des employés de bureau, de commerce et de finance n'envoie plus au collège qu'une minorité de ses enfants bien doués. Parmi les trois autres groupes professionnels, il ne semble plus y avoir au collège que le cinquième des enfants doués. »

Cette situation désastreuse pour l'avenir se traduit au niveau universitaire par la situation suivante que relève Lesage.

« Au niveau universitaire, exclusion faite des étrangers à la province, les inscriptions aux universités françaises du Québec par rapport à la population française, sont de 44 étudiants pour 10 000 habitants; dans le cas des universités anglaises, par rapport à la population anglaise, le chiffre est de 71. »

Lesage cite le mémoire des étudiants qui fait état du nombre peu élevé des leurs issus de familles ouvrières; 13,9 pour cent des étudiants de l'Université de Montréal appartiennent à des familles ouvrières tandis que 47,8 pour cent sont recrutés dans des familles d'hommes d'affaires ou de professionnels, en 1951.

« Il est inconcevable, clame Lesage, que le fils d'un avocat, d'un médecin ou d'un financier ait, à cause de la profession de ses parents, un droit supérieur à celui du fils de l'ouvrier en tant que l'instruction est concernée. »

Lesage promet la gratuité scolaire à tous les niveaux. Pour survivre, les Canadiens français doivent s'équiper pour le monde de demain!
« Vos fils, vos filles auront les mêmes chances que mes enfants! »
Cette phrase, il la tonne des centaines de fois dans les régions rurales et dans les villes. Elle soulève les auditoires tout autant que « C'est l'temps que ça change! »
Ce sont les coups de trompette qui allaient faire tomber les murs de la Jéricho qui, pendant des siècles, avaient protégé, à leur façon, la vie d'un peuple qui désormais devait affronter un monde nouveau.

Le 7 septembre, la foudre déchire le ciel politique assombri par la tempête qui souffle déjà ses nuages à l'horizon.

Maurice Duplessis, meurt subitement d'une hémorragie cérébrale dans le riche camp en bois rond de la société Iron Ore, propriété des acieries américaines située à Schefferville, dans la région des vastes mines de fer de l'Ungava, sur la frontière du Labrador.

Le bruit de cette nouvelle se répercute dans tous les milieux, soulevant à la fois les craintes et les espoirs les plus divers.

L'Union nationale se précipite pour annoncer que Paul Sauvé, le ministre de la Jeunesse, succède à Duplessis à la tête du gouvernement de la province et de son parti.

Sauvé lance son célèbre « désormais »! C'est la réponse de l'Union nationale au slogan libéral voulant que le temps soit venu de tout changer[3].

Sauvé se dévoue corps et âme à la tâche de sauver l'Union nationale. Dans l'espace de quelques semaines, il se taille une popularité extraordinaire dans l'opinion.

Révision des salaires des fonctionnaires, nouvelle entente avec Ottawa concernant les octrois du gouvernement fédéral aux universités, déblocage de fonds pour la route transcanadienne, Sauvé tente de tout faire en même temps. Il propose même un début de réforme du système d'instruction publique.

Sauvé rassure tout le monde. Le Québec se mettra à l'heure des temps modernes mais dans l'ordre et le respect. Un détail significatif: Daniel Johnson est toujours en retard pour les réunions du cabinet. Fernand Dostie, frère d'armes de Sauvé au cours de la guerre et son sous-ministre au ministère de la Jeunesse, est devenu la majordome du nouveau Premier ministre. C'est lui qui se charge de réveiller

---

3. C'est l'époque de démystification « du grand homme ». C'est alors que j'entends pour la première fois un des diaboliques apophtegmes de Duplessis: « La loi est une putain syphilitique qui ne jouit que lorsqu'elle est violée. »

Je sais que cette phrase n'apparaît nulle part dans les biographies du grand chef publiées à ce jour. Mais je crois qu'elle mérite d'être inscrite quelque part dans les notes souterraines de l'histoire du Québec.

Johnson et de s'assurer qu'il sera présent aux séances du conseil.

Le 2 janvier 1960, Jean Lesage se dirige, en automobile, vers Jonquière. Son confident, Henri Dutil, de la permanence du Parti libéral à Québec conduit la voiture. Les deux hommes se sont levés tôt et leur automobile file sur le boulevard Antonio-Talbot — nom qu'on avait donné à l'époque à la grand-route qui traverse, en reliant Québec et Chicoutimi, l'immense et splendide Parc des Laurentides.

Lesage est peu loquace. Malgré la tournée de la province qu'il a effectuée, malgré ses succès personnels auprès des foules, les candidats de prestige sont toujours aussi rares à se rallier à lui et au parti qu'il dirige. La mort de Duplessis a coupé court à la montée spectaculaire de son prestige qui s'estompe face aux triomphes de Sauvé.

À Jonquière, Lesage doit rencontrer Gérald Harvey, un comptable, populaire auprès des syndicats de l'aluminium. Harvey avait été approché par les organisateurs libéraux qui lui avaient proposé d'être candidat dans le comté de Jonquière-Kénogami. Harvey s'était dit prêt, mais son épouse avait protesté contre cette décision tant et si bien que le futur candidat avait changé d'idée.

En désespoir de cause, Lesage avait décidé d'aller personnellement rencontrer Harvey et son épouse pour garantir leur fidélité d'engagement au moins jusqu'à la tenue des élections.

L'automobile des deux hommes approche de la barrière orientale du parc, à Laterrière. Il est presque onze heures. Dutil allume la radio.

« Voici un bulletin spécial, annonce la voix du speaker, le Premier ministre Paul Sauvé est décédé. Je répète, le Premier ministre Paul Sauvé est décédé subitement, tôt la nuit dernière, à sa résidence. »

Les deux hommes se regardent. Lesage ne peut plus respirer. La nouvelle de la mort de Sauvé lui a asséné un coup de poing en plein ventre. Il cherche désespérément son souffile. Dutil freine et dirige la voiture vers le bord de la route.

Lesage est toujours incapable de dire un mot ou de souffler. Il ouvre la portière et se précipite dehors. Le reflet aveuglant du soleil sur la neige et l'air glacial lui infligent un contre-choc en le fouettant en plein visage. Il recommence à respirer et se met à marcher le long de la route.

Dutil le rejoint.

Les deux hommes marchaient mais ne disaient pas un mot.

Tout à coup, un camion de la société Bell s'immobilise tout près de leur voiture. Un homme en sort et court rejoindre Lesage qu'il avait reconnu.

« Avez-vous entendu... la nouvelle... Sauvé... mort? »

Lesage branlait de la tête. Oui, oui, il avait entendu.

À Jonquière, Harvey n'avait plus d'hésitations.

Lors d'une entrevue qui sera diffusée en 1974 à la radio de Radio-Canada, Lesage dira à Mario Cardinal: « Quand M. Duplessis est mort, je pense que les gens voyaient venir le changement, la population était prête pour un changement. Et M. Sauvé, qui était un homme très intelligent, a très bien compris le climat. Son « *désormais* » n'a pas été un prélude à la Révolution tranquille, ça a été un reflet intelligent du climat qui existait à ce moment-là et sur lequel M. Sauvé a capitalisé. Si j'avais été un politicien comme lui, j'aurais fait comme lui. Le « *désormais* » et son auteur étaient fort populaires, vous savez. À l'automne (de 1959), durant les 100 jours de M. Sauvé, je n'avais pas l'impression, comme chef du Parti libéral, d'en mener bien large dans la province. »

Cardinal lui suggère alors qu'il n'aurait jamais pris le pouvoir si Sauvé avait vécu.

« Je ne dis pas jamais, réplique Lesage, mais je ne l'aurais pas pris à ce moment-là. Je suis très franc, et je vous dis sincèrement que si M. Sauvé n'était pas dédédé et s'il y avait eu des élections en juin, je ne pense pas que j'aurais pu prendre le pouvoir. J'aurais certainement augmenté le nombre de députés libéraux. Ça c'est sûr, parce que quand même il y avait un sentiment anti-Union nationale, mais je ne pense pas que nous aurions pu faire élire un nombre suffisant de députés pour prendre le pouvoir. » (*Si l'Union nationale m'était contée,* Les éditions du boréal express, 1978, pages 46-47.)

Aux funérailles de Sauvé, les signes avant-coureurs des querelles internes qui affaibliraient l'Union nationale et sèmeraient le désarroi dans ses rangs font surface.

Aux approches de la tombe de Sauvé, exposé en chapelle ardente dans le « salon de la race », Fernand Dostie pleure son compagnon, son chef. Les rêves qu'ils avaient faits, les projets dont ils tiraient les plans s'étaient évanouis pour faire place au noir et froid néant.

Dostie, perdu dans les images que lui lancent les miroirs de son souvenir, sent tout à coup quelqu'un debout à ses côtés.

Il lève la tête, et aperçoit le sourire rancunier de Daniel Johnson.

« Fini, le régime militaire. Fini! » murmure Johnson à l'oreille de l'homme atterré.

Johnson allait tenter sa chance pour s'emparer de la direction du parti. Mais les vieux avaient la poigne solide et ce fut Antonio Barrette, ministre du Travail dans le gouvernement de l'Union nationale, qui le plus inconsciemment du monde prit la roue du vaisseau déjà échoué sur les récifs de l'infortune.

VIII

Seul en tête

Les ministres et les députés de l'Union nationale constatèrent l'étendue du désastre lors de la session que le gouvernement entreprit avant de déclencher des élections générales. Barrette n'avait pas la moindre idée de ce qu'était le rôle d'un Premier ministre. Ses connaissances générales de l'administration étaient inexistantes et il ignorait tout des lois.

Joseph-Damase Bégin, le ministre de la Colonisation, avait fait accepter Barrette parce que, supposait-il, cet ancien ouvrier donnerait au parti une nouvelle image tout en assurant la place de la vieille garde. Barrette a fait rire de lui à l'Assemblée nationale. Mais Bégin aura eu presque raison sur le plan électoral, tellement est puissante l'emprise conservatrice et terrifiante pour les gens en place l'inconnu de la vie nouvelle qu'annoncent comme des coups de tonnerre Lesage et les vedettes de l'équipe libérale.

René Lévesque songe sérieusement à plonger activement en politique aux côtés de Georges-Émile Lapalme et de Lesage après le conflit qui a opposé les réalisateurs du réseau français à la société Radio-Canada.

Il y a des discussions entre Jean Marchand, Gérard Pelletier, Pierre Trudeau, René Lévesque, Jean-Louis Gagnon, Maurice Sauvé, Maurice Lamontagne.

Finalement, il n'y a que Lévesque qui prendra la décision de se présenter après le déclenchement de l'élection le 27 avril.

Jean Provencher raconte dans son *René Lévesque* que le temps pressait pour Lesage.

Un soir, Lesage attend la décision de deux ou trois du groupe relié à la sphère d'influence de Marchand. Il lui faut une réponse. Lévesque se remémore l'événement: « Finalement, il n'est resté que moi. Ce qui fait qu'à minuit, une heure, j'ai appelé Lesage et je suis allé au Windsor. Je lui ai dit: Bien, me voilà. Les autres ne sont pas mûrs[1]. »

Lesage avait l'œil sur Lévesque depuis quelque temps. Il en avait parlé à Lapalme. La présence de Lévesque venait ajouter toute une dimension nouvelle à la campagne dans la région de Montréal.

Montréal est la ville des grands organes de presse. La présence des centres de production de la télévision dans la métropole, le fait que Lévesque est la plus grande étoile du circuit et l'admiration sans borne que lui vouent les journalistes donneront à la campagne libérale dans Montréal un relief qu'elle n'aurait pu connaître par la seule participation de Lapalme.

Un des principaux penseurs du programme du Parti libéral dont il est peu question dans la bataille électorale est Paul Gérin-Lajoie, candidat dans un comté semi-rural à l'ouest de Montréal.

Gérin-Lajoie est un de ceux qui, dans le Parti libéral de 1960, ont apporté des idées neuves. Lapalme, rédacteur du programme de 54 articles, les a incorporés dans l'ensemble de son document.

Lors de l'élection partielle dans Vaudreuil-Soulanges, le 18 septembre 1959, Gérin-Lajoie, qui s'était fait battre à l'élection générale de 1956, décide de se représenter.

Il dresse un programme et écrit:

---

1. Provencher, Jean. *René Lévesque,* Les Éditions La Presse, 1973, p. 133.

> « Ce qui importe avant tout, c'est que jamais nous ne concevions le rôle d'un député comme se résumant à celui d'un patroneux. Un député ne doit pas être un simple facteur, chargé de remettre à leurs destinataires les chèques d'octrois ou de salaires. »

Cette idée toute neuve du député-législateur sera reprise par Lesage. Elle suscitera énormément de controverse. Elle demeure encore aujourd'hui en avance sur son temps, prévoyant la présence d'une nouvelle classe d'hommes politiques aussi compétents et passionnés par l'avenir de la collectivité que les dirigeants de vastes entreprises privées...

Inutile de dire que l'idée, en 1959, fit sourire, voire rire à haute voix, bien des hommes politiques qui la jugeaient parfaitement utopique et plus digne de la grande vision républicaine de Platon que de la démocratie nord-américaine.

Gérin-Lajoie est défait de justesse en 1957, par 666 voix.

L'Union nationale lui fait une lutte très dure en 1960. Elle livre une lutte tout aussi acharnée contre René Lévesque dans Laurier et, d'une manière générale, on peut dire que c'est dans la région de Montréal que l'Union nationale donne ses grands coups.

Les organisateurs du parti de Duplessis s'imaginent que les comtés ruraux ou semi-ruraux demeureront fidèles à la vieille équipe et que ce sont les centres urbains qui méritent le plus d'attention, plus particulièrement la région de Montréal. La surprise des résultats de l'élection de 1960 sera la percée spectaculaire des libéraux dans les comtés de la région de Québec. La campagne libérale à Montréal et surtout les performances de Lévesque et Lesage, se répercutent dans toute la province par la télévision et la radio.

J'ai personnellement couvert cette campagne électorale et je demeure persuadé que sans l'extraordinaire talent, je dirais même le génie oratoire de Lesage, les libéraux n'auraient jamais surmonté la profonde méfiance d'une grande partie de l'électorat envers les réformes prônées par les libéraux.

On oublie aujourd'hui que bon nombre d'électeurs sympathiques à l'endroit du programme libéral devaient affronter également une sorte de peur: celle de se faire prendre à voter pour le « mauvais » parti dans l'éventualité d'une nouvelle victoire de l'Union nationale.

Dans les régions rurales, l'instrument de l'Union nationale était le chantage pur et simple.

Quelqu'un, que je ne citerai pas nommément, mais qui a bien connu cette période de notre histoire, m'a expliqué comment on avait répandu dans les campagnes la notion que le vote de n'importe quel électeur pouvait être identifié lors du dépouillement du scrutin.

Effectivement, il y avait un système et la seule menace qu'on y ait recours était suffisante pour effrayer les électeurs.

Dans ce temps-là, l'électeur ne pouvait lui-même déposer son bulletin de vote dans la boîte de scrutin. Cette tâche était exécutée par un travailleur d'élection nommé par le parti au pouvoir, c'est-à-dire, en 1960, nommé par la machine de l'Union nationale. Il suffisait que ce travailleur d'élection ait marqué de sa main le bulletin de vote. Au dépouillement, on retrouvait la marque et l'on savait donc le choix de l'électeur visé.

La grande réforme électorale du gouvernement Lesage rendra plus tard impossible ce genre de violence morale.

En dépit de ce handicap supplémentaire, la campagne de Lesage dans les régions rurales et semi-urbaines fit la différence.

Lesage tailladait ses ennemis au sabre. Son éloquence, ponctuée par des interjections d'une grande violence verbale, roulait sur les « rrr » grasseyés qui grondaient comme une rage olympienne.

Quand Lesage qualifiait quelqu'un de « menteur public », le mot « menteur » restait imprégné dans les mémoires. Le mot « vipère » dans sa bouche avait quelque chose de terrifiant. Par contre, ses « rrrr » dans « libération » et « maîtres chez nous » avaient des accents gutturaux du fauve qui crie victoire.

En contraste, l'image de Barrette était mauvaise. Il faisait rire de lui et je me souviens qu'à Sept-Îles il avait été copieusement hué. Il était incapable de tenir un discours vraiment cohérent.

De plus, les temps changeaient. Quand un homme s'avançait dans une assemblée pour lancer des injures à l'endroit du chef de l'Union nationale, on le laissait parler avant de l'inviter à sortir. Dans les années 50, ce genre de chose ne se produisait pas car les assemblées de Duplessis étaient bien organisées et bien surveillées.

Lesage se dirige vers Montréal sur la fin de la campagne. C'est là que les coups bas se donnent. L'assemblée du 20 juin au Palais du commerce attire une foule énorme pour l'époque, plus de 25 000 personnes.

L'Union nationale a misé sur le vieux thème des libéraux amis des communistes, des gauchistes, des athées pour faire peur au monde.

Toujours la technique de la menace, de la peur.

L'élection se déroule le 22 juin.

Le soir du vote, la tendance libérale est évidente mais elle ne paraît pas assez forte pour défaire le gouvernement. La lutte s'annonce très serrée. Finalement, les libéraux l'emportent, par huit sièges!

Dans la circonscription de Québec-ouest Lesage reçoit l'appui de 11 635 des 20 826 électeurs qui ont déposé des bulletins de vote valides.

En Abitibi, l'avocat libéral Lucien Cliche défait l'unioniste Jacques Miquelon par 852 voix et Alcide Courcy, l'organisateur en chef des libéraux, l'emporte par 666 voix. Dans Bellechasse, le libéral Gustave Plante gagne par 444 votes. Gérard Lévesque, libéral, dans Bonaventure, passe par 532 votes. Par contre, Maurice Bellemare survit par 147 voix dans Champlain. L'organisateur en chef de l'Union nationale, l'invincible Jos-Damase Bégin surnage par 288 votes.

Bernard Pinard gagne Drummond par 101 voix. Dans le comté de Duplessis qui comprend les régions minières de Schefferville et le centre commercial et industriel de Sept-Îles, l'ami personnel de Duplessis, Jack Layden, se fait « laver » par le libéral Henri Coiteux. Un jeune libéral, Claude Jourdain, arrache Gaspé-Nord à l'Union nationale par 11 voix. Malgré tout ce qu'on a dit contre le Dr Camille Pouliot, de Gaspé-Sud, ministre unioniste des Pêcheries, il est réélu, mais sa majorité est réduite à 791 voix. Antoine Rivard, le solliciteur général sous Duplessis, est battu dans Montmagny par 9 voix!

La région de Québec est donc riche en gains libéraux même si ces victoires se gagnent souvent par de faibles marges.

L'Union nationale demeure puissante à Montréal. Maurice Custeau, de l'Union nationale, l'emporte avec une majorité de 2 467 dans Montréal-Jeanne-Mance. René Lévesque, contre qui on a mis le paquet et même un autre candidat du nom de René Lévesque pour mêler les cartes, passe de justesse avec une majorité de 129 votes. L'Union nationale gagne Montréal-Mercier. Elle l'emporte dans Montréal-Sainte-Marie. Dans Saint-Henri, le libéral l'emporte, mais dans Montréal-Saint-Jacques, Paul Dozois, de l'Union nationale, est vainqueur. Dans Montréal-Saint-Louis, il y a 12 candidats! Le libéral Harry Blank passe par 101 votes de plus que son adversaire unioniste.

Dans Vaudreuil-Soulanges, Paul Gérin-Lajoie gagne le comté par une majorité de seulement 149 voix.

Le résultat, même s'il est serré, démontre que le grand brassage des années 60 est commencé sur tout le territoire sauf évidemment dans ces quelques comtés immuables où les courants de l'évolution politique ne pénètrent que très lentement et à rebrousse-poil.

Le Parti libéral a fait élire 51 députés, l'Union nationale 43. Un indépendant a été élu: Frank Hanley, dans Montréal-Sainte-Anne.

La participation populaire au scrutin — 2 096 597 électeurs, soit 80,38 pour cent des noms inscrits sur les listes — démontre l'intérêt soulevé par les événements qui ont précédé l'élection et la campagne elle-même.

Le gouvernement Barrette démissionne et le 5 juillet le gouvernement Lesage est assermenté.

Entre le soir de la victoire et la prise du pouvoir, il s'est écoulé 13 jours.

Durant cet intervalle de quelques jours, un sentiment de panique s'empara des multiples milieux de fonctionnaires dans la province, mais surtout à Québec, la ville par excellence des cols blancs.

De son bureau de chef de l'Opposition officielle, Lesage lançait des avertissements et des mises en garde qui n'avaient aucune portée juridique ou légale mais qui faisaient trembler tous les fonctionnaires qui trempaient dans les élections du côté de l'Union nationale depuis 15 ans.

Ceux parmi les employés du gouvernement qui, par contre, s'étaient manifestés dans le camp libéral, surveillaient déjà leurs proies et s'imaginaient que, d'un moment à l'autre, des ordres arriveraient pour ordonner l'expulsion de tous les « Bleus » des édifices parlementaires.

La province avait depuis toujours été administrée par un système de patronage, aussi, dans les régions, tous les commerçants libéraux voulaient placer leurs noms sur la liste des achats du gouvernement et tous les contracteurs libéraux voulaient s'emparer des contrats en cours.

Un changement de gouvernement, les gens ne connaissaient pas ça.

À peu près tout le monde dans la ville de Québec s'imaginait que, le lendemain du 22 juin, 5 000 Bleus sortiraient des édifices parlementaires et que 5 000 Rouges allaient y entrer triomphalement, Lesage en tête.

Les journaux, reflétant comme d'habitude les murmures et les chuchotements, publièrent des manchettes du genre: « l'Union nationale s'accroche au pouvoir », « Barrette et ses ministres tardent à remettre leur démission ».

La rumeur voulait que les ministres aient besoin de plusieurs jours pour vider leurs bureaux de documents compromettants. On identifiait tel ou tel ministre qu'on avait vu sortant avec des portefeuilles ou des porte-documents.

Pour calmer la meute libérale qui piaffait d'impatience après la grande noirceur duplessiste, Lesage avait fait savoir qu'il avait pris des dispositions spéciales pour tout surveiller et que les fonctionnaires qui seraient pris en défaut seraient implacablement poursuivis.

Lesage avait prévenu les contracteurs de la province qui exécutaient des travaux: tous les contrats seraient scrutés à la loupe.

C'est aussi durant cette période de flottement entre le 22 juin et l'assermentation du nouveau cabinet des ministres le 5 juillet, que Lesage eut à choisir ceux à qui, parmi ses députés, il confierait des ministères.

Nos habitudes parlementaires font que, lors de changement de gouvernement, le Premier ministre achevant son terme informe le Lieutenant-gouverneur de la province qu'il démissionne en lui suggérant d'inviter le chef du parti qui a été élu à former un nouveau gouvernement. Le nouveau Premier ministre fait ensuite venir ses ministres pour qu'ils soient assermentés comme membres du conseil de l'État. Le choix des ministres est une prérogative du Premier ministre.

Inutile de dire qu'au Québec jamais aucune femme n'avait participé à des réunions où le nouveau chef élu décidait du choix de ses ministres. Corinne et Jean Lesage avaient été inséparables, ou presque, jusqu'au 22 juin; ils demeurèrent l'un près de l'autre le lendemain de la victoire comme ils le demeureraient le lendemain de la défaite.

Certains futurs ministres se souviennent de la surprise qu'ils eurent lorsque Lesage les appela de Saint-Jovite, au nord de Montréal, où il s'était réfugié pour préparer son ministère, en leur demandant de venir le rejoindre accompagnés de leurs épouses.

Et c'est ainsi qu'au Québec les femmes participèrent pour la première fois à une des plus secrètes et des plus mystérieuses opérations politiques: le choix des ministres.

Plus tard, autre première de taille, le 14 décembre 1961, lors des élections partielles dans Chambly et Jacques-Cartier, le Québec aurait sa première femme députée puis ministre, Claire Kirkland-Casgrain, avocate[2].

Lapalme avait refusé, au départ, d'être ministre. Surpris peut-être du succès de Lesage qui après tout n'avait que repris (mais avec quel panache!) les idées qu'il avait prônées depuis quelques années, Lapalme boudait.

Parmi les premiers convoqués: Paul Gérin-Lajoie et son épouse Andrée.

— Quelle est ton idée sur la composition du cabinet? lui demande Lesage.

— Je ne sais trop... réplique Gérin-Lajoie pris par surprise.

---

2. Mme Kirkland-Casgrain était la fille du Dr Charles-Aimé Kirkland, député de Jacques-Cartier pendant plusieurs années.

Claire était avocate. Elle avait fait son apprentissage au parlement québécois durant les dernières années du régime Duplessis.

Duplessis présidait les comités législatifs lui-même. Il ne tolérait pas qu'un avocat libéral s'y présentât. Les organisations scolaires et municipales devaient donc, lorsqu'elles se présentaient à Québec pour y soumettre des projets de lois, se faire représenter devant les comités par des avocats qui avaient auparavant reçu le « nihil obstat » du chef du Parti de l'Union nationale. C'était le système des « petits amis ». Claire avait cependant trouvé grâce devant Duplessis, à cause de l'influence de son père auprès du vieux chef unioniste, et elle avait comparu à quelques reprises pour défendre des projets de loi alors qu'elle était encore dans la vingtaine.

Lorsqu'elle fit son entrée à l'Assemblée nationale — en même temps que Pierre Laporte — à la suite d'élections partielles en décembre 1961 — elle fut ovationnée. C'était la première femme député. Elle deviendrait la première femme ministre.

Intelligente, vive, elle était grande, bien « plantée » comme disaient les ancêtres. Ses yeux étaient presque noirs, son teint, rose comme un radis du printemps, et ses cheveux d'un brun très foncé.

Selon la coutume, lorsqu'arriva l'heure de sa première entrée comme député à la chambre, son chef Lesage courut à sa rencontre à la porte de l'enceinte de l'Assemblée nationale et la prit par le bras.

Lesage aimait bien que les femmes lui fassent quelque compliment. Il était fort sensible à leur admiration. Bien que Lesage ait toujours été l'homme d'un seul amour, d'une seule femme, il aimait avec les belles faire la roue comme un paon.

La haute société de la ville de Québec est réputée pour ses commérages et il fut un temps où le bureau de Lesage recevait des appels de femmes qui voulaient savoir si le Premier ministre allait divorcer pour se marier avec madame la ministre Kirkland-Casgrain.

Tout cela était ridicule et faisait d'ailleurs bien rire Corinne Lesage.

— Mais voyons, tu dois avoir des idées, insiste Lesage qui sort un bout de papier sur lequel sont inscrits les noms des personnes qu'il veut nommer et les postes qu'il se propose de leur offrir.

Gérin-Lajoie lit rapidement le papier pendant que Lesage a les yeux braqués sur lui.

Il constate que le nouveau Premier ministre se propose de lui remettre le portefeuille du procureur général. C'était la dernière des positions qu'il aurait acceptées. Gérin-Lajoie sait que Lesage est sérieux. Il ne veut pas piquer sa susceptibilité et prend le parti de froncer les sourcils sans mot dire.

Devant le silence étonné et prolongé de Gérin-Lajoie, Lesage lui dit:

— Tu n'as pas l'air content.

— J'avoue que je ne me voyais pas dans ce poste, mais bien plutôt à l'éducation, lui répond Gérin-Lajoie. Pourquoi ne pas donner le portefeuille de Procureur général à Lapalme?

— Lapalme l'a refusé, réplique Lesage, je crois que je vais le nommer Vice-Premier ministre.

— Franchement, je ne me vois pas dans ce poste de procureur général, poursuit Gérin-Lajoie, m'occuper des affaires de la police, des affaires de boisson...

— Tu serais tout de même aussi capable que Ti-Toine! remarque Corinne Lesage. (Il s'agit d'Antoine Rivard, battu dans Montmagny, procureur général dans les gouvernements de Sauvé et Barrette, qui sera plus tard nommé juge de la Cour d'appel.)

Lesage explique à Gérin-Lajoie qu'il n'aurait pas à se tracasser de ces choses, quelqu'un de la Gendarmerie royale du Canada lui ferait des recommandations.

Gérin-Lajoie demande de repenser à tout cela avant de donner sa réponse.

C'est au cours de ce séjour à Saint-Jovite que Lévesque apprend, le 24 juin, que Lesage veut le nommer à la tête d'un nouveau ministère des Affaires culturelles. Lévesque, lui, veut celui des Ressources hydrauliques. La question de l'électricité domine ses préoccupations.

Lesage, un homme fort différent de Duplessis qui avait écarté et dispersé sa gauche assez brutalement en 1936, accepte la requête de Lévesque. Lesage se montre sensible aux éléments jeunes et réformateurs qui montrent une amélioration certaine, une argumentation intelligente, suivie.

La semaine suivante, Lesage convoque Gérin-Lajoie à Québec:

— Je vais te nommer ministre de la Jeunesse, lui dit-il.

Ce ministère était celui qu'avait occupé, pendant de nombreuses années, Paul Sauvé. Toutes les écoles professionnelles et techniques tombaient sous la juridiction du ministre.

— Qu'as-tu décidé de faire du poste de procureur général? demande Gérin-Lajoie.

— Lapalme a changé d'idée, répond Lesage. (Gérard Lévesque, un avocat de la Fédération libérale, avait sans doute influencé la décision de Lapalme à qui Lesage allait en plus remettre le portefeuille nouveau des Affaires culturelles.)

Gérin-Lajoie avance alors, avec un certain aplomb que le ministère de la Jeunesse ne représente que la moitié des activités du gouvernement dans l'éducation. L'autre moitié, étant le Conseil de l'instruction publique relevant du Secrétaire général de la province.

— Oui, mais j'ai promis le secrétariat à Lionel, déclare Lesage.

Il s'agit de Lionel Bertrand, ancien député fédéral comme Lesage, un homme sans grand talent que le chef du gouvernement contrôlerait facilement.

La discussion s'anime entre les deux hommes et finalement Gérin-Lajoie invite Lesage à venir à sa chambre au Château Frontenac où la discussion se poursuivra. Lesage promet qu'il regroupera tout ce qui concerne l'éducation au ministère de la Jeunesse, dans les plus brefs délais après l'assermentation des ministres.

— Je vais consulter Louis-Philippe Pigeon et lui demander comment nous pourrions procéder. Il ne sera peut-être pas nécessaire de faire une loi; le conseil des ministres a peut-être le pouvoir de transférer la juridiction sur le Conseil de l'instruction publique du secrétariat au ministère de la Jeunesse, dit Lesage.

— Pourquoi ne tentes-tu pas de le rejoindre maintenant, au téléphone? insiste Gérin-Lajoie.

— Il est déjà six heures trente (du soir), je l'appellerai demain!

— Appelle-le chez lui, il doit être rentré, persiste Gérin-Lajoie.

Louis-Philippe Pigeon, expert légiste et l'un des principaux conseillers de Lesage — il deviendra plus tard juge de la Cour suprême du Canada — explique à Lesage que la loi du Conseil exécutif lui permettra de tout regrouper les services et les juridictions de l'éducation au ministère de la Jeunesse. Lesage veut vérifier. Il veut entendre la lecture de l'article de la loi; Pigeon a-t-il copie des statuts de la province chez lui? Oui. Lesage écoute Pigeon lire le texte de la loi. Le tout se confirme.

— C'est bien, alors écoutez, préparez-moi un arrêté ministériel pour tout transférer ce qui touche à l'éducation au ministère de la Jeunesse, réplique Lesage à Pigeon.

Pigeon demande s'il doit ajouter les écoles des beaux-arts, le conservatoire.

— Toutes les responsabilités de l'éducation, toutes, confirme Lesage qui promet que l'arrêté sera parmi les premiers qui seront adoptés lors de la première séance du cabinet des ministres.

— Avant de le présenter au cabinet, est-ce que je pourrai en prendre connaissance? demande Gérin-Lajoie.

Il craignait que Lesage ne subisse des contre-pressions de la part de son ami Bertrand et ne changeât d'idée.

— Non! Ma décision est prise. C'est moi qui suis Premier ministre et là où on en est, c'est moi que ça regarde.

Le Premier ministre, évidemment, ne pouvait soumettre à l'approbation du futur ministre une décision qui relevait exclusivement de l'autorité du chef de l'État.

Effectivement, le lendemain de l'assermentation, Lesage propose lors de la première réunion des ministres le transfert de l'éducation au ministère de la Jeunesse.

Voici le texte des minutes et de l'ordre en conseil:

« Redistribution des tâches. Éducation.

> « Le Premier ministre dit que c'est son intention de confier à un même ministre tout ce qui concerne l'éducation, et comme l'article 7 de la loi de l'exécutif (Statuts refondus de la province de Québec, chapitre 7) permet de faire ces changements par arrêté-en-conseil, il recommande:
> 1. Que le Département de l'instruction publique et tous les services et subventions inscrits au budget de ce département relèvent désormais du ministère de la Jeunesse au lieu de Secrétariat de la province.
> 2. Que les services et subventions relatifs à l'enseignement des beaux-arts et de la musique, à l'enseignement post-scolaire et aux concours artistiques, soient transférés du département du Secrétaire de la province au département de la jeunesse.

Ainsi, dès ses premières réunions avec ses ministres, Jean Lesage se mit à la tête de son aile réformiste, contre la majorité conservatrice de son cabinet. C'est là un des grands moments de notre histoire. Lesage ouvre une immense porte qui donne sur un paysage de cimes que nous n'avions jamais osé escalader.

Duplessis, en 1936, avait écrasé ceux qui, par l'avant-gardisme de leur pensée, par l'éclat de leurs discours, avaient fortement contribué à le faire élire. Il avait congédié ses réformistes et enterré leur programme qui voulait mettre la puissance de l'État au service des Canadiens français, de la collectivité québécoise. Duplessis s'assura, dès sa prise du pouvoir, que la petite révolte populaire contre la corruption et les « trusts », c'est-à-dire la haute finance, verrait ses chefs réduits à l'impuissance et que l'État québécois continuerait, comme auparavant, à servir l'intérêt particulier de l'Église et du capital, pierres d'assises de la société traditionnelle depuis la Conquête.

Lesage, au contraire, répudie le passé et lève le drapeau de la Révolution tranquille. Les intérêts particuliers devront céder aux impératifs communautaires définis par un parti politique.

L'historien Guy Frégault écrira: « Telle est bien, saisie

sur le vif, la grande idée des années 60: faire servir, comme dans tous les pays, l'État à des fins nationales » (*Chroniques des années perdues,* page 51).

Juin 60: un printemps glorieux. Une saison de jeunesse, libérée d'un hiver qui ne finissait plus.

Ralentis sur la Révolution tranquille

l'État, levier de la collectivité

IX

L'explosion législative et administrative

« Les trente jours qui ébranlèrent la province » : c'est ainsi que, le 6 août 1960, *Le Devoir* intitulait un article où il établissait un bref résumé de la besogne abattue par le gouvernement Lesage qui avait pris le pouvoir le 5 juillet précédent. (Je reproduis ici cet article pour montrer l'enthousiasme avec lequel, au début des années 60, les intellectuels attendaient l'ouvrage de la nouvelle équipe au pouvoir et aussi parce que le rythme de travail endiablé décrit (ou du moins supposé) dans ce texte sera, au fil de ces quelques années cruciales, celui de la Révolution tranquille.)

6 juillet: le Cabinet se met au travail. Il annonce la création de trois nouveaux ministères au cours de la prochaine session.

7 juillet: création — sans le nom — d'un ministère de l'Éducation. Paul Gérin-Lajoie en sera le titulaire avec un budget de 130 millions de dollars. Tous les départements reçoivent ordre de demander des soumissions publiques pour l'exécution des travaux. Georges Lapalme est nommé vice-président du Conseil des ministres et Premier ministre suppléant.

9 juillet: Georges Lapalme annonce la réorganisation de la police provinciale.

10 juillet: Dans un discours prononcé à Verchères, Jean Lesage déclare que le gouvernement verra à protéger le visage français du Québec.

11 juillet: Le ministre de la Santé, le Dr J.-A. Couturier, commence des pourparlers avec le gouvernement fédéral au sujet de l'assurance-hospitalisation (rejetée auparavant par Maurice Duplessis). Jean Lesage croit que le plan québécois entrera en vigueur le 1er janvier 1961.

13 juillet: Création d'un bureau de la Trésorerie pour scruter les dépenses du gouvernement pour des montants supérieurs à 15 000$. Abolition de la Commission d'étude des problèmes de l'hospitalisation.

14 juillet: Début de l'offensive contre le patronage et les patroneux. Abolition du système des lettres de recommandation. Lucien Dugas est nommé gérant de la Commission des liqueurs. Georges Lapalme déclare que le régime d'intolérance est voué à une fin prochaine.

15 juillet: Première demande de soumissions publiques pour des travaux de voirie. Les commissions scolaires sont informées qu'elles pourront transiger directement avec le département de l'Instruction publique sans passer par le député. Les chèques de subventions seront envoyés directement.

19 juillet: Me Yves Leduc est nommé assistant-procureur général adjoint pour la région de Montréal. Me Paul Frenette sera assistant-procureur général adjoint du Québec. Bernard Pinard, ministre de la Voirie, ouvre les premières soumissions. Me Jean Rémillard est nommé président de la Commission du service civil.

21 juillet: Réorganisation de la Commission d'embellissement de Québec. On annonce la création d'une Commission des universités. L'instruction gratuite sera instaurée rapidement dans le Québec jusqu'à l'immatriculation, ce qui inclut les quatre premières années du cours classique.

22 juillet: Abolition de la Commission d'étude de certains problèmes de voirie. Toutes les commissions rele-

vant de l'autorité provinciale devront déposer des rapports annuels à l'Assemblée législative.

25 juillet: Début de la conférence fiscale à Ottawa. Jean Lesage lit le mémoire de la province de Québec.

29 juillet: Georges Lapalme annonce la tenue d'une enquête publique sur l'affaire du taxi.

6 août: Nomination de Josaphat Brunet comme directeur de la police provinciale.

Lapalme qui reproduit également ce texte dans ses Mémoires souligne que, le jour où fut publié l'article en question, le même journal publiait cette autre manchette prophétique: RENÉ LÉVESQUE ANNONCE L'ACQUISITION D'UN SECTEUR DE LA SHAWINIGAN.

Et Lapalme d'ajouter: « C'était le premier pas de sa longue marche vers l'étatisation de l'électricité et l'élection de 1962. »

Le premier champ d'activité législatif du gouvernement Lesage est l'éducation. Le gouvernement veut prendre les mesures nécessaires pour que la politique des diverses institutions d'enseignement soit coordonnée dans un plan d'ensemble à longue échéance. C'est pourquoi une des premières législations autorise l'institution d'une Commission royale d'enquête sur l'organisation et le financement de l'éducation au Québec. Ensuite le gouvernement décide de légiférer dans le but de prolonger la période de fréquentation scolaire obligatoire et de faciliter l'accès à l'enseignement par l'établissement, graduel d'abord, de la gratuité scolaire. Le gouvernement prend encore des mesures pour seconder financièrement l'enseignement scolaire, les collèges et les écoles normales. Les commissions scolaires accusent des déficits chroniques et le gouvernement se propose de leur procurer des revenus additionnels.

Le gouvernement veut également améliorer le financement des universités du Québec et leurs programmes d'expansion. Il ira lui-même emprunter et redistribuera les sommes ainsi obtenues à un taux d'intérêt raisonnable par le biais de subventions pures et simples payées comptant au fur et à mesure des travaux d'expansion.

Effectivement, le gouvernement met au monde un programme quinquennal.

Le gouvernement Lesage implante ensuite tout un nouveau secteur dans l'administration provinciale en créant le premier ministère de la Culture. Reprenant par cette décision la pensée élaborée par Georges Lapalme depuis plusieurs années, Lesage affirme que tout État moderne doit reconnaître son rôle culturel.

« Pour le Québec, cette responsabilité d'ordre général se double d'une exigence basée sur l'histoire. Il appartient en effet au gouvernement de la province de sauvegarder le fait français au Canada. Il peut le faire en développant le souci du bon langage et en soutenant l'expression artistique et littéraire de nos traits culturels propres. Le Québec, comme patrie commune de tous ceux qui en Amérique du Nord parlent notre langue, doit également s'acquitter de responsabilités qui dépassent le cadre de ses frontières géographiques. »

Le ministère alors créé aura sous sa juridiction de nouveaux organismes: l'Office de la langue française, le département du Canada français d'outre-frontières, le Conseil provincial des arts et la Commission des monuments historiques. De plus, le gouvernement prend des dispositions pour multiplier les bibliothèques publiques.

Dans le domaine de la santé, évidemment, la principale mesure est la mise en marche du programme d'assurance-hospitalisation le 1er janvier 1961. Cette mesure est généralement très populaire. Mais elle soulève beaucoup d'opposition dans les milieux religieux, plus particulièrement chez les communautés qui, depuis des années, recevaient des subventions annuelles du gouvernement Duplessis et qui n'avaient en pratique aucun compte à rendre à l'État provincial de leurs opérations ou de ce qui advenait des sommes que leur remettait le gouvernement.

La situation des malades au Québec, avant l'instauration de l'assurance-hospitalisation, était dramatique. Le gouvernement de l'Union nationale avait un système de « cartes roses ». C'était une forme de patronage qui avantageait beaucoup plus souvent les amis riches ou à l'aise de l'Union nationale que les familles qui étaient trop pauvres pour payer des frais d'hospitalisation. La situation de la santé au Québec avait fait l'objet de nombreux débats. Avec le nouveau système, l'hospitalisation devenait gratuite pour toute la population. Il s'agissait là d'un programme du genre de celui qui avait été d'abord instauré par le gouvernement néo-démocrate de la Saskatchewan après son élection en 1945. Par la suite, le gouvernement fédéral avait proposé à toutes les provinces l'instauration de cette mesure sociale, offrant même de payer la moitié des coûts. Le gouvernement du Canada faisait valoir aux provinces que tous les Canadiens devraient avoir droit à l'hospitalisation sans égard à leur fortune.

Certaines provinces voyaient là une intrusion du gouvernement fédéral dans le domaine de la santé, compétence qui avait toujours été considérée comme relevant de la juridiction des provinces. Maurice Duplessis, lui, s'opposait à cette mesure pour deux motifs: premièrement, le gouvernement fédéral ne devait pas intervenir dans un champ d'activité attribué par la constitution à la province; deuxièmement, l'intervention fédérale dans le domaine de la santé mettrait en danger le rôle des communautés religieuses dans l'hospitalisation au Québec, éléments de la culture québécoise qu'il jugeait essentiel.

Mais c'était là précisément un point où les anciennes pratiques idéalisées par l'Église et le gouvernement québécois ne répondaient plus aux besoins de la masse de la population. Les services hospitaliers privés d'une époque rurale ne pouvaient tout simplement plus subvenir à la tâche dans une société industrialisée. Les familles qui devaient supporter de grands malades ou celles dont un membre devait subir des interventions chirurgicales importantes s'endettaient pour des années.

« Pour les pères de famille, déclarait Lesage, l'hospitalisation ne sera plus jamais un risque à craindre; elle est devenue, au contraire, un instrument efficace pour l'amélioration du niveau général de la santé et un instrument qu'on utilisera désormais librement. Par cette mesure qu'est l'assurance-hospitalisation et malgré les problèmes temporaires d'administration et d'adaptation que pose toujours à ses débuts la mise en marche d'un programme aussi vaste, la population de la province de Québec a accompli un pas de plus dans la voie de la sécurité sociale. »

Dans le domaine du bien-être social, le gouvernement accorde des allocations familiales provinciales de 10$ par mois aux parents des adolescents de 16 à 18 ans qui suivent leurs études et une allocation supplémentaire de 10$ par mois aux personnes recevant la pension de vieillesse universelle à 70 ans et la pension de vieillesse de 65 à 70 ans, de même qu'aux pensionnés aveugles et invalides. Le gouvernement prévoit également verser des allocations aux veuves et aux célibataires de sexe féminin à partir de l'âge de 60 ans.

Le gouvernement fait démarrer de nombreuses études. Il crée un comité d'étude sur l'habitation familiale. Un comité prépare un code de l'enfance; un autre prépare un code de la famille. Au chapitre du travail, le gouvernement confie au conseil supérieur et à ses membres la tâche de préparer un nouveau code du travail. Dans le secteur des terres et forêts, une nouvelle entente fédérale-provinciale signée en septembre 1960 permet au gouvernement d'entreprendre de nouvelles constructions de routes secondaires en forêt. De plus, cette entente permet au ministère des Terres et Forêts d'entreprendre la construction de pistes d'atterrissage et l'achat d'équipements, de véhicules et d'avions indispensables à la protection contre le feu en forêt. Une autre entente, signée en décembre 1960, permet de financer la construction de routes d'accès en forêt pour fins d'exploitation. De plus, le ministère des Terres et Forêts entreprend plusieurs études sur les régions forestières de Chandler, Matane, Bonaventure, Carleton, Natashquan et Matagami.

Dès cette première session du gouvernement Lesage, Hydro-Québec annonce la décision finale de procéder au harnachement des eaux des rivières Manicouagan et Aux-Outardes. Ce projet, à l'époque, est le plus considérable jamais prévu au Canada et les soumissions sont immédiatement ouvertes pour les gigantesques tunnels de Manicouagan 5.

Sur le plan extérieur, le gouvernement ouvre deux agences à l'étranger: une à Paris, en 1961, et l'autre à Londres, l'année suivante. À Paris, il est question évidemment d'assurer des échanges culturels plus nombreux, mais le projet des agences à l'étranger vise plus particulièrement le développement du commerce entre l'Europe et le Québec.

Dans le domaine de la voirie, c'est évidemment l'aménagement de la route Trans-Canada dans le Québec qui est l'événement le plus important. Duplessis s'était toujours entêté à refuser cette entreprise transcanadienne. Le gouvernement Lesage, lui, construira le tronçon de la route dans la province qui aura une longueur de plus de six cents kilomètres. Le coût total de cette entreprise sera de 240 000 000$, dont 87 000 000$ seront payés par Ottawa.

Le gouvernement Lesage assume encore le coût de construction et d'entretien du boulevard Métropolitain à Montréal et adopte un projet de loi à cet effet. Le gouvernement entreprend également un programme de modernisation des routes dans la région de Québec. Pour tous ces travaux, la nouvelle administration peut se vanter de demander des soumissions publiques, tout en soulignant que, de 1945 à 1959, l'Union nationale avait dépensé 682 000 000$ en construction de routes et que tous ces contrats avaient été adjugés sans demandes de soumissions. (On a prétendu qu'en exigeant des soumissions l'ancienne administration aurait pu épargner 175 000 000$.)

Dans le domaine des travaux publics, Québec annonce l'achat de nouveaux édifices pour regrouper les services et l'administration libérale fait connaître son intention de préparer le plan d'une cité parlementaire à Québec. À cette fin, elle sollicite l'opinion d'urbanistes et d'architectes qui doivent se mettre à l'œuvre incessamment. Dans son propre ministère, Lesage forme un Conseil de la trésorerie. Ce nouveau service aura pour tâche d'examiner les propositions de dépenses dépassant 25 000$.

Le contrôleur vérifie les dépenses projetées avant qu'elles ne soient engagées, il scrute les contrats et évalue les éléments des soumissions avant leur adjudication. Il s'assure que les prix de base sont raisonnables et que les dépenses envisagées sont bien prévues au budget. Bien sûr, le lecteur des années 80 ne trouvera rien de particulièrement révolutionnaire dans ces mesures, mais il faut se souvenir qu'en 1960 toutes ces décisions venaient renverser les pratiques totalement empiriques et incontrôlées des divers gouvernements précédents. Elles constituaient en elles-mêmes des éléments non négligeables de la Révolution tranquille.

Au ministère de la Justice, une nouvelle loi des liqueurs et une réorganisation de la Sûreté sur de nouvelles bases sont annoncées. Il ne faut pas oublier, non plus, la création du premier ministère des Affaires fédérales-provinciales dont le sous-ministre sera Taschereau Fortier, un ami politique de M. Lesage. Ce n'est que plus tard que Claude Morin, ministre des Affaires intergouvernementales dans le gouvernement de René Lévesque, occupera les fonctions de sous-ministre de ce ministère.

* *
*

Au cours de la session de 1962, le gouvernement réaffirme que la modernisation de l'éducation au Québec est prioritaire.

« Dans le domaine vital de l'éducation, déclare Lesage, la législation adoptée au cours de la dernière session manifestait déjà, sans équivoque, la primauté que le gouvernement actuel accorde à ce secteur d'activités parmi ses préoccupations. »

On prévoit que les inscriptions à tous les niveaux augmenteront de 5,53 p. cent. Un nouveau système de subventions permet aux commissions scolaires de s'acquitter de leurs nouvelles obligations. La régionalisation de l'enseignement secondaire s'accélère et neuf nouvelles commissions scolaires régionales sont créées. Plus de quarante projets sont à l'étude.

Au ministère des Affaires culturelles, l'Office de la langue française doit mettre sur pied une vaste enquête linguistique pour encourager l'utilisation de termes français dans une foule de domaines. Le département du Canada français d'outre-frontières devra organiser une tournée des minorités de langue française dans les autres provinces du Canada et en Nouvelle-Angleterre. Les échanges culturels avec la France se multiplient. Le Québec participera au « Mai de Bordeaux », on organise la diffusion en France d'auteurs canadiens, le Québec participe à la Foire de Francfort, et on profite d'une chaire sur la littérature française hors de France.

« L'attitude du ministère des Affaires culturelles à l'égard de la nouvelle association internationale des universités de langue française, s'exclame Lesage, est un autre gage de l'accession du Québec au niveau universel de la culture contemporaine. »

Dans le domaine de la santé, c'est l'établissement du service de l'assurance-hospitalisation qui continue d'être le secteur le plus marquant. En vertu du nouveau système, on tire gloire du fait que, en 1961, 835 000 patients ont été traités dans 288 hôpitaux liés par contrat avec le ministère de la Santé. Le coût moyen pour la province a été de 170$ par patient. En 1962, il y a 32 000 lits dans les hôpitaux du Québec, soit une augmentation de mille depuis douze mois. On se sert, dans l'organisation des services extérieurs de la santé, des unités sanitaires dont le réseau avait été d'abord organisé par l'Union nationale, et le gouvernement annonce une réorganisation majeure des hôpitaux psychiatriques de la province.

En 1962, le gouvernement du Québec fusionne les vieux ministères de l'Agriculture et de la Colonisation. La nouvelle loi vise à accroître l'efficacité des services techniques et administratifs demandés par l'Union catholique des cultivateurs. Le gouvernement veut simplifier les choses, regrouper les divisions techniques et administratives qui, au fond, se doublaient. Par exemple, le vieux ministère de la Colonisation s'occupait des nécessiteux dans les régions lointaines. Ces services sont attribués au Bien-être social. L'Agriculture s'occupait de chemins de pénétration dans certaines régions. C'est le ministère des Terres et Forêts qui s'occupe maintenant de cette activité.

Il était bien connu que les jeunes ruraux quittaient l'école très tôt pour travailler sur la terre familiale. La gratuité scolaire au Québec leur permet maintenant de prolonger leur stage au cours primaire et d'accéder à des cours agricoles intermédiaires ou supérieurs. Le ministère de l'Agriculture réorganisé les aide même à défrayer leurs frais de pension grâce à un subside mensuel.

L'Office provincial de l'artisanat et de la petite industrie avait organisé une grande exposition en faveur des artisans à l'occasion de la fête de Noël entre le 1er et le 10 décembre 1961. Cette foire est reprise d'année en année à Québec et à Montréal. On en connaît le succès.

Le gouvernement crée l'Office du tourisme. Aussi surprenant que cela puisse paraître, ce n'est qu'après 1961 que le gouvernement de la province de Québec a entrepris de doter les principales régions du Québec d'un réseau de terrains de camping. Lorsque Georges Lapalme, chef de l'opposition dans les années 50, demandait à Maurice Duplessis de prévoir des tables le long des routes pour les voyageurs qui voulaient pique-niquer, le chef du gouvernement lui répliquait que malheureusement il ne le pouvait car le public volerait cet équipement[1]!

---

1. Il faisait là-dessus le même genre de raisonnement qu'il avait déjà fait concernant la gratuité des manuels scolaires qu'il refusait. Le vieux chef de l'Union nationale s'opposait à la gratuité scolaire, à la gratuité des livres dans le Québec, parce que, disait-il, un public qui s'imagine que tout est gratuit est irresponsable. De plus, si les livres sont gratuits, les enfants les briseront et les perdront et ils perdront du même coup tout sens des responsabilités.

Le nouvel Office du tourisme a d'abord accordé son attention à la région du Bas Saint-Laurent et à la Gaspésie qui reçoivent chaque année un grand nombre de visiteurs.

Un Office du film est créé à partir de l'ancien service de ciné-photographie.

L'essentiel de la mise en œuvre de la grande charte de l'éducation préparée sous la direction du ministre de la Jeunesse, Paul Gérin-Lajoie, démarre en 1962. Cinq nouvelles lois ont été adoptées. Le gouvernement augmente l'aide aux commissions scolaires pour organiser des classes de 10e, 11e et 12e années. Le gouvernement accorde 40 millions de dollars pour les constructions nouvelles des universités et des collèges. L'organisation syndicale se poursuit dans les milieux supérieurs de l'éducation et le ministère de la Jeunesse fait adopter une loi qui vise à assurer une plus grande sécurité d'emploi au personnel enseignant en obligeant les commissions scolaires à donner par écrit, si on la leur demande, la raison du congédiement d'un instituteur ou d'une institutrice. Dans les cas de litige, la loi prévoit l'arbitrage. Une foule de nouveaux services sont organisés. Il serait trop long de les énumérer ici.

En 1962, les fonctionnaires du ministère de la Jeunesse ont étudié des projets d'écoles au coût total de 57 millions de dollars dont 44 millions seront payés par la province. Une entente intervient entre le ministère de la Jeunesse et la société Radio-Canada et l'on organise le début des expériences de télévision scolaire dans le Québec. Une première émission expérimentale est diffusée dans un grand nombre d'écoles secondaires de la province. Le ministère des Affaires culturelles fait adopter une loi qui a pour but de fournir aux éditeurs du Québec une assurance fondée sur l'acquisition par le ministère d'une partie des exemplaires invendus.

De 1962 à 1963, un impressionnant train de mesures dans le domaine de la santé est mis en place par de nouvelles législations. Une nouvelle loi des hôpitaux achève d'implanter la surveillance de l'État dans les opérations hospitalières de la province. On édicte des normes pour l'organisation et l'administration des hôpitaux, on stipule les conditions dans lesquelles les permis d'exploitation peuvent être émis, on établit des services d'inspection, on partage les responsabilités et on édicte des règlements pour les diverses classes d'hôpitaux.

Il en va de même pour les hôpitaux psychiatriques qui sont réorganisés. Si l'assurance-hospitalisation est entrée en vigueur le 1er janvier 1961, ce n'est que le 1er octobre 1962 que les soins psychiatriques de jour et de nuit sont devenus des services assurés. Depuis le 1er novembre 1962, les services de soins d'urgence et de chirurgie mineure sont également fournis gratuitement dans les cliniques externes des hôpitaux. Le public québécois bénéficie de cette gratuité des services hospitaliers. Les statistiques le démontrent amplement. En 1962, le service a couvert environ 9 500 000 journées d'hospitalisation à comparer à 8 600 000 l'année précédente. La majeure partie du coût de l'hospitalisation comprend le total des salaires qui représente les deux tiers du budget des hôpitaux. En 1962, 56 000 personnes étaient employées dans les hôpitaux du Québec. En 1960, l'année précédant l'établissement de l'assurance-hospitalisation, les hôpitaux ne comptaient que 41 000 employés. De plus, la grande partie d'entre eux sont syndiqués: la semaine de travail est réduite de 48 à 40 heures, et pour certaines catégories de travailleurs, de 40 à 37 heures et demie. À ce stade, on est encore loin des grands affrontements entre le gouvernement et les syndicats.

Toutes ces nouvelles législations, évidemment, coûtent cher. À mesure que les citoyens en prennent connaissance, ils veulent en bénéficier. Par exemple, dans le domaine du bien-être social, le nombre de filles et de veuves âgées de 60 à 65 ans qui bénéficient de l'allocation prévue aux amendements adoptés en 1960 et 1961 était de 2 609 en mars 1962. En janvier 1963, le nombre est passé à 5 755. Il en est ainsi pour chaque nouvelle mesure, et elles sont nombreuses, quel que soit le domaine où le gouvernement les adopte.

Au chapitre du travail, le gouvernement fait voter de nouvelles lois. Un employeur ne peut plus congédier ou suspendre un salarié pour question d'activité syndicale. La Commission des relations ouvrières peut ordonner à l'employeur de réintégrer ce salarié et de lui payer l'équivalent du salaire et des autres avantages dont le congédiement l'a privé. Les délais sont raccourcis. Depuis 1960, le rythme de la syndicalisation au Québec s'accroît sans cesse. Les organisations ouvrières se plaignent de la lenteur des procédures à la Commission des relations ouvrières. Le gouvernement provincial multiplie les tribunaux du travail pour hâter l'audition des requêtes.

À mesure que la province s'urbanise et que la population ouvrière ou encore les fonctionnaires augmentent leurs ressources, la grande disparité entre les revenus des populations rurales et urbaines devient flagrante. Les prestations sociales qu'il faut distribuer dans les régions rurales défavorisées n'apportent pas de solution rentable au problème. L'exode des régions rurales se poursuit. Le gouvernement Lesage est aux prises avec des problèmes que le gouvernement Duplessis refusait de voir dans les milieux ruraux. Le gouvernement cherche à intégrer la vie agricole aux activités de la province, à l'économie rurale, au développement du tourisme et à l'utilisation de toutes les ressources matérielles et humaines du milieu.

Au ministère des Richesses naturelles, la direction générale de la planification travaille depuis un an, à la suite des études techniques de base, en vue de l'intégration des réseaux électriques préparée par le Conseil d'orientation économique. Des études sur la nationalisation des compagnies privées d'électricité sont réalisées. La direction a également collaboré avec d'autres ministères du gouvernement aux études entreprises par le Comité de sidérurgie en vue de l'établissement d'un complexe sidérurgique au Québec.

En 1964, c'est l'adoption de la loi créant le ministère de l'Éducation. Les coûts de l'instruction obligatoire et gratuite continuent d'augmenter en spirale. Les déficits prévus par les commissions scolaires, au cours de l'exercice 1963-1964, étaient estimés à un montant dépassant les 50 millions de dollars. Le gouvernement exige que les contribuables scolaires fournissent un effort fiscal équivalent avant d'absorber une somme aussi importante. C'est le début de nombreuses frictions entre les propriétaires fonciers dans les régions rurales ou semi-urbaines et le gouvernement Lesage.

Dans le domaine des affaires culturelles, on crée la direction générale des arts et des lettres en 1963. Trois services sont mis sur pied: lettres, musique, théâtre. On organise d'importantes expositions de peintres du Québec en Europe et des créations théâtrales tels les spectacles du Rideau vert à Paris en 1964, la présentation du Théâtre club au Vancouver International Festival, également en 1964. On continue de multiplier les bibliothèques publiques.

Dans le domaine du travail, on étudie le projet de loi 54. L'Assemblée législative l'a référé à son Comité des relations industrielles qui entend les corps professionnels. Un Comité spécial de la Fonction publique doit par ailleurs faire rapport sur certaines clauses affectant la définition de la Fonction publique elle-même, l'affiliation de certains syndicats, la négociation collective, le droit de grève, l'établissement d'une juridiction du travail pour le règlement des conflits de droit et d'intérêt dans ce secteur de l'activité professionnelle.

En 1963, le ministère du Travail crée un service de recherche et d'information dont la mission est de mettre à la disposition des parties patronales et ouvrières les renseignements utiles au sujet des relations de travail.

Une nouvelle direction générale est formée en 1963 au sein du ministère des Richesses naturelles: celle du Nouveau-Québec. Elle a la tâche de préparer d'abord le transfert de l'administration des affaires esquimaudes du gouvernement d'Ottawa à celui du Québec. Une équipe du ministère des Richesses naturelles, formée d'une vingtaine de personnes, s'initie sur place à la langue et aux coutumes des Inuit. On compte ajouter dans l'avenir une classe d'enseignement technique en vue de préparer les Inuit au rôle qu'on veut leur voir jouer dans le développement du Nord québécois.

Le projet d'une cité parlementaire est en marche et les démolisseurs sont à l'œuvre dans le quadrilatère borné par les rues Turnbull, Saint-Cyrille, Clairefontaine et le prolongement de la rue Saint-Amable, dans la Vieille Capitale. Le centre de la ville de Québec a l'apparence d'une ville bombardée. Rançon regrettable de cette course au progrès, un grand nombre de maisons historiques disparaissent sous le pic des démolisseurs.

Le 31 juillet 1964, le lieutenant-gouverneur de la province sanctionne le nouveau Code du travail qui était en préparation depuis quelques années. Les corporations scolaires et les syndicats d'enseignants sont soumis aux dispositions du Code.

« La reconnaissance du droit de grève dans les services publics, conditionné par certaines restrictions quant à son exercice, est une sage décision d'ordre social », déclare Jean Lesage.

« Elle laisse aux parties une grande part de responsabilité dans le règlement des conflits qui peuvent survenir, l'État n'intervient que pour leur permettre de prolonger le dialogue avant de poser des actes qui auraient de graves conséquences sur la santé et la sécurité publiques ou qui pourraient compromettre l'éducation de nos jeunes. »

À cette époque l'administration du gouvernement du Québec est la seule au Canada qui accorde aux employés de l'État les mêmes droits que ceux dont bénéficient les employés de l'entreprise privée. En décembre 1964, les fonctionnaires du Québec ont pris dans le Nord la relève des représentants du gouvernement fédéral ou de la Hudson's Bay Company comme agent de l'administration des allocations sociales qui relèvent de la juridiction québécoise.

Au début de 1965, le gouvernement réorganise complètement le ministère de l'Industrie et du Commerce. Il met sur pied le Comité parlementaire de la Constitution. Le ministère du Procureur général disparaît: il est remplacé par le ministère de la Justice du Québec.

Au cours des années 1964-1965, Québec adopte un service d'achat fonctionnant sur une base commerciale. Le pouvoir d'achat du gouvernement est orienté de façon à encourager l'expansion économique de la province. En fait, le service général des achats s'inspire des méthodes et techniques utilisées par des organismes comme les services d'approvisionnement du gouvernement américain, du gouvernement canadien et d'Hydro-Québec.

Le 1er janvier 1964 entre en vigueur une nouvelle loi

électorale. C'est sans contredit la loi électorale la plus moderne au Canada à l'époque. Effectivement, elle consacre des principes nouveaux, surtout en limitant les dépenses des partis politiques reconnus ainsi que celles des candidats. Elle fait payer par l'État les honoraires dus aux représentants de certains candidats dans les bureaux de scrutin et une part des dépenses encourues par les candidats des partis reconnus et par ceux qui obtiennent 20 p. cent des votes valides donnés. Conformément à la nouvelle loi, un résumé des dépenses des candidats est publié dans les journaux. Le grand responsable de cette réforme électorale en profondeur est le juge François Drouin qui, sous Duplessis, fut le premier président général des élections au Québec et qui fut maintenu en fonctions lors de la victoire libérale de 1960. Au Québec, les jeunes de 18 ans obtiennent le droit de vote.

En 1965, une firme d'ingénieurs-conseils qui avait reçu tue la restructuration des concours artistiques du Québec. L'Office de la langue française est actif. Il publie un bulletin: *Mieux dire,* qui atteint 200 000 exemplaires en 1966. *La Norme du français écrit et parlé* tire à 60 000 exemplaires. Un lexique des termes miniers est publié à 150 000 exemplaires, etc.

Un nouveau service de la musique assure la publication d'un bulletin trimestriel. Il fait des recherches sur les luthiers du Québec, travaille à la rénovation des instruments anciens, de l'orgue du Gesu, entre autres, et contribue à la création d'une Société canadienne de la musique contemporaine.

En 1965, une firme d'ingénieurs conseils qui avait reçu le mandat d'étudier la rentabilité de la fabrication du cidre et des autres produits de la pomme, dépose son rapport.

En mai 1965, un Comité conjoint d'étude sur les relations du travail dans la Fonction publique présente au Cabinet des recommandations concernant l'établissement d'un régime syndical. La plupart des recommandations furent retenues par le gouvernement qui déposait, l'été dernier, à l'Assemblée législative, le projet de loi 55 comportant une refonte de la loi du service civil. Cette loi est unique en Amérique du Nord. Elle étend considérablement les droits des employés: droit d'appel en matière de classement et de demande de révocation, droit d'association et d'affiliation, de négociation de conventions collectives sur les conditions de travail, droit de grève, à la condition que les services essentiels de l'État soient maintenus, sécurité d'emploi des fonctionnaires permanents, droit de se porter candidat à une élection et de reprendre son poste en cas de défaite.

Le sous-comité de la carte électorale, présidé par le directeur général des élections, François Drouin, a soumis la première tranche de son rapport. Cette loi donne à certaines parties de la province qui n'étaient pas justement représentées à Québec un nombre accru de circonscriptions. L'île de Montréal et l'île Jésus qui ne comptaient que 16 districts électoraux éliront 27 députés lors de la prochaine élection générale. Le nombre des députés de l'Assemblée législative passe de 95 à 108.

Le 19 janvier 1966, le Premier ministre rend publique la décision du gouvernement de découper la province en dix régions administratives et en vingt-cinq sous-régions. Le Québec ouvre une délégation à Milan, en Italie. Les conseillers économiques en poste à l'étranger poursuivent quatre objectifs: accroître les investissements au Québec, favoriser l'implantation d'industries, augmenter les exportations des produits québécois, multiplier les ententes de fabrication sous licence.

Au ministère des Richesses naturelles, trois mesures législatives d'importance sont adoptées; il s'agit d'une nouvelle loi des mines, de la loi des droits sur les mines et de la charte de la société québécoise d'exploration minière, mieux connue sous le sigle SOQUEM. Le gouvernement adopte une loi dont l'objet est d'indemniser les médecins pour les services professionnels rendus aux personnes recevant une forme quelconque d'assistance publique. C'est un début d'assurance-santé. Cette mesure, soutient Lesage, facilitera l'accession aux soins médicaux à cette partie de la population qui n'osait requérir des soins souvent nécessaires, mais dont elle ne pouvait assurer le paiement. Il est vrai que nos médecins et nos hôpitaux, par les organisations, les dispensaires et les cliniques fournissaient généreusement une grande partie de ces soins médicaux, mais il n'en reste pas moins

131

que devant la maladie la population médicalement indigente sentait une humiliation s'ajouter à sa détresse physique.

Jean Lesage souligne au même moment qu'un comité conjoint du Conseil législatif et de l'Assemblée législative examine tous les aspects de l'assurance-santé « dont l'assurance médicale aux indigents n'est qu'un signe avant-coureur ». Fait à noter, l'Imprimeur de la Reine, éditeur du premier *Journal des débats* de l'Assemblée nationale au Québec, inaugurera au cours de 1966 son premier comptoir de vente. Il sera installé sur la rue Saint-Jean dans la Vieille Capitale.

X

L'explosion budgétaire

Jean Lesage fut ministre des Finances en même temps que Premier ministre, au cours de ses deux mandats.

C'était un cumul original et sans précédent.

Lesage aimait par-dessus tout les défis du monde de la finance, monde contrôlé en Amérique du Nord par les Américains et les Canadiens anglais.

Alors qu'il était député à Ottawa, il s'était appliqué à pénétrer ses mystères. Il s'était rapproché de C. D. Howe, le ministre controversé des gouvernements de McKenzie King et de Saint-Laurent.

L'État était la seule grande fortune que possédait le Québec et son peuple. En devenant Premier ministre il a voulu en même temps tenir la main sur la bourse et se mesurer aux géants financiers du monde.

C'est dans ce sens que Jacques Parizeau dira plus tard: « Lesage nous a montré comment travaillé. Tout ce que nous savons c'est lui qui nous l'a enseigné. »

Le dernier budget du vivant de Maurice Duplessis avait été présenté le 20 février 1959 par le ministre des Finances John-S. Bourque. Il prévoyait des dépenses ordinaires de 419 857 500$ et des dépenses en immobilisations de 97 295 000$ pour l'exercice financier 1959-1960.

Le 31 mars 1966, Lesage présenta un budget prévoyant un total de dépenses ordinaires de 1 744 413 700$ et des dépenses en immobilisations de 318 733 100$. Le total des dépenses du Québec était multiplié par quatre et dépassait pour la première fois le chiffre des deux milliards.

Faisons quelques comparaisons. L'Union nationale avait prévu des dépenses totales de 109 828 200$ pour l'exercice financier 1960-61 dans le domaine de l'éducation. En 1966, le gouvernement libéral prévoyait dans le même domaine des dépenses de 451 935 700$.

En 1959, l'Union nationale prévoyait que la santé coûterait au Trésor provincial 74 166 000$. En 1966, le gouvernement Lesage prévoyait des dépenses de 467 050 100$ soit presque sept fois plus. En six ans, le budget de la province avait augmenté de 400 p. cent. Cette croissance phénoménale du rôle de l'État au moment de la Révolution tranquille mérite qu'on en retrace les grandes étapes.

Dans son premier budget, Jean Lesage annonce que les dépenses dans le domaine de l'instruction publique atteindront 145 891 300$ pour l'exercice 1961-1962 et que celles du ministère de la Santé seront de 125 969 000$.

Le gouvernement crée deux nouveaux ministères, celui des Affaires culturelles qui dispose d'un budget de 3 203 200$ et le ministère des Affaires fédérales-provinciales qui fait ses débuts avec un minuscule budget de 100 000$. Au total, Lesage prévoit que la province dépensera 768 593 844$.

À cause des initiatives prises par le gouvernement Lesage, la province de Québec pourra bénéficier de subventions fédérales pour l'assurance-hospitalisation, la rénovation de certaines routes, la construction de chemins miniers et d'exploitation forestière ainsi que de sommes importantes pour la lutte contre le chômage. Les contributions fédérales que Lesage est allé chercher et qui avaient toujours été refusées par le gouvernement de l'Union nationale totalisent 139 040 000$ dans le seul budget de 1961-1962, somme qu'il faut ajouter au total précédent. Déjà les engagements de l'État frisent le milliard.

Et Lesage de commenter:

> « Comme je l'ai signalé bien souvent, n'était-il pas déplorable que le gouvernement du Québec restât à l'écart et ne bénéficiât pas, comme le reste du Canada,

des sommes considérables que la population de la province avait, par voie de taxation directe ou autrement, permis d'accumuler dans les coffres du Trésor fédéral? »

Dans certains milieux, évidemment, on trouvait que le gouvernement du Québec provoquait une expansion bien trop considérable des finances de l'État provincial. Lesage s'était donc appliqué dans ce premier budget à faire certaines comparaisons. Il avait démontré, entre autres, que, dans le domaine des transports et des communications, les dépenses per capita du Québec étaient les plus basses du pays, n'atteignant que 30,77$. La Colombie-Britannique dépensait 54,10$ per capita et Terre-Neuve, la province la plus pauvre du pays, dépensait 33,56$. Dans le domaine de la santé, la même situation prévalait. Le Québec dépensait 15,18$ per capita. La somme la plus élevée du Canada était dépensée en Saskatchewan où il était prévu une somme de 41,55$ per capita et, encore une fois, la pauvre province de Terre-Neuve prévoyait 23,53$ per capita. Dans le domaine du bien-être social, le Québec prévoyait dépenser 15,40$ par tête. En Alberta, pour les mêmes fins on déboursait 18,63$ per capita et à Terre-Neuve 22,01$.

Dans le domaine de l'éducation, le Québec prévoyait dépenser 28,66$ par habitant. L'Alberta, elle, prévoyait des dépenses dans ce domaine de 63,68$ per capita et Terre-Neuve de 38,55$. Une seule province dépensait moins que le Québec. Tous ces chiffres sont ceux de l'année fiscale se terminant le 31 mars 1961.

En même temps, Lesage avait annoncé quelques réductions de taxes. Le gouvernement faisait disparaître la taxe de vente sur l'huile à chauffage et portait de 60¢ à 1$ la limite inférieure à partir de laquelle les repas dans les restaurants et autres endroits du genre seraient taxés.

Dans le budget suivant, présenté au mois d'avril 1962, le gouvernement Lesage prévoit que les revenus augmenteront de 54 978 000$ au cours de l'exercice 1962-1963, portant ainsi le total des revenus de la province à 809 085 000$. Lesage explique qu'une des principales causes de l'augmentation des revenus de la province de 1961-1962 à 1962-1963 provient « de l'importance de la reprise économique, notamment dans le Québec. »

De plus, le gouvernement Lesage a généralisé la taxe de vente pour fins scolaires, ce qui a eu le don, incidemment, de choquer plusieurs municipalités rurales. Mais cette généralisation, évidemment, contribue à l'augmentation des revenus pour 1962-1963. Ces sommes seront redistribuées aux commissions scolaires.

Examinons quelques chiffres prévus pour l'exercice 1962-1963. Aux affaires culturelles, le budget est de 3 629 850$. Une réorganisation dans le domaine de l'instruction publique prévoit deux budgets distincts: celui du ministère de la Jeunesse qui assume la presque totalité des frais de l'instruction publique et celui du Conseil de l'instruction publique. Ainsi, dans le domaine de l'éducation il faut ajouter 8 392 000$ au budget de la Jeunesse déjà établi à 228 156 100$, ce qui constitue, une hausse spectaculaire.

Dans le domaine de la santé, Lesage a prévu des dépenses de 164 563 800$. En tout et pour tout, le gouvernement prévoit dépenser 924 603 775$.

En somme, Lesage annonce que les dépenses de l'exercice 1962-1963 seront de 115 643 775$ supérieures à ce qu'elles étaient en 1961-1962.

Fait important à signaler, les prévisions budgétaires de 1962-1963 ne comprennent pas les contributions du gouvernement du Canada au montant approximatif de 225 000 000$ pour fins particulières telles que l'assistance-chômage, l'enseignement spécialisé, l'assurance-hospitalisation, la route Trans-Canada, etc. Et, il faut ajouter que n'y sont également pas compris les investissements immobiliers des universités et des collèges qui feront l'objet d'une loi spéciale et qui entraîneront des dépenses de l'ordre de 40 millions de dollars. C'est donc le milliard qu'on dépasse largement dès ce deuxième discours du budget du nouveau gouvernement Lesage.

Le Premier ministre sent le besoin d'expliquer la philosophie qui l'anime et les motifs qui le guident dans l'expansion budgétaire de l'État provincial. Dans son discours, il tente de définir ce qu'il entend par les besoins du Québec et, ici, il est intéressant de noter, qu'après avoir groupé ces besoins en trois catégories il entame une magistrale envolée oratoire sur la situation des Canadiens français en Amérique du Nord. Mais, voyons d'abord ce qu'il entend par les trois catégories de besoins prioritaires. Ce sont ceux qui découlent, selon lui, de l'effort que nous devons fournir en matière d'éducation et de culture, ceux qui proviennent de la nécessité dans laquelle nous sommes de hausser le niveau de bien-être et de santé de notre population et ceux qui se rattachent à la mise en valeur de notre économie. Ce sont là les trois grands pôles de l'action du nouveau gouvernement.

Et Lesage fait cette envolée qui laisse entrevoir la tendance de plus en plus marquée de cette nouvelle administration d'échafauder sa thèse du Québec, État français, État particulier en Amérique du Nord:

> « Nous formons le seul groupement humain d'expression française en Amérique du Nord, dit-il. Cela constitue à la fois un titre de gloire et un défi difficile à relever. En effet, si nous sommes fiers de notre héritage culturel, nous ne devons pas oublier que les cent soixante-quinze millions de personnes qui nous entourent ne parlent pas notre langue et que nous sommes en quelque sorte isolés dans un monde anglo-saxon.
>
> « Notre survivance collective, à certains points de vue, est presque une anomalie historique. Dans le passé, nous pouvions nous contenter de vivre repliés sur nous-mêmes; cela a réussi, dans une certaine mesure, à nous faire conserver nos traits culturels particuliers, notre langue et notre religion. Dans le monde actuel, où les frontières se compénètrent et où les distances n'existent plus, une telle attitude serait cependant dangereuse. Nous devons, au contraire, que nous le voulions ou non, faire face au monde qui nous entoure et nous affirmer nous-mêmes. Mais nous ne pouvons réussir à nous affirmer nous-mêmes que si nous fournissons un effort intense dans le domaine de l'éducation et de la culture.

> En effet, nous ne sommes pas assez nombreux ni assez riches pour étonner le reste du monde par des réalisations matérielles comparables à celles de nos voisins du Sud. Je crois qu'à ce sujet il nous importe d'être réalistes et de bien voir dans quel secteur d'activité nous avons le plus de chances de succès. »

Mais si Lesage développe une ligne de pensée sur la situation particulière du Québec en Amérique du Nord, il n'oublie pas, par contre, de rappeler aux citoyens de la province qu'ils vivent dans une société où les conditions de vie sont quand même enviables. Il ajoute:

> « Nous jouissons, au Canada et dans la province, d'un des niveaux de vie les plus élevés du monde. Beaucoup de nations nous envient et souhaitent bénéficier un jour des mêmes avantages. »

C'est aussi dans ce deuxième budget que Lesage commence à affirmer sa philosophie, ou plutôt disons la philosophie de son gouvernement, car il s'agit vraiment d'une pensée collective de la part des ministres. Il élabore une ligne de pensée qui sera considérablement raffermie dans les années qui suivront.

> « L'entreprise privée a, dans le passé, accompli beaucoup de choses; elle nous a, entre autres, donné le niveau de vie élevé dont nous jouissons présentement. Pour ce qui est de l'avenir, son rôle continuera d'être indispensable et toute la population espère beaucoup en elle. Il n'en reste pas moins que le gouvernement doit dorénavant collaborer avec l'entreprise privée et abandonner le rôle souvent trop passif qu'il jouait jusqu'à maintenant.
>
> « Ce n'est pas à l'État, bien entendu, qu'il appartient d'abord de développer l'économie de notre province, mais c'est à lui qu'il revient de favoriser ce développement en travaillant étroitement avec le secteur privé. »

Lesage répète aussi dans ce budget un thème qu'il avait

claironné tout au long de la campagne de 1960. C'est un thème qui lui est cher et qu'il continuera de mettre de l'avant durant toute sa carrière: il s'agit de l'égalité des chances pour les jeunes qui, faute d'argent, ne peuvent atteindre des niveaux d'instructions désirables. Ce même thème avait ému profondément les premières foules qui entendirent Lesage lors de sa tournée provinciale en 1959. Il reviendra avec persistance dans les discours de Lesage de ces années 60.

> « Il n'est plus permis, dit-il ainsi, dans notre société évoluée, de réserver seulement à ceux qui en ont les moyens financiers les services d'hospitalisation et de santé que leur état peut réclamer. (L'égalitarisme en ce qui concerne l'éducation, s'étend, on le voit, aussi au domaine de la santé.) L'esprit de justice sociale, qui doit nous animer tous, nous incite à recourir à des méthodes nouvelles d'entraide, de soutien et de secours en faveur non seulement de ceux de nos concitoyens qui sont nécessiteux, mais aussi de ceux que des obstacles purement financiers empêchent de bénéficier d'un niveau d'éducation convenable et d'un service de protection de la santé. »

Puis il « plante son clou »:

> « En somme, il s'agit pour l'État moderne de réduire dans la mesure du possible l'inégalité des chances au point de départ. »

Évidemment, les hausses budgétaires frappent l'imagination populaire, surtout les milieux ruraux qui se débattent avec des hausses de taxe scolaire résultant des modifications importantes apportées au régime de l'éducation par Québec. Lesage se sert dans le budget de 1962 de ce que les politicologues appellent un « truc » pour tenter de faire comprendre aux citoyens qu'il essaie de comprimer au maximum les demandes grandissantes d'un gouvernement qui se mêle de plus en plus à une foule d'activité. Ce « truc » c'est de publier un tableau des demandes de crédits que les ministères lui ont présentées en comparaison des crédits qui leur ont été accordés. Par exemple, le tableau démontre que le ministère des Affaires culturelles a demandé des crédits de 7 070 630$ alors que les crédits accordés ne sont que de 3 629 850$. Au ministère de la Jeunesse, les crédits demandés totalisent 309 957 500$ en comparaison de crédits accordés de 228 156 100$.

Dans son troisième budget, pour l'exercice 1963-1964, Lesage prévoit des dépenses qui sont de 94 211 000$ supérieures à ce qu'elles étaient l'année précédente. De nouveau, les prévisions budgétaires qui cette fois atteindront un total de 1 045 245 000$ ne comprennent pas les contributions du gouvernement du Canada au montant de 219 000 000$ pour fins particulières telles que l'assistance-chômage, l'enseignement spécialisé, l'assurance-hospitalisation, la route Trans-Canada, etc.

Le budget des Affaires culturelles atteindra 5 172 000$ et celui de la Jeunesse, près de 260 000 000$, alors que celui de la Santé est de 185 175 000$.

La dette de la province augmente rapidement, et le service de la dette, qui n'était que de vingt et quelques millions de dollars en 1959 totalise maintenant 46 909 000$.

La plus forte augmentation budgétaire se retrouve dans le domaine de l'éducation. Effectivement, si on combine les crédits pour l'instruction publique et ceux de la Jeunesse, on constate un grand total de 260 170 000$ pour 1963-1964 en comparaison de 228 920 600$ l'année précédente, soit une augmentation de 31 249 400$.

L'augmentation des revenus pour 1963-1964 sera de 61 012 000$ et la plus grande partie de cette somme provient du rendement des impôts et droits qui augmentent d'année en année et aussi de certaines autres taxes telle la taxe de vente dont le produit s'améliore du seul fait que la population augmente et qu'elle effectue plus d'achats au détail.

Mais cette fois le gouvernement annonce une hausse de taxe pour, selon la phrase même de Lesage, faire face « à l'incompréhension d'un gouvernement fédéral instable ». Le gouvernement a donc décidé de porter la taxe sur le gallon d'essence de 13¢ à 15¢, ce qui signifie pour la moyenne des automobilistes une contribution de 25¢ par semaine, selon l'évaluation du gouvernement. Sur le carburant pour moteur diesel, la taxe sera portée de 18,5¢ à 21¢. En même temps, en ce qui concerne l'impôt sur le revenu des particuliers, le gouvernement porte de 250$ à 300$ l'exemption dont les contribuables peuvent se prévaloir pour chaque enfant à charge admissible aux allocations familiales et de 500$ à 550$ pour chaque enfant non admissible à l'allocation. La nouvelle allocation scolaire versée par le gouvernement du Québec ne réduit pas la déduction.

Lesage explique pourquoi la dette de la province augmente:

> « La politique d'expansion que nous avons instaurée dès notre accession au pouvoir en 1960 s'est nécessairement traduite par une augmentation de la dette de la province. La dette consolidée nette du Québec en 1961 était de 411 620 434$. »

En 1962, elle est de 516 065 794$. C'est une augmentation de 104 445 360$. Pour mieux faire avaler cette situation aux Québécois, Lesage fait une comparaison avec l'Ontario où la dette consolidée nette en 1961 était de 1 424 914 816$ et de 1 582 891 562$ en 1962. De plus, Lesage publie un tableau qui démontre qu'entre le 31 mars 1945 et le 31 mars 1962 la dette de la province de l'Ontario fait un bond de 1 303 000 090$ alors qu'au cours de la même période la dette de la province est passée de 359 562 569$ à 516 065 794$, soit une augmentation de 156 503 225$.

Lesage, pour démontrer que la position de la province est excellente, même après avoir fait des emprunts massifs pour la nationalisation de la Shawinigan Water and Power et autres sociétés productrices d'électricité, publie des chiffres qui démontrent que même si l'on ajoute aux emprunts, garantis par la province de Québec, le coût que représente l'acquisition des compagnies d'électricité, le total de la dette consolidée et de tous les emprunts est de 366,37$ par tête, soit un chiffre inférieur à la moyenne des provinces du Canada qui est de 411,01$. En fait, c'est la province de la Colombie-Britannique qui a la dette per capita la plus élevée du Canada et l'Alberta qui a la dette la plus basse par tête. De plus, Lesage veut souligner, face aux attaques de l'Union nationale dirigées par Daniel Johnson, que le gouvernement libéral n'emprunte pas pour financer ses dépenses courantes mais pour des immobilisations dont les effets se feront ressentir pendant des générations.

> « Tout le monde sait, comme je viens de le laisser entendre, que la technique de l'emprunt public est relativement récente chez nous. Pour cette raison, il convient, je pense, de l'exposer dans sa véritable perspective. »

Lesage explique alors que la politique d'emprunt de son gouvernement s'apparente à une politique « d'investissement ».

> « Je veux dire par là que le gouvernement emprunte non pas pour réussir à financer des dépenses ordinaires — en effet les chiffres des prévisions démontrent qu'il y aura en 1963-1964 surplus au compte ordinaire, comme cela a également été le cas au cours des exercices financiers précédents — mais bien plutôt pour soutenir le volume des dépenses en immobilisations. »

Le 24 avril 1964, Lesage présente son budget pour l'année fiscale 1964-1965. Le Gouvernement du Québec prévoit dépenser la somme de 1 524 164 700$ et incluant les contributions du gouvernement du Canada de 263 792 200$ ainsi que divers remboursements, qui totalisent 31 193 900$. Le pourcentage de l'augmentation du budget net de 1964-1965, par rapport à celui de 1963-1964 est de 7,6 p. cent. Comme on peut le constater, le budget de l'État québécois continue de prendre de l'expansion à un rythme remarquable si l'on compare la situation avec ce qui se passait il y a à peine cinq ans.

Le budget des Affaires culturelles atteindra pour l'année financière 1964-1965 5 511 300$. Le budget alloué à la jeunesse atteindra la somme de 327 073 500$. (Rappelons qu'il s'agit en réalité des dépenses de l'Éducation.) Les dépenses pour la santé atteindront 203 003 000$. Je crois qu'il serait utile de signaler à ce moment que le budget de la Voirie pour l'année financière de 1964-1965 atteindra la somme de 215 664 500$. C'est intéressant, si l'on compare avec la dernière année du régime Duplessis alors qu'on donnait au budget, pour la Voirie, 91 312 000$. (Et on parlait d'un gouvernement de Voirie en parlant de l'Union nationale!) En 1964-1965, le service de la dette coûtera 57 525 400$.

La hausse des revenus est assez importante et elle est due en bonne partie à des augmentations de taxes dont une des principales est l'uniformisation de la taxe de vente à 6 p. cent dans toute la province. Par contre, Lesage annonce une redistribution de la taxe selon une formule qui favorise les petites municipalités. Le ministre des Finances et Premier ministre annonce une réduction des droits sur l'héritage. Comme le gouvernement fédéral a libéré 25 p. cent additionnel de droits de succession en faveur des provinces, le Québec se trouvera à récupérer 8 600 000$ dans ce seul domaine.

C'est en 1964 que le gouvernement Lesage a créé le ministère de l'Éducation. C'est un secteur qui a pris beaucoup d'expansion et qui continue de croître. Le 8 avril 1965, Jean Lesage présente son avant-dernier budget. Le coût de l'administration publique commence à se comparer avec celui de l'Ontario. Lesage explique que l'envergure des tâches qui incombent au Québec en raison de son développement de plus en plus rapide s'est de nouveau traduite par l'accroissement de son budget.

« Si l'on tient compte de certaines activités de caractère extraordinaire, l'ensemble des dépenses proposées dépasse le milliard ». Le ministère des Affaires culturelles, pour l'année 1965-1966, dépensera 7 633 300$, le ministère de l'Éducation qui apparaît pour la première fois sous son nom en propre dans le budget de 1965, se voit allouer la somme imposante de 386 667 000$ alors que la Santé, faisant un bond prodigieux, atteindra la somme de 408 680 200$.

Certains lecteurs auront sans doute constaté que les crédits des seuls ministères de l'Éducation et de la Santé dépassent maintenant largement l'ensemble du budget de l'Union nationale en 1959. Effectivement, le gouvernement Lesage prévoit des dépenses records de 1 971 783 700$. Cette fois, Lesage a inclus dans son total les contributions du gouvernement du Canada qui se chiffrent à 142 591 300$ pour les divers programmes conjoints et à 47 296 000$ pour les autres contributions et remboursements. Lesage prévoit des revenus pour l'exercice 1965-1966 de 1 552 582 500$ comparativement à 1 222 443 000$ l'année précédente. La principale source de cette augmentation est la rétrocession par le gouvernement du Canada de 20 points de l'impôt sur le revenu des particuliers à la suite du retrait du Québec d'un grand nombre de programmes conjoints et de l'application des arrangements fiscaux d'avril 1964. Il y a évidemment, en plus, la croissance naturelle du rendement de certaines taxes telle la taxe de vente dont le produit augmentera de quelque 45 000 000$. De plus, Lesage fait un réaménagement dans l'assiette fiscale pour obtenir une somme de 25 000 000$ additionnelle. Il décide de majorer de 1¢ la taxe sur les carburants qui s'établit ainsi à 16¢ pour l'essence et à 22¢ pour le carburant à moteur diesel. La dette consolidée nette du Québec atteint en 1964 848 596 786$ soit une augmentation de 203 634 469$ par rapport à l'année précédente. Lesage continue de présenter le tableau comparatif avec l'Ontario qui reste à son avantage. La dette consolidée nette de l'Ontario est de 1 622 378 641$ en 1964. De plus, la dette consolidée nette par tête au Québec est de 151,56$, chiffre qui se compare très favorablement au niveau de dette des autres provinces sauf évidemment l'Alberta et la Colombie-Britannique où les dettes provinciales sont subitement devenues à peu près inexistantes à cause des revenus extraordinaires provenant des redevances sur le pétrole et le gaz naturel.

Enfin, le 31 mars 1966, Jean Lesage présente ce qui sera son dernier budget. Évidemment, Jean Lesage aurait préféré présenter un budget électoral, mais les dépenses augmentent sans cesse. Il prévoit pour l'année fiscale 1966-1967 des dépenses qui atteindront un chiffre record de 2 304 711 000$.

Ce chiffre comprend des contributions de 180 403 000$ applicables aux programmes conjoints temporaires auxquels le Québec adhère encore. Il faut aussi compter dans le grand total une somme de 61 161 200$ pour les autres contributions et remboursements.

Le budget des Affaires culturelles pour 1966-1967 atteindra 11 449 600$ celui de l'Éducation 451 935 700$, et celui de la Santé 467 050 100$. Évidemment, l'activité du gouvernement augmente d'année en année; par exemple, dans le seul domaine de l'éducation, le Ministère prévoit recevoir l'année suivante dans ses écoles d'enseignement technique et professionnel 36 000 élèves au lieu de 22 000. Aussi il a dû prévoir des crédits de 43 300 000$ comparativement à 30 700 000$ à ce seul chapitre; l'éducation des adultes coûtera 15 800 000$ en 1966-1967. Les subventions aux universités sont de 44,5 millions de dollars soit 9 millions (ou plus de 25 p. cent) de plus que ce qui a été accordé aux universités au cours de l'année précédente. L'augmentation des services de santé se traduit évidemment par des hausses spectaculaires et, en outre, il y a la hausse très considérable des salaires des fonctionnaires et des employés d'hôpitaux qui, sous l'administration Lesage, ont obtenu le droit de négocier des conventions collectives au même titre que tous les autres travailleurs.

Il importe de souligner, à l'issu de ce survol très rapide de l'évolution du budget du Québec entre 1960 et 1966, qu'après la défaite du gouvernement Lesage aux élections de 1966, le nouveau gouvernement de l'Union nationale, dirigé par Daniel Johnson, continuera dans la voie tracée par son prédécesseur. Il n'était plus possible, après un virage aussi radical, de revenir en arrière, de réinstaller le passé.

En effet, le premier budget du gouvernement de l'Union nationale, présenté par le ministre des Finances Paul Dozois, prévoit un total des dépenses pour 1967-1968 de 2 345 376 700$. Regardons ici encore les crédits pour les ministères que nous avons suivis depuis 1959. Au ministère des Affaires culturelles, le gouvernement de l'Union nationale prévoit des dépenses de 14 791 500$ pour l'exercice financier 1967-1968. À l'Éducation il prévoit des dépenses de 481 930 900$ et dans le domaine de la santé les crédits atteignent la somme de 585 073 100$. Johnson continue donc sur la lancée de Lesage qu'il a tant critiqué. C'est de bonne politique!

Les dépenses ordinaires du gouvernement pour 1966-1967 seront inférieures d'environ 105 millions de dollars aux revenus prévus et le gouvernement anticipe des emprunts. Une nouveauté: le gouvernement compte maintenant que la Caisse de dépôt et de placement, créée par Lesage, et qui est liée aux opérations du nouveau Régime des rentes implanté au Québec, absorbera une partie des emprunts.

> « Ainsi se trouve justifiée, déclare Lesage, l'attitude du gouvernement du Québec sur la nécessité de prévoir pour le Régime de rentes une accumulation de fonds qui aiderait l'expansion de notre économie. »

En définitive, dans son dernier budget, Lesage dit en toutes lettres qu'il ne peut plus augmenter les taxes au Québec et il déclare catégoriquement qu'il devra dorénavant aller chercher une plus grande part de ses revenus en récupérant du pouvoir central des pouvoirs fiscaux additionnels. En 1964, il avait fait des gains très spectaculaires au niveau de la récupération et il s'en était d'ailleurs vanté. Mais on voit dans son dernier budget que ces sommes sont insuffisantes et il le reconnaît.

Lors d'une entrevue qu'il accordait le 13 janvier 1980 à la radio de Radio-Canada, l'ancien Premier ministre interrogé sur les causes de sa défaite aux élections de 1966 (sans vouloirs reconnaître qu'il avait quand même augmenté les taxes au cours des six années de son administration), admit que la question financière avait été le principal facteur de sa défaite (et non la présence de partis indépendantistes, le Rassemblement pour l'indépendance nationale et le Rassemblement national).

Voici ce qu'il disait au journaliste Jean Larin:

> « M. Johnson qui était un homme très habile, un

homme très intelligent — je lui rends ce témoignage — avait trouvé principalement deux thèmes pour nous faire mal. Nous n'avions jamais augmenté les taxes, et, à partir du 1er janvier 1966, le Régime des rentes était entré en vigueur, et alors les cotisations au Régime des rentes devenaient payables. Aucun bénfice n'était payable, personne ne voyait les avantages. Aujourd'hui, oui, mais dans le temps, non. Et alors, dans les petites villes particulièrement, les contributions au Régime des rentes étaient déduites du salaire, l'expression qu'il avait trouvé, lorsqu'il m'appelait « Ti-Jean-la-taxe », a porté. Et deuxièmement, là je parle moins des petites villes que des campagnes, la centralisation des écoles et le transport par autobus des élèves nous ont également nui considérablement. Ce sont les deux principaux facteurs (de la défaite). »

XI
L'explosion syndicale

Ainsi, l'éducation à tous les niveaux, les services hospitaliers et les services sociaux ont donc été bouleversés en profondeur par la Révolution tranquille. L'accent mis sur le rôle de l'État, la multiplication du nombre de travailleurs au service de la province, par voie de conséquence, ont provoqué l'apparition de nouvelles formes de syndicalisme dans la Fonction publique et parapublique.

Dans les années 30 et 40, les syndicats catholiques avaient été organisés avec la bénédiction de l'Église pour protéger la langue française et la religion catholique dans les divers milieux de travail. À l'époque, les syndicats internationaux et canadiens fonctionnaient en anglais. C'était évidemment des syndicats neutres, sur le plan religieux.

Les syndicats catholiques furent parmi les premiers qui, avant la Révolution tranquille, furent en mesure d'organiser, avec l'aide des aumôniers, les employés d'institutions sociales du genre des hôpitaux. Ces syndicats furent parmi les premiers à faire appel à la collectivité québécoise, par opposition à la tradition syndicale de s'en tenir aux appuis des seuls membres syndiqués.

La grève de l'amiante de 1948-1949 provoqua un mouvement de solidarité catholique et québécoise comme il s'en était rarement vu chez nous. Les évêques et les curés participèrent à la lutte et la population aida grandement les grévistes, donnant un volume impressionnant de vivres et de secours financiers. Là encore, les institutions canadiennes françaises évoluaient et progressaient dans un sens inverse à la tradition nord-américaine.

En 1960, la CSN décida à son tour de devenir une institution non confessionnelle. Le mouvement syndical qui s'appelait jusque-là « Confédération des travailleurs catholiques du Canada » devint la « Confédération des syndicats nationaux ». Les fers de lance, dans ce mouvement de transformation furent sans aucun doute Gérard Picard et Jean Marchand. La victoire libérale de 1960 et l'explosion de fierté collective à laquelle Jean Lesage avait fait appel pour prendre le pouvoir et mettre la province sous le cap de la modernisation ne pouvaient faire autrement qu'avoir une influence profonde et immédiate sur l'évolution du mouvement syndical.

À la CSN, les dirigeants étaient particulièrement conscients de l'importance que prendrait le secteur public. Robert Sauvé, Jean Marchand, Marcel Pepin furent de chauds partisans de l'organisation des fonctionnaires et du secteur public en général. Ce sont eux qui, avec l'aide des dirigeants syndicaux du domaine des hôpitaux, ont convaincu le mouvement syndical d'investir des sommes importantes dans l'organisation du secteur public.

On appréhendait déjà qu'un vaste syndicat, tel celui qui regrouperait les fonctionnaires de la province, chercherait, une fois bien organisé, à se désaffilier de l'ensemble du mouvement syndical. Marchand avait exprimé cette crainte dès le départ. Une aussi vaste machine, contribuant pour des sommes très considérables aux fonds de la centrale, déléguant un très grand nombre de membres à tous les échelons de la hiérarchie syndicale, chercherait, inévitablement, à consolider ses ressources dans la seule poursuite de ses intérêts propres et refuserait de contribuer indirectement ou directement à la promotion de l'organisation ouvrière en général[1].

Les relations de travail chez les employés de l'État

---

1. Ce que Marchand avait prévu est effectivement arrivé dans le cas des fonctionnaires, et dans le cas de grands syndicats de la Fonction publique comme ceux de la Société des alcools, et des fonctionnaires professionnels du gouvernement.

étaient alors régies par la Loi des services publics de 1944 qui prohibait la grève. Marcel Pepin, secrétaire général de la CSN en 1960, avait écrit quelque part que pendant vingt ans les salariés du secteur public avaient été considérés comme des esclaves de la société que l'on forçait à rester au travail...

Dès le début de la Révolution tranquille, les syndicats du secteur public se réveillent. Il y a une première grève des infirmières de l'Hôtel-Dieu de Montréal, puis celle des infirmières de l'Hôpital Sainte-Justine à Montréal. Dans les deux cas, ce sont des arrêts de travail éclair.

Çà et là des menaces de grève se font jour sporadiquement, dont une en 1964 à Saint-Jean-de-Dieu, puis, à Québec, plus massivement, contre certaines décisions arbitrales, toujours dans le milieu hospitalier.

Ailleurs dans la Fonction publique, chez les fonctionnaires, à la Société des alcools, un fort mouvement d'organisation est en marche depuis quelques années déjà. Chez les enseignants, le mécontentement se généralise. L'affrontement qui se prépare est en fait le résultat de problèmes soulevés par le système d'arbitrage que met en place la Loi des services publics.

Quand elle s'était décidée à tout réorganiser dans l'administration provinciale, à instaurer l'assurance-hospitalisation, à rendre l'instruction obligatoire au primaire et au secondaire, la nouvelle technocratie du gouvernement Lesage n'avait pas vu tous les problèmes que feraient naître les vieilles lois en place. La Fonction publique était en quelque sorte un chaos général. Paul Sauvé, Premier ministre pendant quelques mois, avait tenté de mettre un peu d'ordre dans ce secteur. Mais, en fait, personne ne savait au juste combien le gouvernement provincial payait d'employés. Les conditions de travail variaient d'une région à l'autre. « Viable » à l'époque de Taschereau et de Duplessis alors que les budgets de la province étaient très restreints, le vieux système ne pouvait plus tenir à l'heure où l'administration provinciale pénétrait dans tous les milieux de la société.

Au début, les technocrates faisaient appel à des arbitres. Le problème était que ces arbitres imposaient les règlements. Or ces règlements variaient d'un arbitrage à l'autre. Les arbitres ne s'entendaient pas entre eux. Les nouveaux économistes du gouvernement tenaient à tout prix à rationaliser les dépenses gouvernementales. Dans ces dépenses, la masse salariale comptait pour une énorme proportion. Ils voulurent donc, après quelques expériences, se débarrasser de l'incohérence du système d'arbitrage. Ils firent admettre que, dans un système parlementaire, seul le pouvoir législatif était habilité à imposer l'allocation des ressources financières de l'État. Il devenait donc inacceptable de laisser entre les mains de tiers, c'est-à-dire des arbitres, la rémunération des salariés.

Les technocrates en vinrent à la conclusion qu'avec le système d'arbitrage le pouvoir abdiquait son autorité et donnait aux arbitres un pouvoir de facto sur le budget provincial.

À l'époque du régime duplessiste, le risque qu'une décision arbitrale dérange quelque chose n'était pas grand. Mais dans un contexte où une décision arbitrale très favorable à un groupe inspirait une action syndicale d'un autre groupe, le système n'était plus acceptable. D'ailleurs, dans les premières années de la Révolution tranquille, le gouvernement fut pour ainsi dire contraint par les syndicats et par l'opinion publique à appliquer à de grandes populations d'employés des décisions arbitrales avantageuses prises pour des groupes restreints.

Après quelques expériences de ce genre au début des années 60, l'État provincial décida de faire sauter la Loi des services publics et, en 1965, reconnaissait le droit de grève des salariés des services publics et parapublics. Le gouvernement Lesage forma une commission parlementaire pour entendre les représentations de tous les groupes concernés. Un bon nombre de ministres et de députés jugeaient que le droit de grève dans les services publics était une véritable calamité et Jean Lesage, qui avait accepté l'avis des bureaucrates de son gouvernement et de dirigeants syndicaux, a raconté les difficultés qu'il avait rencontrées au Cabinet des ministres pour faire adopter une législation qui, en Amérique du Nord, était révolutionnaire.

Est-ce que Lesage agissait parce qu'il était convaincu de la justesse de la position du mouvement syndical et des économistes du gouvernement? La question demeure. Une chose est certaine, c'est que Lesage, invariablement, a suivi les avis des personnes en qui il avait confiance ou qui l'avaient persuadé par leur compétence technique.

Les dirigeants syndicaux de toutes les centrales favorisaient ardemment le droit de grève des fonctionnaires, des employés d'hôpitaux, des enseignants et des travailleurs sociaux... Même si le président d'une des organisations avouait candidement en privé que s'il le pouvait sans risquer l'hostilité de ses propres pairs, il ne réclamerait pas le droit de grève. Pour lui, si jamais un des groupes de la Fonction publique faisait grève, ce serait la fin du syndicalisme dans ce secteur: Jamais l'opinion ne tolérerait un tel geste aussi irréfléchi, mettant en cause la santé et la vie des citoyens.

Mais la majorité des dirigeants syndicaux estimaient qu'il n'était que juste que les travailleurs de l'État aient les mêmes droits que les travailleurs des sociétés privées. De façon générale, tous les porte-parole du monde syndical répondirent affirmativement aux appels à la modération lancés par les députés et les ministres lors de l'étude en Commission parlementaire de la nouvelle loi. Tous déclaraient que le droit de grève ne serait utilisé que dans des cas extrêmes. C'est peut-être un peu pour cette raison que lorsque des grèves se déclenchèrent dans la Fonction publique certains hommes politiques accusèrent les chefs syndicaux d'avoir manqué à leur parole.

L'année 1964 fut donc une année importante dans le domaine du travail et dans le domaine de la législation du travail des secteurs privé et public. C'est en 1964 qu'un premier grand accrochage se produit chez les employés de la Société des alcools qui déclenchent une grève qui durera quatre mois.

Il était inévitable que le premier grand conflit éclate dans ce nid de patronage. Les employés étaient sous-payés, le climat des relations entre la direction et les employés était malsain.

Le conflit perdurait. L'ensemble des clauses du nouveau contrat de travail avaient été négociées. C'était déjà un nou-

153

veau mode de vie qui s'annonçait pour les employés. Ne restait plus que la question des salaires. Le syndicat ne voulait pas recommander à ses membres l'acceptation du contrat à moins qu'il comporte une nouvelle offre salariale. La bureaucratie de la Fonction publique était absolument opposée à toute offre sur ce point.

Finalement, le Premier ministre entre en communication avec le président de la CSN, Jean Marchand. On organise une rencontre chez Jean Lesage, rue Bougainville, à Québec. Étaient présents Jean Lesage, Jean Marchand, Marcel Pepin, le secrétaire général de la CSN et Roch Bolduc, un des principaux experts du gouvernement en cette complexe entreprise qu'étaient les relations de travail dans le secteur public.

Lesage invite ses visiteurs à sa bibliothèque au deuxième étage de la résidence. On discute. Marchand écoute. Pepin discute avec Bolduc. Lesage laisse aller la discussion. Mme Lesage arrive sur les lieux de la discussion et offre des consommations.

La province est à sec depuis quatre mois.

— Ah, ah! vous avez réussi à obtenir de la boisson, s'exclame Pepin.

— Nous avions pris nos précautions! de rétorquer Mme Lesage.

— Chacun éclate de rire et commande des consommations. La discussion se poursuit. Marchand et Lesage continuent d'écouter. Mme Lesage revient, sert les consommations.

Finalement, Lesage se fait une idée de la situation.

— Il y a moyen de régler cette affaire, dit-il à Pepin; quel est le montant qui va régler le conflit?

Marcel Pepin mentionne des chiffres. Bolduc déclare que si le gouvernement accorde cette nouvelle augmentation, les coûts seront énormes, les répercussions incalculables. Ce remémorant, plus tard, cette rencontre de négociation inusitée, Pepin dira que pour Bolduc, quand arrivait la fin des négociations, chaque dollar d'augmentation signifiait invariablement la banqueroute du trésor public. Or Lesage fut l'un des Premiers ministres du Québec qui savaient vraiment compter. À Ottawa, il s'était spécialisé dans les dossiers financiers, économiques et bancaires. Au Québec, il avait pris charge du budget de la province et durant six années c'est lui qui mena la barque financière, malgré tout ce qui a pu être pensé et écrit.

Lesage voulait être sûr d'une chose: le syndicat recommandera-t-il à ses membres l'acceptation du contrat si le gouvernement fait une offre finale contenant l'augmentation suggérée par Pepin? Le secrétaire général de la CSN l'affirme: c'est là la dernière demande du syndicat. On continue de vérifier les détails. Lesage consulte Marchand, une décision intervient, le gouvernement mettra l'offre finale sur la table dès le lendemain.

Effectivement, dans les heures qui suivirent — à ce moment l'aube commençait déjà à poindre — le gouvernement déposa son offre finale en bonne et due forme. Et les syndiqués, après ce long conflit, ayant pris connaissance de ce premier contrat de travail dont les implications étaient considérables, ratifièrent l'entente.

Des anecdotes du genre, il en circula en abondance dans les années 60. Ainsi, la plus grande partie des conflits ont pu être réglés parce que, à l'époque de Jean Lesage et de Jean Marchand, au-delà des bureaucraties gouvernementales et syndicales, des hommes pouvaient engager le dialogue de bonne foi. En d'autres mots, les élus dans les syndicats et au gouvernement se parlaient et pouvaient véritablement négocier.

En novembre 1964, Jean Lesage prend une autre décision capitale. La CSN s'est employée à faire du recrutement chez les fonctionnaires du gouvernement provincial depuis des mois. Pour contrer cette organisation, le gouvernement a fait mettre sur pied un conseil général des employés du service civil. Mais ce conseil général rencontre d'énormes difficultés à recruter, alors que le syndicat fait des gains considérables de semaine en semaine. Finalement, le vote est décrété sur une période de plusieurs jours. Sur 34 000 fonctionnaires, 26 000 sont éligibles au vote. Le résultat est annoncé le 30 novembre au soir. La majorité du syndicat des fonctionnaires affilié à la CSN est de 77,5 p. cent. Plus de 80 p. cent des fonctionnaires éligibles au vote ont participé. Le président général de la CSN déclare que la victoire du syndicat des fonctionnaires provinciaux marque « une date importante dans l'histoire du syndicalisme et constitue un événement de première grandeur dans la province de Québec ».

« ...La présence d'un syndicat fort et vigilant rendra de grands services au gouvernement et à la province. Il n'y a aucun doute que le patronage aura la vie plus difficile dans l'avenir. Les cadres syndicaux permettront une meilleure communication entre les autorités et les employés. La Fonction publique sera graduellement revalorisée pour le plus grand bien de la province. »

Marchand n'oublie pas en ce soir de victoire de remercier le Premier ministre d'avoir permis la tenue du vote de représentation.

« Nous devons également remercier le gouvernement d'avoir respecté la liberté de ses employés en ne s'opposant pas à leur organisation syndicale et en évitant de dresser des obstacles sur leur chemin. Il a même collaboré généreusement à la tenue du vote qui vient de nous révéler si éloquemment la volonté majoritaire des employés civils. »

Aucun groupe de citoyens n'avait été aussi trompé et mené par la peur que ne l'avaient été les fonctionnaires du Québec. Ceux qui ont connu la vie au Parlement en savent quelque chose.

Ce qui frappe de cette période, c'est la volonté, même dans les régions rurales, les régions les plus éloignées, d'en finir avec le favoritisme, le patronage et les salaires inférieurs à la normale. On peut voir, à ce moment, surgir quatre ans après l'élection historique de 1960, cette volonté de modifier profondément les structures de la société québécoise. Ce qui se passe au niveau de Lesage lui-même mérite d'être souligné, car, encore là, son comportement est typique.

Il avait commencé par dire: « jamais ». Il avait déclaré: « La Reine ne négocie pas avec ses sujets. » Mais Lesage laisse les forces sociales faire leur propre évolution. Son talent c'est de ne jamais aller au-devant de ces forces. Il ne s'immisce pas dans les groupes de pression qui, eux, cherchent à faire évoluer les cadres de la société. Il ne les encourage pas, il ne veut pas semer la tempête, mais il ne tente pas de mettre des freins rigides et implacables. Devant une nouvelle réalité, Lesage passe à l'action. C'est ce qui s'est produit dans le dossier des fonctionnaires et c'est ce que Jean Marchand a souligné dans sa déclaration du 30 novembre.

D'ailleurs, c'est à partir de ce vote des fonctionnaires que le gouvernement décide finalement de modifier complètement la loi de la Fonction publique et que, au cours de l'année 1965, les nouvelles bases des relations de travail, dans ce secteur plus particulièrement, sont posées pour les années qui viennent.

Tout ce processus atteint son paroxysme en mars 1966 par la signature d'une première convention collective entre les cols bleus et les cols blancs et le gouvernement provincial. Évidemment, c'est un bouleversement; les heures de travail sont modifiées. Certains cols bleus, à l'époque, travaillaient 80 heures par semaine. Les salaires sont augmentés. Ils ne correspondent pas au désir des fonctionnaires. Mais ce qui importait, pour Lesage, comme pour le syndicat, c'était l'implantation de conditions de travail rationnelles, conditions qui devaient garantir, en autant que cela était possible, que le patronage et la corruption soient expurgés de la Fonction publique à l'avenir. Cette énorme négociation, la plus grande qui avait eu lieu à cette date, se termina sans grève.

Mais encore là, malgré la nouveauté et les drôles de conditions qui prévalaient, Lesage vint mettre le point final surtout pour éviter qu'un conflit n'éclate. C'est Raymond Parent, aujourd'hui haut fonctionnaire au ministère de l'Éducation, qui était chargé de ce dossier extrêmement complexe. C'est lui qui avait négocié avec l'équipe de technocrates du gouvernement. Le secrétaire général de la CSN, Marcel Pepin, suivait le dossier de très près.

Personne n'avait d'expérience dans ce genre d'opération. Les deux parties s'étaient préparées assez longuement, mais découvrirent au fil de l'action que leur préparation laissait encore à désirer. Personne ne pouvait évaluer la portée des demandes et des offres au plan monétaire. La partie patronale ne pouvait même pas établir le nombre exact de ses employés. Le gouvernement s'avançait donc dans cette négociation avec beaucoup de prudence et il voulait continuellement être rassuré sur les implications des offres monétaires qu'il envisageait de déposer. Pour cette raison, les cols bleus obtinrent des conditions de travail extraordinaires lors de cette première négociation. Effectivement, il y avait une énorme différence à l'époque de Duplessis entre les conditions de travail de l'ouvrier et du manœuvre et les conditions de travail des employés de bureaux. Or, dans cette négociation, les cols bleus obtenaient d'un coup tous les avantages marginaux des autres fonctionnaires.

De plus, la négociation accordera la sécurité d'emploi à des milliers de travailleurs dans toutes les régions de la province et dans une foule de domaines qui étaient soumis à l'arbitraire et au favoritisme. Les fonctionnaires ont apprécié cet aspect de la négociation mais, parmi les militants, on avait trouvé bien insuffisantes les hausses de traitement. Les salaires étaient tellement bas et le budget de la province était tellement en retard de ce côté que le gouvernement ne pouvait pas dépasser un certain rythme de progression. Il est intéressant de constater que dans les toutes dernières heures de la négociation, alors que le syndicat menaçait de mettre à exécution son vote de grève, Lesage avait de nouveau rencontré personnellement Pepin.

Il s'agissait de déterminer quel était l'élément qui pourrait débloquer et régler le conflit. Pepin a un mandat de l'exécutif du syndicat qui demande l'application de la formule Rand. Il s'agit de la déduction à la source des cotisations syndicales de tous les fonctionnaires de la province qu'ils soient ou non membres du syndicat.

Pour l'exécutif syndical, cette clause doit permettre la survie du syndicat pendant les premières années toujours difficiles. Pepin explique la situation à Lesage. Lesage ne peut plus offrir d'argent. Pepin lui explique les conséquences bénéfiques pour l'exécutif syndical de l'application de la formule Rand et finit par le convaincre. Lesage donne sa parole.

Pepin retourne et rencontre l'exécutif syndical et le négociateur Raymond Parent se rend à toute hâte au patro Roquamadour à Québec ou huit à dix mille fonctionnaires attendent impatiemment les dernières nouvelles de la négociation.

Le nouveau contrat sera approuvé, quoique par une marge assez mince. Ce fut un événement historique. La Fonction publique était effectivement un chaos administratif à l'époque; la convention collective permettait un début d'ordre dans l'administration et facilitait des projections à long terme pour la conduite budgétaire du gouvernement. Jacques Parizeau, à cette époque, commençait à élaborer une politique salariale pour la Fonction publique. Les salaires des employés de l'État allaient servir de barème pour d'autres secteurs.

La CSN avait investi des sommes énormes dans la syndicalisation de la Fonction publique et dans la négociation d'une première convention collective. La CSN n'avait pas hésité à engager tous ses syndicats et leurs ressources pour appuyer cette opération. Tôt ou tard, Marchand, Pepin, Sauvé le savaient, le syndicat des fonctionnaires refuserait de contribuer à l'ensemble du mouvement syndical. Et effectivement, les affrontements entre le syndicat des fonctionnaires et la centrale furent nombreux. Un mouvement s'organisa pour la désaffiliation. Aujourd'hui, le syndicat des fonctionnaires de la province de Québec est une organisation indépendante.

Ce changement de vie dans la Fonction publique n'aurait pu se faire sans les circonstances que je viens de relater. Marcel Pepin a déjà raconté qu'en 1966, le lendemain de la défaite du gouvernement Jean Lesage, il avait reçu de nombreux téléphones et télégrammes de délégués et d'employés du gouvernement de la province qui voulaient savoir si c'était bien vrai que la sécurité d'emploi les protégeait en dépit du changement de gouvernement.

Effectivement, le gouvernement de Daniel Johnson accepta dans l'ensemble de respecter les nouvelles règles du jeu. Dans ce domaine comme dans bien d'autres, le Québec avait effectué une transition pacifique d'une époque à une autre. Et dans ce domaine comme dans bien d'autres, le gouvernement Johnson accepterait la situation nouvelle pour l'avenir.

Pour la petite histoire de cette époque, on retiendra que malgré l'âpreté des discussions entre Jean Lesage et Marcel Pepin, président de la Confédération des syndicats nationaux de 1965 à 1976, les deux hommes entretenaient des relations cordiales.

Sans être amis, ils se respectaient et savaient se parler efficacement quand le besoin s'en faisait sentir, même (et surtout) lors des situations d'affrontement.

Il est intéressant de constater, du reste, le rôle que Lesage consentit à jouer, à la demande de Pepin, lorsque l'homme politique devint le chef de l'opposition. Maintes fois, les amendements qu'il présentait à certaines lois d'urgence lui étaient suggérés par Pepin et nombre de ces amendements furent adoptés.

Quand, en 1978, la CSN sera condamnée par la Cour supérieure à payer plus de 10 millions de dollars en dommages et intérêt au fabricant d'aluminium Reynold, une société américaine, Marcel Pepin demanda à la centrale la permission d'explorer la possibilité d'un règlement hors cour.

Finalement, il parvint à obtenir un règlement pour 2,5 millions de dollars en quatre tranches. Pepin soumit le résultat de sa négociation à l'exécutif de la CSN qui l'accepta.

Le nom du membre du bureau de la Société Reynolds avec qui il était parvenu à cette entente?... Jean Lesage.

« C'est toujours intéressant de négocier avec Lesage, raconte Marcel Pepin; s'il commençait par répondre *jamais,* j'étais sûr que nous allions faire pas mal de chemin... »

XII

Lesage et les Canadiens anglais

La philosophie de Maurice Duplessis, Premier ministre du Québec pendant seize années, en matière de relations fédérales-provinciales et de relations avec les Canadiens anglais des autres provinces du Canada avait toute été dite au XIXe siècle et se résumait à ceci: « que chacun se mêle de ses affaires! » C'est ainsi qu'un mur de mythologie folklorique entourait le Québec aux yeux des Canadiens anglais, des Américains et des Européens.

Je me rappelle qu'un sondage d'opinions, dans les années 50, cherchait à déterminer quels étaient les hommes politiques les plus connus du Canada. Duplessis était parmi ceux-là. De peur que ma mémoire me trompe, je n'oserais l'affirmer, mais il me semble que le sondage avait démontré qu'il était même mieux connu que William Lyon Mackenzie King, le Premier ministre du Canada.

Le Québec n'a jamais manqué de manchettes au Canada anglais. Mais ces manchettes ont toujours attiré l'attention du grand public sur le côté spectaculaire de « La belle Province », c'est là le propre de la nouvelle journalistique. Camillien Houde, le maire de Montréal, assura sa renommée dans tout le Canada en demandant aux Canadiens français du Québec de ne point se soumettre à la loi de l'enregistrement national, en août 1940, qu'il qualifiait de « conscription déguisée ». On l'interna.

Maurice Duplessis fit les manchettes à l'extérieur du Québec surtout pour avoir pourchassé les témoins de Jéhovah et un certain Frank Roncarelli qui s'était donné la vocation, en fournissant leur cautionnement, de sortir de prison tous ceux que la police arrêtait. Frank possédait un bar-restaurant. Duplessis ordonna qu'on annulât son permis. Duplessis était encore connu pour avoir dit non aux programmes fédéraux d'après-guerre. Il était célèbre pour la violence de la répression qu'il avait exercée contre les mineurs de l'amiante à Asbestos, et à Murdochville, en Gaspésie. Mais Duplessis ne faisait pas de discours dans les provinces anglophones.

Avec Jean Lesage, c'est tout le style d'un premier ministre québécois du Québec qui vient de changer.

D'abord Lesage s'arrange bien avec les Anglais. Nombre de ses amis sont anglophones. Il parle bien la langue, avec cependant un minimum d'affectation. Son accent est très européen, distingué. Même s'il a moins de facilité ou de naturel que Duplessis dans ce domaine, il aime, à n'en pas douter, les impressions personnelles qu'il éprouve à parler à un auditoire anglophone et ne refusera que rarement les occasions qui lui seront offertes de le faire. Il acceptera les invitations qui lui arrivent de toutes parts du Canada et même des États-Unis. Au début de son premier mandat, il fera d'ailleurs une tournée mémorable dans les États de la Nouvelle-Angleterre où les Franco-Américains se massent autour de lui dans des villes comme Berlin, New Hampshire, et versent des larmes lorsqu'ils l'entendent parler.

Qu'est-ce que Lesage a dit aux Canadiens anglais au cours de ses six années de pouvoir?

Essentiellement, que le Québec, terre des Canadiens français, cherchait sa place dans la Confédération canadienne.

Jean Lesage était, là aussi, un innovateur. Il vient tout juste d'être élu en 1960 et il participe à une première conférence fédérale-provinciale à Ottawa d'où il lance une invitation aux Premiers ministres de toutes les provinces à une première conférence interprovinciale. Celle-ci aurait lieu à Québec dès le mois de décembre. C'était une idée de Georges-

Émile Lapalme, prônée pendant son séjour sur les banquettes de l'opposition.

L'idée est acceptée d'emblée et c'est depuis ce temps que la conférence interprovinciale annuelle fait partie du décor politique de la fédération canadienne.

Le 7 août 1962, lors de la conférence interprovinciale de Victoria, Colombie-Britannique, Jean Lesage veut expliquer pourquoi la collectivité canadienne-française au Québec s'affirme par des réformes au niveau de la structure de l'État provincial.

> « Dans l'ensemble du Canada, dit-il alors, il y a environ six millions de Canadiens français, dont approximativement cinq millions vivent au Québec. Mais — et c'est là un aspect du problème qu'on peut facilement oublier — nous sommes entourés par 180 millions d'anglophones, qui ne parlent pas notre langue. Nous n'avons aucune animosité envers ces personnes. Mais un sain réalisme nous force à regarder cette situation en face et à comprendre que, dans le monde interdépendant dans lequel nous vivons maintenant, des structures politiques bien orientées pourront peut-être permettre à notre peuple de survivre et de s'étendre sur le territoire. De ce côté, le système fédéral peut fournir des avantages très certains, en autant que l'esprit de la Confédération est bien vivant.
>
> « Ce que les Canadiens français se demandent aujourd'hui c'est: est-ce que la Confédération se développera de telle façon qu'elle fournira toutes les garanties que les citoyens du Québec ont le droit de réclamer au cours des prochaines années? Cette question a souvent été soulevée dans notre province par le passé. »

L'expérience est-elle concluante? Est-elle une faillite ou un succès. Lesage déclare que le fédéralisme canadien n'a jamais pu fonctionner normalement. Il y a eu les guerres et il y a eu dislocation du mécanisme fédératif.

> « Au fait, à un moment ou un autre, le gouvernement central a assumé de nombreuses responsabilités

qui, constitutionnellement, appartenaient aux provinces. »

Pour Lesage, il est utopique de croire que la théorie du fédéralisme peut être appliquée complètement, et dans toute sa perfection et ses détails, à la satisfaction de tout le monde. Par contre, dit-il, il n'y a pas de doute que le système canadien peut être amélioré.
Pour lui, une réforme est nécessaire et une redistribution des pouvoirs s'impose. Pour que ces changements puissent s'effectuer, il faudrait que la population du pays soit sensibilisée. Il affirme que le « peuple du Québec » a une attitude positive vis-à-vis de la Confédération canadienne.

« C'est l'opinion de notre peuple, premièrement, que s'ils utilisent pleinement les pouvoirs accordés à leur administration provinciale, en vertu de la Confédération, la nature biculturelle de notre pays, la richesse intellectuelle de chacun des deux groupes ethniques, et même nos différences serviront à construire notre pays, le Canada. Il ne peut être question de retourner en arrière, purement et simplement, à la lettre de l'Acte fédératif, parce que les conditions économiques et sociales ont changé considérablement depuis un siècle. Des ajustements sont devenus nécessaires, et tous les spécialistes en sont conscients. Ce qui doit être réexaminé, c'est l'utilisation actuelle que nous faisons de ce système de gouvernement pour qu'ensemble nous puissions trouver les moyens de l'ajuster à nos besoins présents et prévisibles. »

En 1963, Jean Lesage est invité à l'inauguration de l'édifice commémoratif des Pères de la Confédération à Charlottetown, capitale de l'Île-du-Prince-Édouard. Lesage glisse dans son discours, pour la première fois je crois, une inquiétude qui commence à se manifester chez les sociologues qui étudient les chances de survie du français au Québec. Il parle, en effet, de l'anglicisation des immigrants qui viennent au Canada. Son texte est sans doute loin d'être clair; mais l'idée est lancée même si l'allusion ne concerne pas uniquement la population du Québec.

> « Je n'ai aucune raison d'examiner les motifs qui conduisent à ce phénomène aujourd'hui, mais j'attire ce fait indéniable à votre attention, parce que c'est un des facteurs qui déterminent l'évolution de la population canadienne en général. »

Lesage déclare que les groupes ethniques qui se sont unis pour former le Canada poursuivent un destin commun mais qu'ils n'ont pas été unis dans un *melting pot* où l'individualité des groupes doit disparaître. Il précise que les Canadiens français n'ont pas le sentiment d'appartenir au Canada au même degré que leurs concitoyens anglophones. Et si le sentiment d'appartenance au pays est un des buts visés par le régime fédéral, eh bien, ce but n'a pas été atteint et la Confédération n'est pas un succès.

Charlottetown est le berceau historique de la Confédération canadienne. Et Lesage affirme à son auditoire anglophone:

> « Il peut paraître étrange — et même un peu irrévérencieux — de dire de telles choses au moment où, sur le lieu même de la naissance de la Confédération, nous inaugurons la construction d'un édifice commémoratif dont le but est de rappeler les noms de ceux qui ont été responsables de cette Confédération. Néanmoins, je n'ai aucune hésitation en exprimant mes réserves qui, selon moi, sont méritées. Je me sens même encouragé de les faire devant vous, parce que vous, comme moi-même, désirez sincèrement le succès de cette entreprise commencée il y a cent ans. »

Selon Lesage, la nouvelle orientation du Canada ne peut être entreprise avec succès à moins de tenir compte d'une vérité ancienne et d'un facteur nouveau. La vérité ancienne, c'est le biculturalisme canadien.

> « Je crois que c'est le point de départ de toutes les actions futures, parce qu'il contient une situation de fait

et un capital qui peut être développé. On a toujours été d'accord pour dire que deux cultures existaient au Canada: la culture canadienne-française et la culture canadienne-anglaise. Mais tomber d'accord n'est pas suffisant. Ces racines sociologiques doivent devenir un fait, une réalité vivante.

(...)

« Le nouveau facteur c'est le Québec d'aujourd'hui. Les gens, d'un bout à l'autre du Canada, s'aperçoivent que le Québec prend une nouvelle dimension, qu'il est maintenant sur le chemin du progrès social et économique et de la satisfaction de ses ambitions... »

Et, sans avertissement, tout à coup, Lesage prend devant son auditoire le ton prophétique.

« S'il y a une chose que je peux déclarer positivement, c'est que durant les quelques années qui viennent, le peuple de ma province étonnera le reste du Canada par ses entreprises et ses réalisations de toutes sortes. Nous, du Québec, nous ne prétendons pas être autre chose que ce que nous sommes vraiment, mais nous avons l'intention ferme de ne négliger aucune de nos possibilités, et d'exploiter toutes nos ressources intellectuelles et matérielles. Actuellement, le gouvernement de la province s'est fait donner le mandat deux fois, en 1960 et en 1962, de hâter ce mouvement vers l'avenir et d'accélérer le rythme du progrès. C'est ce que nous avons entrepris. C'est là notre révolution pacifique, et elle ne fait que commencer. »

Devant les hommes d'affaires anglophones, Lesage se sent souvent obligé d'expliquer ses réformes fondamentales, c'est-à-dire celles de l'éducation et du domaine de la santé. En septembre 1963, il s'adresse, à Montréal, à la Newspaper Advertising Managers Association of Eastern Canada. Il souligne à son auditoire que le fait central de ce qui se passe dans le Québec d'alors, c'est la jeunesse qui se prépare pour l'avenir.

« Comme question de fait, dit-il, l'effort de notre province dans le domaine de l'éducation est vraiment un effort total en ce sens qu'il a rallié la volonté de toute la population, la volonté du payeur de taxe comme celle des autorités civiles et religieuses. Cet effort déborde les limites de nos ressources financières et il justifie nos exigences urgentes pour une redistribution des pouvoirs fiscaux entre le gouvernement central et les provinces. Notre effort se poursuit à une vitesse qui ne connaît point de frein autre que la prudence nécessaire à toute évolution.

« À titre de ministre des Finances, je connais la douloureuse étendue de cet effort: les dépenses de notre gouvernement pour l'éducation atteignent 331 millions de dollars cette année, presque le tiers de tout notre budget. À cette somme colossale doivent être ajoutés les investissements et les dépenses des institutions d'enseignement, des universités, des collèges, des couvents, des commissions scolaires et celles des parents et des étudiants si nous voulons évaluer le grand total des sacrifices que les citoyens de notre province font volontairement pour préparer l'avenir de notre jeunesse.

« Nous avons fait beaucoup en très peu d'années... mais la tâche demeure immense. Laissez-moi vous donner un exemple. Je vous rappelle que, en juillet l'an dernier, l'instruction obligatoire a été élevée à l'âge de 15 ans, une réforme qui n'a l'air de rien peut-être. Néanmoins, cette réforme exige, d'après les experts, 500 classes additionnelles et 500 nouveaux enseignants! Imaginez le chemin que nous aurons à faire lorsque nous considérons que le minimum pour le développement de notre jeunesse devrait être élevé à 18 ans, vu la complexité de plus en plus grande de ce qui doit être accompli dans notre société.

« Nos objectifs sont clairs: l'égalité de tous les jeunes devant les moyens de s'instruire, afin qu'aucun talent ne soit perdu; la démocratisation de l'éducation, afin que les parents exercent leur rôle prioritaire dans la formation de leurs enfants; la coordination efficace des institutions et des structures éducatives elles-mêmes, afin d'orienter les ressources humaines en fonction des ressources économiques à développer et des besoins de la société, aussi bien qu'en fonction des aptitudes individuelles. »

Au mois d'octobre 1963, Lesage reçoit un doctorat d'honneur de l'Université du Nouvea-Brunswick, à Fredericton. Il en profite pour faire un exposé de la politique autonomiste de son gouvernement.

« On se demande parfois, à l'extérieur du Québec, pour quelle raison nous tenons aussi fermement au respect de la juridiction provinciale dans les champs d'action que la Constitution de notre pays a réservés à la compétence des provinces. On se demande parfois pourquoi nous refusons des arrangements qui, à prime abord, présentent des avantages pratiques et même financiers. On ne voit pas non plus exactement pourquoi nous jugeons souvent utile de suggérer des alternatives à des programmes fédéraux qui, à première vue, visent à résoudre des problèmes dont tout le monde reconnaît la gravité.

« Ainsi, comme chacun s'en souvient, nous avons émis de graves réserves en ce qui concernait le programme fédéral d'aide aux municipalités. De fait, nous n'avons pas voulu permettre au gouvernement fédéral de transiger directement avec les corporations municipales, préférant plutôt que celles-ci, à propos des prêts de l'Office fédéral, n'aient de contact qu'avec notre ministère des Affaires municipales.

« Un phénomène analogue s'est produit avec le projet fédéral de pensions contributoires. Nous avons résolu d'établir, au Québec, notre propre caisse de retraite provinciale, publique, universelle et appuyée sur l'accumulation d'une réserve, ne permettant pas par là l'application chez nous du projet fédéral.

« Nous entretenons aussi de forts doutes sur la pertinence et le maintien des plans conjoints. À ce sujet, et même si nous reconnaissons que les plans conjoints ont été utiles et même nécessaires dans le passé, nous voulons désormais de plus en plus nous en tenir à la formule d'option. Comme vous le savez, grâce à cette formule le gouvernement fédéral consent aux provinces qui désirent s'en prévaloir des avantages financiers équivalents à ceux qu'elles auraient obtenus en participant à ces plans. Il s'agit, bien entendu, de plans conjoints portant sur des activités relevant de la juridiction provinciale.

« En somme — et les exemples que je viens de vous donner le démontrent — il arrive souvent au Québec de jeter ce que certains croient être une note discordante dans le concert de la Confédération canadienne. De fait, nous ne nous réjouissons pas toujours, bien au contraire, d'initiatives fédérales qui sont possiblement fondées sur d'excellentes intentions.

« Je m'empresse immédiatement de dire que le gouvernement du Québec n'est pas le seul des gouvernements provinciaux à formuler des objections à certaines politiques d'origine fédérale. Je reconnais toutefois que, parce qu'elles sont positives, nos attitudes en matière de relations fédérales-provinciales sont très fermes. Le comportement d'une minorité étant toujours plus facile à identifier que celui de groupes faisant partie intégrante de la majorité, nos attitudes sont aussi connues de tous, ce qui leur confère, dans l'esprit des autres citoyens canadiens, une présence plus nette. »

Invité par la Chambre de commerce du Canada à Québec devant un parterre largement composé de représentants anglophones de compagnies canadiennes, Lesage résume avec beaucoup de concision les trois objectifs de la Révolution tranquille.

« Aujourd'hui, au moment où je vous parle, trois champs d'action retiennent particulièrement notre attention: la modernisation de notre système d'éducation, la réforme de notre Fonction publique et l'affirmation économique du Québec. Ce ne sont pas là nos seules priorités, mais on peut dire que ces trois champs d'action nous préoccupent, dans l'immédiat, plus que les autres. »

Pour ceux qui pouvaient encore douter de la détermination de Lesage de créer un ministère de l'Éducation, il déclare: « Nous aurons bientôt un véritable ministère de l'Éducation, à la mesure d'un Québec en plein progrès. » Et Lesage, peut-être pour la première fois, parle de la dépendance et de l'indépendance du Québec.

« Nous visons tout simplement à ce que, de plus en plus, les décisions qui touchent notre peuple se prennent en fonction de nos besoins, en fonction de nos ressources et en fonction d'objectifs que nous allons fixer nous-mêmes. Dans la mesure où la réalité le permet, nous voulons que le Québec cesse d'être un appendice économique passif du continent nord-américain. Car nous vivons actuellement dans une situation bien curieuse; nous ne sommes pratiquement pas responsables de notre niveau de vie, nous n'avons que peu de moyens pour réduire le taux du chômage, nous n'avons pas assez d'influence sur l'allure de notre croissance économique. En somme, nous subissons ici le contre-coup, heureux ou malheureux selon les circonstances, de décisions qui sont prises ailleurs, en fonction d'intérêts qui ne sont pas nécessairement les nôtres.

« Naturellement, il n'est pas possible, pas plus pour les États-Unis ou pour les pays d'Europe, que pour le Québec, de vivre entièrement à l'abri d'influences économiques en provenance de l'extérieur. Il n'existe pas, dans le monde d'aujourd'hui, d'économie entièrement indépendante. Pour autant que nous vivons sur la terre, nous devons accepter de tenir compte des autres et de l'influence qu'ils peuvent avoir sur notre mode de vie.

« Mais il doit y avoir, quelque part entre les deux extrêmes de la dépendance et de l'indépendance, un point d'équilibre qui permette de concilier la stabilité et la croissance auxquelles on peut humainement et logiquement aspirer. Or, c'est ce point d'équilibre que le Québec recherche actuellement et c'est pour l'atteindre qu'il se donne les institutions et les leviers qui lui manquent. Comment pourrait-on, si l'on est de bonne foi, s'opposer à ce genre d'affirmation économique? N'est-ce pas là un but tout à fait naturel chez un peuple qui devient conscient de lui-même, de ses aptitudes et des richesses immenses du territoire sur lequel il vit? »

Et Lesage, qui, rappelons-le, est devant un grand auditoire d'hommes d'affaires qui viennent de toutes les parties du Canada, lance cette phrase qui en surprit un bon nombre:

« Les Québécois n'ont qu'une seule institution puissante: leur gouvernement. Et maintenant ils veulent se servir de cette institution pour construire l'ère nouvelle à laquelle ils ne pourraient peut-être pas aspirer autrement. Je dirais même que c'est par sens pratique, et non en vertu d'une idéologie quelconque, qu'ils ont confié cette tâche à leur gouvernement. »

Dans un discours prononcé en janvier 1964 devant les membres du Royal College of Physicians and Surgeons of Canada, Jean Lesage formule des propos semblables. Il répète que l'attitude du gouvernement n'est pas conditionnée par une quelconque théorie ou une pensée abstraite mais bien par les conditions réelles de la vie québécoise.

Le 21 février 1964, Jean Lesage porte cette bonne parole à l'Assemblée législative de l'Ontario, à Toronto. On reconnaîtra dans le discours qu'il prononce alors les thèmes principaux de la politique de son gouvernement. Le changement qui est en cours au Québec étonne les Canadiens anglais. Mais ce changement enrichira le patrimoine des Canadiens. Toutefois, il y a une condition à cela: que les Québécois soient acceptés tels qu'ils sont.

Il est intéressant de noter que Lesage entrevoit pour l'avenir un rôle de plus en plus important aux acteurs du domaine des relations interprovinciales.

« À cause des préoccupations qui les unissent, je pense que nous entrons dans une période où les relations, d'une province à l'autre, seront beaucoup plus étroites. De plus en plus elles agiront ensemble, par groupes de deux, de trois ou même de dix, à la solution de problèmes communs. Jusqu'à maintenant, on pourrait dire qu'au Canada les relations entre gouvernements ont été verticales, c'est-à-dire secteur fédéral par rapport à secteur provincial; je crois vraiment qu'elles deviendront graduellement horizontales, provinces par rapport à provinces.

« Évidemment, ce nouvel équilibre ne sera pas complètement établi avant quelque temps. Nous ne disposons pas encore, en effet, des institutions voulues pour que cet objectif soit immédiatement atteint. Celles-ci naîtront vraisemblablement des besoins provinciaux communs et contribueront à donner un visage nouveau à la confédération canadienne de l'avenir.

« Dès maintenant, il nous faut y réfléchir. De telles institutions ne s'improvisent pas. Elles sont peut-être justifiées par la réalité concrète, mais leur portée dépend de l'idéal qui leur permet de prendre corps et qui, au départ, les anime.

« Nous avons toujours dit, au Québec, que le régime confédératif canadien devait se renouveler. Les institutions susceptibles de faciliter la collaboration interprovinciale constituent, à mon sens, un des éléments importants de ce renouveau. Je suis certain, ... que sur ce point, comme sur bien d'autres, l'Ontario et le Québec, dont les frontières sont communes, peuvent avoir les mêmes opinions. »

C'est, à maints égards, un autre des textes prophétiques de Jean Lesage, car, depuis 1964, les relations interprovinciales ont pris une nouvelle tournure et sont devenues un des rouages importants des relations entre les provinces et le gouvernement central. Lesage, en 1964, ne pouvait prévoir que l'Ontario et le Québec auraient des opinions totalement divergentes à l'intérieur de la conférence interprovinciale. Il suffit de souligner que, à venir jusqu'à ce jour, toutes les provinces continuent de dialoguer à l'intérieur de la conférence interprovinciale même si les opinions sont forts divergeantes. C'est peut-être la seule structure actuellement où des représentants élus de toutes les parties du Canada peuvent se parler ouvertement, sans partisannerie politique, de leurs problèmes communs.

Lesage, peut-être plus que Lapalme qui avait d'abord songé à ce mécanisme de concertation, avait entrevu que de sérieuses difficultés pouvaient surgir entre les provinces et le gouvernement fédéral. Il avait pressenti que si la Confédération devait survivre, il fallait que les gouvernements provinciaux mettent en place des mécanismes de consultation qui leur soient propres.

Le 24 mars 1964, Jean Lesage assiste à l'ouverture officielle d'une nouvelle laminerie de Northern Electric, à Lachine, et il en profite pour parler de l'importance que son gouvernement attache à l'entreprise privée.

> « On dit souvent qu'au Québec il y a énormément de richesses à développer. Cela, à mon sens, est absolument vrai, et ce qui est encore plus vrai, c'est qu'il y a chez nous de la place pour tous les types d'entreprises. Le gouvernement et les citoyens du Québec n'ont, à ce sujet, aucune attitude dogmatique. Nous croyons que l'entreprise privée a un grand rôle à jouer; nous croyons qu'il en est de même pour l'entreprise mixte ou pour l'entreprise publique. Actuellement, les trois types d'entreprises existent au Québec et personne ne peut prétendre qu'elles se nuisent mutuellement, au contraire. D'ailleurs, il ne serait pas du tout réaliste, de la part du gouvernement ou de la part de qui que ce soit, de décréter que seule l'entreprise privée ou seule l'entreprise publique, par exemple, soit en mesure d'apporter au Québec le taux de croissance économique dont il a besoin. Les deux, comme je l'ai dit il y a un instant, sont nécessaires car certaines initiatives conviennent mieux à l'une qu'à l'autre et inversement. Il n'y a pas non plus de

raison pour que le Québec, à l'instar de certains des pays les plus évolués du monde, ne réussisse pas à établir en cette matière l'équilibre qui s'impose. Pour ma part, je suis convaincu, étant donné la bonne volonté qu'on manifeste de partout à cet égard, que nous y arriverons entièrement. Nous sommes déjà bien engagés sur la bonne voie. »

XIII

Le pouvoir parallèle

Comment les jeunes technocrates sont-ils
entrés dans la Révolution tranquille?
Deux cas types: Claude Morin et Arthur Tremblay

L'économiste Claude Morin, professeur à l'Université Laval de Québec, après avoir complété ses études à l'Université de Columbia, dans l'État de New York, est mêlé à l'activité de groupes de jeunes libéraux progressistes dont l'ambition est d'édifier un État moderne et démocratique. Ce nouvel État prendrait en main les leviers de l'instruction publique du primaire à l'université, les services de santé et l'ensemble des services sociaux administrés en dehors du contrôle de l'État depuis des décennies au Québec.

Avant 1959, les interventions du gouvernement provincial dans les domaines de l'éducation, de la santé, des services sociaux, consistaient surtout à verser des subventions aux institutions religieuses et privées.

Ces dernières œuvraient de manière tout à fait autonome dans l'administration des divers services et recevaient en plus les dons de charité des individus et des sociétés commerciales et industrielles. L'instruction primaire était essentiellement financée par les taxes foncières et administrée par des commissions scolaires locales dont les membres étaient élus par les propriétaires.

Le gouvernement provincial garantissait les emprunts

que devaient nécessairement effectuer les commissions scolaires au cours de la grande période de croissance des années d'après-guerre pour bâtir des écoles. Les commissions scolaires ne pouvaient tout rembourser et la province prenait à sa charge leurs dettes de temps à autre. Le gouvernement avait même mis sur pied un système de subventions pour pallier la pénurie de fonds locaux, mais là, comme ailleurs, le patronage, les amis, jouaient leur rôle néfaste.

D'une manière générale, aux yeux de toute la nouvelle génération d'économistes, d'avocats, de sociologues et de journalistes, le Québec s'embourbait dans le chaos de l'improvisation à une époque où le monde occidental entrait dans une nouvelle ère de progrès. Les corps intermédiaires réclamaient des réformes à grands cris.

Les penseurs libéraux de l'époque duplessiste estimaient que l'État devait intervenir, au Québec. Certains d'entre eux le croyaient pour des raisons idéologiques. Mais la plupart arrivaient à la conclusion que l'État québécois devait prendre les choses en main pour des motifs strictement pragmatiques à leurs yeux.

C'était, plus particulièrement, l'opinion d'hommes comme Claude Morin et Arthur Tremblay, deux des plus importants technocrates de la Révolution tranquille de 1960.

Morin lui-même s'est toujours défendu d'être le promoteur d'une idéologie quelconque.

Ce qui avait frappé Morin, pendant ses années d'étude, c'était l'ampleur de la richesse du secteur privé américain. Cette richesse permettait l'organisation rationnelle de l'éducation, le financement de grandes universités capables d'importer en Amérique les plus grands penseurs du globe. Il en était de même chez les Canadiens anglais de Montréal, observait Morin, dont le secteur secondaire public fut développé plusieurs années avant que le Québec français ne corrige sa lamentable situation. L'Université McGill de Montréal, renommée internationalement, était le fruit d'un milieu indépendant qui a accès à de grandes richesses. Ce n'était pas les subventions gouvernementales qui avaient fondé et structuré McGill, mais les contributions privées d'individus et d'entreprises prospères.

Les subventions gouvernementales, dans ce genre d'institution, ne venaient qu'arrondir les coins et suppléer. Même situation dans le domaine hospitalier. Rappelons seulement le remarquable hôpital Royal Victoria sur le mont Royal et ses nombreux pavillons spécialisés.

Morin et d'autres constataient la pauvreté relative du secteur privé chez les Canadiens français. Ils ne voyaient pas d'autres moyens concrets pour ouvrir à l'ensemble de la jeunesse québécoise, dont la grande majorité était francophone, l'accès à l'instruction secondaire et collégiale que la prise en main de tout le système par l'État.

Ces jeunes intellectuels raisonnaient de la même façon à propos des problèmes de la modernisation des services de santé, des services sociaux.

Certains se disaient aussi que, le secteur francophone privé étant peu important, l'État serait le seul instrument capable de donner aux Canadiens français un pouvoir économique important dans leur économie, largement contrôlée par les organisations financières et les industries américaines et canadiennes-anglaises.

On se disait qu'Hydro-Québec pourrait devenir un des grands leviers de l'économie, que le mouvement coopératif (Caisses populaires, etc.) pourrait s'emparer d'une plus large portion du monde de la finance et on parlait déjà à l'époque d'une sidérurgie et d'un régime de retraite de l'État pour canaliser les épargnes.

Morin était particulièrement renseigné dans les domaines du social et du familial et Maurice Sauvé, directeur des relations publiques du parti libéral[1], lui avait demandé de jeter sur papier quelques idées. Vianney Dicaire, Paul Lacoste, Gérald Bergeron, René Tremblay, Arthur Tremblay avaient,

---
1. Ex-conseiller technique de la CSN, frère de Robert Sauvé, Maurice Sauvé deviendra député fédéral en 1962 et ministre dans le gouvernement de Lester Pearson. Il est aujourd'hui vice-président de Consolidated Bathurst et son épouse, Jeanne Sauvé, député libéral de Laval-des-Rapides, est présidente de la Chambre des communes à Ottawa.

de la même façon été sollicités pour bâtir les éléments d'un programme politique autour de certaines idées fondamentales du parti.

Ces idées se retrouveront dans le programme libéral de 1960 rédigé par Georges-Émile Lapalme à la demande de Lesage qui lui avait dit: « Georges, tu fignoleras ça! »

Lesage avait besoin d'hommes clés. Il les voulait de première compétence dans leurs sphères respectives. Or, Lesage attachait une importance capitale aux textes de ses discours qu'il voulait impeccables tant du point de vue de la langue que du contenu. Il s'agissait là d'un trait fondamental chez lui.

Au lendemain de la victoire de juin 1960, Guy Gagnon, le frère de Jean-Louis Gagnon, directeur du quotidien montréalais *La Presse,* continue de rédiger des textes politiques.

Guy et son frère étaient parmi les plus inlassables des travailleurs de la première heure dans la tâche de reconstruction du parti après l'entrée en scène de Georges-Émile Lapalme à la direction en 1950.

Depuis la fondation de la Fédération libérale du Québec, en 1955, jusqu'à l'élection de 1962, Guy s'occupa de *La Réforme,* l'hebdomadaire du parti. Toutes ses fins de semaine y passèrent. Au début, Jean-Louis contribua largement à la rédaction de *La Réforme,* mais après sa nomination à *La Presse,* Guy dut prendre toute la responsabilité du journal du parti.

René Arthur, fine plume, animateur intelligent de programmes à la télévision, joignit l'équipe des rédacteurs pour rédiger les textes de circonstances destinés à rehausser les banquets d'honneur et les mondanités culturelles ou sociales.

Deux journalistes furent embauchés, les frères Lorenzo et Denys Paré. Lorenzo rédigea des discours et Denys agit comme secrétaire de presse du Premier ministre.

C'est à Lorenzo qu'on attribue l'erreur d'avoir fait dire à Jean Lesage que son gouvernement était « en possession tranquille de la vérité ». Cette affirmation béate déclencha le fou rire général dans les milieux politiques et Lesage, embarrassé, n'eut, après cette bourde, à peu près plus recours aux services du malheureux Lorenzo.

Lesage avait besoin de textes de fond, de textes axés sur une perspective de changement social, de progrès, de fierté retrouvée et de reconstruction. Il avait besoin de textes travaillés et techniquement solides.

Il entra en communication avec René Tremblay, un universitaire qui était très engagé sur le plan politique et qui travaillait à la Fédération libérale du Québec et lui demanda de lui trouver quelqu'un qui pourrait discourir sur l'État moderne dans le cadre des réformes que prônait le Parti libéral.

« Veux-tu me préparer ça? Je l'enverrai à Lesage », dit Tremblay à Claude Morin, au téléphone, après lui avoir expliqué ce que recherchait le Premier ministre.

René Tremblay, économiste et professeur à l'université Laval comme Morin, était secrétaire de la Fédération libérale et, après la victoire de 1960, il fut nommé sous-ministre de l'Industrie et du Commerce au mois d'octobre. Par la suite, Tremblay fit un bond du côté de la politique fédérale. Il est aujourd'hui décédé.

Morin, qui n'avait pas encore rencontré Lesage personnellement, fut flatté de lire dans les comptes rendus de journaux des extraits de ses textes repris par le Premier ministre lors de discours officiels.

Quelques semaines plus tard, Morin reçut une nouvelle demande de Tremblay pour un texte. Puis, en décembre, Tremblay demanda à Morin de téléphoner chez René Arthur, aux bureaux du Premier ministre. Pour la première fois, il entendit à l'autre bout de la ligne la voix de la standardiste répondre: « Bureau du Premier ministre ». Plus tard, Morin lut son texte dans le journal *Le Devoir*. René Arthur demanda une rencontre. Il fit part à Morin de l'admiration de Jean Lesage pour ses textes.

« Pourrions-nous faire appel à vos services plus régulièrement? » Morin fut payé à la pièce: 50$, 100$, selon l'importance des textes. Cet arrangement permit à Morin d'enseigner à plein temps et de travailler pour Lesage sur commande spéciale.

On s'aperçut que Morin avait des qualités d'ordre pratique: il « pondait » ses textes rapidement et les dactylographiait lui-même. En février 1961, Lesage demanda à René Arthur de faire une invitation à Morin: le Premier ministre voulait voir le rédacteur à sa résidence, rue Bougainville.

Morin se rendit chez Lesage. Il rencontra l'homme, en personne, pour la première fois. Il en sortit ébloui, bouleversé. La Révolution tranquille avançait tambour battant et Lesage était son chevalier.

En le quittant ce jour-là, le rédacteur savait qu'il avait été face à face avec un orateur.

Il entretint dès lors à l'égard de Lesage des sentiments de très grande admiration. Le jeune professeur n'oublierait pas de sitôt que le Premier ministre lui avait dit avec son timbre de voix le plus chaleureux: « J'ai besoin de vous pour écrire mes discours. »

Une commande, avait immédiatement suivi: le discours du budget.

Il s'agissait de la rédaction finale du texte, car la préparation du budget commençait dans les divers ministères pour s'acheminer jusqu'au Conseil des ministres.

Lesage était ministre des Finances. Là comme ailleurs, il voulait que cette pièce maîtresse qu'est le discours du budget fût, par sa forme et son style, à la hauteur des grandes réformes apportées par son gouvernement.

Le dernier discours du budget du gouvernement de l'Union nationale avant l'élection de 1960 ne comptait que 20 pages imprimées, tableaux compris. Le premier discours du budget du gouvernement Lesage compta 92 pages!

Ce n'était pas seulement la philosophie du gouvernement qui était nouvelle, mais son style en était en même temps radicalement transformé et tout un nouveau vocabulaire, en quelque sorte le latin d'une certaine élite universitaire au Québec commença à déranger les creux ronflements de la vieille tradition politique de la province.

Morin accepta, mais toujours à titre de pigiste, d'entreprendre la rédaction du budget d'avril 1961 (le budget de 1960 avait été présenté par le gouvernement d'Antonio Barrette de l'Union nationale avant l'élection du 22 juin).

Mais il dut se frotter pour la première fois avec les personnages qui gravitaient autour de Lesage; Marcel Bélanger, le comptable et un des principaux conseillers de Lesage en matières fiscales; André Dolbec, comptable lui aussi et célèbre à l'époque pour la férocité avec laquelle il rognait les dépenses qu'il jugeait frivoles; Jean Biéler, sous-ministre des Finances depuis le temps de Maurice Duplessis, Suisse de naissance, protestant de religion, inaccessible à la presse et inconnu du grand public et, enfin, le majordome de la maisonnée libérale au gouvernement depuis des années, l'homme qui savait tout mais ne disait rien, Alexandre Larue.

Deux mois plus tard Lesage invita Morin à le rencontrer de nouveau à sa résidence. Il l'informa que le gouvernement venait de créer un ministère des Affaires fédérales-provinciales et lui proposa d'en devenir sous-ministre.

Morin refusa. Il aimait travailler ainsi dans l'ombre du Premier ministre et se sentait confortablement installé à l'université Laval. Il pouvait jouir du plaisir intellectuel que lui procurait la préparation de textes politiques sans avoir à assumer un rôle de responsabilité.

C'est ainsi que l'avocat Taschereau Fortier, un ami de Jean Lesage, devint sous-ministre des Affaires fédérales-provinciales.

Lesage invita cependant son rédacteur à faire partie de divers comités de l'administration. Morin y fit la connaissance de Michel Bélanger, l'économiste, qui préparait la nationalisation des sociétés privées d'électricité et qui travaillait au ministère des Richesses naturelles dirigé par René Lévesque. Bélanger avait été rapatrié du fonctionnarisme fédéral comme l'avait été Roger Marier dont le frère, André, travaillait pour Lévesque.

Le ministère de Lévesque était alors une ruche d'activité planifiant la mise sur pied de sociétés et d'organismes gouvernementaux visant à assurer à l'État soit une voie d'intervention ou un poste d'observation dans la marmite privée du développement économique.

En 1962, Morin fit campagne avec Lesage. Ce fut pour lui une expérience inoubliable.

La plupart de nos chefs politiques, au Québec, s'évertuaient à parler comme l'électeur moyen depuis la victoire spectaculaire de Maurice Duplessis sur l'aristocratique

Alexandre Taschereau, dans les misérables années 30. Ainsi, Camillien Houde, chef conservateur du Québec, et maire de Montréal durant cette période tourmentée précédant la Deuxième Guerre mondiale, se voulait « l'homme du peuple ».

L'émergence d'une éloquence populaire prit beaucoup d'ampleur pendant et après la guerre et durant les années 50. Les gens de ma génération se souviendront toujours de ces grands ténors populaires que furent Houde, Duplessis, Jean Marchand, René Chaloult et l'inaltérable Michel Chartrand. René Lévesque, avec son style improvisé, hésitant, s'inscrit dans cette lignée comme Daniel Johnson avant lui. Mais Johnson n'était pas vraiment un orateur. Et on se rend compte, dans ces deux derniers cas, de l'impact des médias électroniques sur le style des politiciens.

L'éloquence étudiée, je devrais peut-être dire la grandiloquence de Lesage en 1960 et 1962 était en vérité un anachronisme dans l'évolution politique des 30 années précédentes.

Mais, paradoxalement, elle a capté l'attention du peuple parce que le Québec, à cause de la télévision et du bon parler français (ou du français européen) qu'elle véhiculait, à cause de la grande percée qu'effectuaient internationalement des romanciers, des poètes et des chansonniers québécois, était mûr pour un « coup de grand «. La province était prête à entendre un chef de son gouvernement lui dire: « Moi, je vous promets que nos enfants auront tous la chance d'aller au collège, à l'université, qu'ils soient de familles pauvres ou de familles fortunées. »

Je me souviens, comme si c'était hier, de l'enthousiasme inouïe que soulevaient de tels discours.

Morin fut également de la partie lorsque Lesage accepta de participer au débat télévisé contre Daniel Johnson. Guy Gagnon avait fait les arrangements techniques avec Radio-Canada et Maurice Leroux, responsable de l'image du Premier ministre, tel un entraîneur, avait organisé une petite équipe pour préparer Lesage.

On le bombardait de questions, on tentait de le faire fâcher, on chronométrait ses réponses. Enfin, le jour du débat, on mit Lesage au repos. On le voulait détendu, calme, souriant et « au-dessus de ses affaires ». Une équipe d'experts s'occupa du maquillage. Johnson, épuisé et nerveux, était d'avance battu lorsqu'il apparut face à face avec celui que, dans le même temps, Lise Payette proclamait « être le plus bel homme du Canada ».

En 1963, le sous-ministre des Affaires fédérales-provinciales décède. Lesage fait venir Morin chez lui.

— Claude, dit-il impérieusement, je vous offre le poste de sous-ministre aux Affaires fédérales-provinciales et je ne veux pas que vous refusiez. »

Morin n'osa refuser sur-le-champ ce qui était, en fait, un ordre direct du Premier ministre de la province.

Il se cherchait des raisons pour différer sa réponse. Il fut pour ainsi dire obligé de quitter Lesage en lui promettant une réponse à brève échéance. Il n'avait osé dire non. Lesage s'attendait à une réponse affirmative.

Morin consulta à gauche et à droite. Financièrement, l'offre était intéressante. Son salaire passait de 9 000$ à 16 000$.

De fait, Claude Morin ne le savait pas, mais déjà il avait attrapé la piqûre de la politique... et bien sûr, il dit oui. Comment aurait-il pu dire non au Premier ministre? Jean Lesage le soignait aux petits oignons. À cette époque, Lesage conduisait lui-même sa voiture et reconduisait Morin chez lui de temps à autre. En été, Lesage s'attardait quelques minutes et parlait avec Claude et sa femme, Mary, une Américaine, à l'extérieur. Le voisinage était impressionné. Morin voyait son prestige monter en flèche. Il rallia donc officiellement l'équipe de la Révolution tranquille.

Si René Tremblay fut le parrain politique de Morin, Paul Gérin-Lajoie fut celui d'Arthur Tremblay.

Tremblay était lui aussi un professeur de l'université Laval. On le considérait déjà, sur la fin du régime duplessiste, comme étant « l'expert québécois » en matière d'éducation.

Comment en était-il arrivé à s'intéresser à l'aspect politique du problème de la réforme de l'éducation qu'il prônait d'ailleurs depuis déjà quelques années? En travaillant avec Paul Gérin-Lajoie.

Et ce travail conjoint, c'est-à-dire l'occasion qui a créé les conditions, et les circonstances qui y ont conduit se sont réalisés lors de la mise sur pied de la Commission royale d'enquête sur les problèmes constitutionnels par le gouvernement de Maurice Duplessis en février 1953. L'institution de cette commission avait surpris. Elle avait aussi fait l'admiration des intellectuels.

Ce n'était pas dans les habitudes de Duplessis d'ouvrir les écluses de l'État à toute une pléiade de jeunes penseurs qui envahiraient le domaine de la constitution et, par ce biais, à peu près tous les domaines de l'activité provinciale. Le rapport fut déposé en 1956. (Duplessis se fit d'ailleurs tirer l'oreille avant de le rendre public.)

L'idée originale avait surgi dans l'esprit de Gérin-Lajoie. C'est lui qui avait proposé à la Chambre de commerce de la province de Québec la tenue de cette vaste enquête dans tous les domaines reliés à l'exercice des droits constitutionnels de la province de Québec dans le but de réunir l'ensemble des projets de solutions nouvelles et modernes aux problèmes de retard dont le Québec commençait à souffrir.

Les idées ont des ailes, se plaisait à répéter plus tard Gérin-Lajoie. Celle-ci avait en tout cas fait son chemin malgré les préjugés politiques du gouvernement à l'époque.

Avec l'assentiment de Duplessis, la Chambre de commerce présenta un mémoire spécial recommandant l'institution de cette commission d'enquête. Duplessis avait décidé de donner à cet événement un grand éclat et il avait reçu lui-même la délégation composée d'éminents hommes d'affaires, juristes et universitaires dans l'enceinte de l'Assemblée nationale. Pour établir le partage fiscal entre Ottawa et Québec, il fallait d'abord évaluer les besoins du Québec. C'est dans cette optique que la commission, présidée par le juge Thomas Tremblay, décida d'inviter tous les corps intermédiaires à présenter des mémoires dans lesquels ils feraient connaître les besoins des personnes qu'ils représentaient.

Soixante pour cent des mémoires qui furent soumis (et cela démontre bien l'inquiétude qui couvait sous la tranquillité extérieure de la société québécoise), touchaient la question de l'éducation!

Paul Gérin-Lajoie était le conseiller juridique de la Fédération des collèges classiques, ces institutions d'enseignement secondaire et collégial privées qui avaient formé l'élite canadienne-française depuis des générations, grâce au dévouement du clergé catholique.

La fédération s'était créée à la suite de la querelle entre Ottawa et Québec qu'avait provoquée la décision du gouvernement fédéral de Louis Saint-Laurent d'octroyer des fonds aux universités canadiennes. Duplessis avait accepté ces octrois la première année, mais les avait refusés par la suite.

Le système d'enseignement supérieur du Québec ne ressemblait en rien aux systèmes en vigueur dans les provinces anglaises. Le montant de l'octroi accordé à chaque province était basé sur une formule qui tenait compte du nombre d'inscriptions dans les universités. Or les étudiants inscrits dans les collèges classiques aux cours de belles-lettres, de rhétorique et de philosophie avaient été admis dans le calcul.

Par conséquent, l'université Laval, par exemple, avait droit à un octroi bien plus considérable que l'université McGill à cause du grand nombre de collèges classiques qui lui étaient affiliés. Toutefois, même si elles bénéficiaient de forts octrois, les universités françaises et catholiques du Québec refusèrent d'en remettre une part aux collèges.

Elles voulaient tout garder en disant: nous administrons les facultés des arts.

Les collèges criaient à l'injustice et Gérin-Lajoie fut sollicité pour les sortir de l'impasse dans laquelle ils se trouvaient.

Or, comme la Commission Tremblay venait d'être créée, Gérin-Lajoie persuada la Fédération des collèges classiques de présenter un mémoire et d'y faire valoir leurs doléances.

C'est évidemment Gérin-Lajoie qui se chargea de rédiger le mémoire, mais comme il avait besoin d'« experts », il demanda l'aide d'Arthur Tremblay qui accepta.

La Fédération des commissions scolaires voulait, pour sa part, présenter un mémoire important à la Commission et on demanda à Arthur Tremblay de le préparer en ce qui concernait la question scolaire et à Gérin-Lajoie en ce qui concernait le problème constitutionnel.

En somme, de 1953 à 1954, Arthur Tremblay et Paul Gérin-Lajoie avaient travaillé ensemble et sans relâche, de façon très étroite, sans même deviner qu'ils feraient un jour le plus grand ouvrage de la Révolution tranquille: la réforme de l'éducation.

Avant l'élection de 1960, Arthur Tremblay ne connaissait Lesage que de loin, selon l'expression.

Tremblay était fort préoccupé par la situation politique sous le régime de Maurice Duplessis. Il était membre du Rassemblement démocratique dont faisait aussi partie Pierre Trudeau.

Même s'il n'est pas membre du Parti libéral, Tremblay veut voir de plus près, dès 1958, ce personnage nouveau et si différent qu'est Lesage. La première occasion qui se présente est le congrès d'investiture qui choisit Lesage comme chef du Parti libéral du Québec. Il assiste au congrès à titre d'observateur.

Le congrès avait eu lieu au printemps. Au début de l'été, Tremblay reçoit un appel téléphonique. C'est Lesage. Il lui demande de passer à son bureau. Il veut le consulter.

Lesage vivait très modestement à l'époque. Son bureau, boulevard Saint-Cyrille, près de la rue des Érables, était minable.

— Monsieur Tremblay, dit Lesage, j'ai suivi vos activités en éducation. Je sais que vous avez des idées sur ce qui pourrait se faire... je voudrais en discuter.

Lesage conclut en demandant à Tremblay de dresser une liste « des choses qu'il faudra faire » si les libéraux prennent le pouvoir.

Tremblay rédige un programme d'action. Il s'agissait surtout de la gratuité scolaire au primaire et au secondaire. Il n'était pas encore question du ministère de l'Éducation. C'était une première ébauche. Pour que Lesage ait le temps de prendre connaissance du texte, Tremblay le lui fait parvenir avant la date de leur rencontre suivante. Chaque rencontre, car il y en a eu au moins trois, durait de trois à quatre heures.

« Fallait discuter point par point. C'est là que j'ai pu observer directement son style de travail: pourquoi faites-vous ça? Il fallait tout expliquer, n'est-ce pas. Mais la gratuité au niveau de l'université, ne faudrait-il pas l'inclure dans le programme? J'ai dit: monsieur Lesage, c'est une question de principe. Je n'ai jamais favorisé la gratuité au niveau universitaire et je vais vous dire pourquoi. C'est parce que nous financerions les études de ceux qui retireront le plus de revenus de leur éducation. Ceux qui n'ont pas les moyens financiers, nous leur fournirons des prêts. L'accessibilité sera de cette façon assurée. Il y avait discussion sur tous les points. C'était très serré. »

Lesage avait été sensibilisé aux problèmes de l'éducation lors de grandes assises tenues à Montréal en février 1958, quelques semaines avant son accession à la direction du Parti libéral.

Tous les mouvements sociaux réclamaient vivement une grande réforme. Arthur Tremblay était là. Et aussi le chef syndical, Jean Marchand de la CSN.

Après la victoire libérale de 1960, Tremblay entre au ministère de la Jeunesse pour conseiller Paul Gérin-Lajoie.

Ses contacts avec Lesage ne sont qu'occasionnels. Lesage l'appelle « Monsieur Arthur » et Tremblay appelle Lesage « Monsieur le Premier ministre ». Leurs rapports sont toujours polis, formels.

Tremblay se souvient de la préparation des discours inauguraux. Avant chaque session de l'Assemblée nationale il demandait à Tremblay de lui préparer des notes sur les projets du gouvernement en matière d'éducation. Puis les deux hommes se rencontraient pour discuter, faire des changements au besoin.

Dans la relation entre Lesage et Tremblay, il y avait du respect, de la cordialité, de la sympathie. Mais chacun gardait sa place. Les deux hommes gardaient une certaine distance que Tremblay qualifie de « nécessaire ».

« Il s'est développé entre lui et moi, je ne pense pas exagérer, une sorte d'estime. C'était toujours du même style: pourquoi ça? Expliquez-moi ça? Pourtant ça ne marche pas comme ça? Les discussions étaient agréables. »

Arrive 1960! Et revenons à la réforme scolaire proprement dite.

Lesage nomme Gérin-Lajoie au ministère de la Jeunesse et lui donne les pleins pouvoirs sur tout ce qui touche l'instruction publique. Gérin-Lajoie communique immédiatement avec Tremblay.

— Que dirais-tu maintenant si je te demandais de mettre à exécution tout ce dont nous avons parlé et discuté depuis tant d'années? demande Gérin-Lajoie à Tremblay.

Aujourd'hui, les universitaires ne se font pas prier pour plonger dans l'administration publique, voire pour plonger dans la politique. Mais dans ce temps-là, l'idée même d'être fonctionnaire faisait peur aux jeunes universitaires. Ce fut le cas de Morin, on l'a vu, et Tremblay eut d'abord une réaction semblable de panique sur le coup.

Mais Gérin-Lajoie revenant à la charge, Tremblay se ravisa rapidement et accepta de se joindre à l'équipe de son ancien collaborateur.

C'était le 17 juillet 1960. Arthur Tremblay avait 43 ans et Gérin-Lajoie, 40 ans.

Tremblay entre d'abord comme conseiller spécial. On lui donne le titre d'adjoint exécutif, adaptation française du terme anglais *executive assistant*.

Gérin-Lajoie rassemble tout son personnel supérieur pour lui présenter celui qui, plus tard, lorsque le ministère de l'Éducation sera créé, sera son sous-ministre.

Il leur dit: « M. Tremblay est ici pour préparer la législation que Québec veut faire naître en matière d'éducation. Considérez tout ce qu'il vous dira comme venant de moi. »

D'emblée Tremblay était donc placé dans une situation d'autorité claire et nette.

Perspicace, il devait refuser d'être sous-ministre de la Jeunesse. Gérin-Lajoie lui avait offert le poste, mais Tremblay avait répliqué qu'un sous-ministre serait pris dans la cuisine de l'administration quotidienne et qu'il n'aurait pas le temps de préparer la réforme, cette législation qui allait révolutionner le domaine de l'enseignement au Québec.

Tremblay met sur pied un organisme qu'il appelle le bureau de la recherche et de la planification. Il dira plus tard que le mot planification faisait peur dans le temps et qu'on avait ajouté le mot recherche pour le rendre plus acceptable.

Quelques mois plus tard, on ne parlait plus que de ce fameux bureau de la planification.

Tremblay se met à l'ouvrage avec l'équipe nouvelle et on jette les premières pierres d'assise de ce que Gérin-Lajoie appellera « la grande charte de l'éducation ». Il s'agissait en l'occurrence d'une douzaine de lois. Elles furent présentées dès 1961.

Parmi ces lois, il y avait celle qui instituait la Commission Parent dont le mandat était d'enquêter sur l'ensemble des problèmes de l'éducation au Québec et de faire les recommandations qui s'imposaient en fonction de l'évolution des sociétés modernes.

Il n'est pas sans intérêt de souligner que la commission était présidée par Mgr Alphonse-Marie Parent de l'université Laval, un autre signe de l'habileté de Lesage qui, sachant que son gouvernement se proposait d'étatiser l'éducation, avait nommé un membre du clergé à la tête de la commission, sûr que ce geste serait de nature à garantir l'orthodoxie de l'évolution du dossier tout en donnant à l'Église une fenêtre privilégiée sur ce que la Commission recommanderait au gouvernement.

La méthode de Gérin-Lajoie et de Tremblay fut de rassembler les recommandations et les résolutions faites dans divers milieux (plus particulièrement celles du grand congrès du Parti libéral de 1958), d'y mettre de l'ordre et d'établir la liste de celles qui avaient fait l'objet de vastes consensus.

Par exemple, la gratuité scolaire était réclamée depuis des années par les centrales ouvrières autant que par des associations d'hommes d'affaires.

On demandait que l'instruction fût obligatoire jusqu'à l'âge de 15 ou de 16 ans.

Le gouvernement Lesage décide de commencer par les réformes qui avaient mûri longuement dans l'opinion. Mais en même temps, il décide de jeter les bases de la réforme globale du système de l'éducation.

Pour réaliser les études nécessaires aux grandes mesures de 1964, le gouvernement crée, en plus de la Commission Parent, le Comité d'étude sur l'enseignement technique et professionnel. Gérin-Lajoie nomme Tremblay au poste de président de ce comité qui produira deux volumes de considérations et de résolutions en 1962.

De nombreux comités spéciaux sont créés pour étudier des points particuliers. Par exemple, la question de l'éducation des adultes est examinée par un comité dont Claude Ryan, du journal *Le Devoir* à l'époque, est le responsable. Tous ces travaux devaient éventuellement s'intégrer aux études globales de la Commission Parent qui est en marche dès l'automne de 1961.

À l'hiver de 1963, la Commission produit son premier rapport, sur les structures. De là sort le projet du « Bill 60 » instituant le ministère de l'Éducation. Ce sera le début de la fin du vieux système et l'instauration du pouvoir laïc de l'État dans un domaine qui avait, depuis la fondation de la colonie, été réservé à l'Église.

Le Conseil de l'instruction publique serait aboli et remplacé par le Conseil supérieur de l'éducation, organisme de consultation sans pouvoir réel toutefois.

Après le dépôt du projet de loi en juin 1963, une levée de boucliers est organisée par certaines autorités religieuses.

On bat le fer quand il est rouge et Lesage est l'homme de ces situations difficiles.

Tremblay raconte ce qui est arrivé:

> « À ce moment-là, Lesage avait dit à Gérin-Lajoie: même si j'ai dit qu'il n'y aurait jamais de ministère de l'Instruction publique, je vais marcher mais pourvu que ce soit bien clair que le peuple le veut. »

C'est pourquoi Gérin-Lajoie entreprit l'extraordinaire « tournée du bill 60 », une sorte d'épopée du réveil populaire qui trouvera peut-être un jour son poète.

Les médias jouèrent un rôle important dans cette opération.

Les journalistes faisaient écho à l'enthousiasme des foules pour la réforme scolaire comme ils dépeignaient les résistances du clergé et de certains éléments de la société au changement.

Il en résultait une sorte de gêne chez les opposants au projet de loi 60 qui hésitaient à l'attaquer de front. Pour en forcer l'ajournement, ils adaptèrent plutôt une tactique indirecte estimant qu'il leur fallait plus de temps pour étudier le projet.

Ces opposants réussirent même à se gagner des appuis très importants jusqu'au sein du cabinet. Gérin-Lajoie et Tremblay furent stupéfaits lorsque Lesage, fidèle à sa nature circonspecte, ayant demandé aux ministres de s'exprimer dans un tour de table, seuls Georges-Émile Lapalme et Claire Kirkland-Casgrain, se prononcèrent contre l'ajournement du projet de loi avec Gérin-Lajoie.

Les plus conservateurs parmi les ministres voyaient déjà et redoutaient ouvertement la disparition de la religion dans les écoles. Un exemple illustre bien l'état d'esprit du moment. Un beau jour, donc, Lapalme et Gérin-Lajoie, entrés dans la salle de réunion du cabinet avant l'heure fixée pour la séance, décidèrent de décrocher le grand crucifix qui, du haut du mur, surveillait les délibérations ministérielles depuis toujours.

Les deux hommes cachèrent la croix.

Lorsque certains ministres s'aperçurent de la disparition du crucifix, un violent sentiment d'indignation s'empara d'eux.

« Voyez, dirent-ils à Lesage, qui devinait ce qui s'était passé, voyez où on en est rendu dans cette province. Demain, ce sera la révolution.»

Le crucifix reprit sa place et le calme revint.

Le gouvernement avait agi dans l'affaire du projet de loi 60 avec une certaine célérité, à peine six semaines après le rapport de la Commission Parent.

« Les gens disaient, c'est bien trop vite. On n'a pas eu le temps de réfléchir! » racontait Tremblay plus tard non sans rappeler que tout ce grand monde avait déjà fait connaître ses opinions dans de nombreux mémoires. Il aurait été facile de mettre une grosse partie de ces gens en contradiction avec eux-mêmes. La tentation était forte. Mais Lesage voulait se gagner ces opposants plutôt que de les écraser.

Constatant les effets et résultats de la tournée de Gérin-Lajoie, Lesage avait invité publiquement les contestataires à présenter leurs amendements au gouvernement avant le 30 septembre de la même année.

Pas de généralités! avait dit Lesage. Pour être considérées, les suggestions de modifications devront se rapporter à des articles bien précis du projet de loi.

À la fin de septembre, toutes les suggestions étaient réunies, analysées et soumises au cabinet.

Lesage entreprit par la suite la négociation finale du projet avec l'épiscopat récalcitrant dont le principal porte-parole fut le Cardinal Maurice Roy, de Québec.

« Il y a quelque part une lettre de Mgr Roy disant, au nom de l'ensemble des évêques, au Premier ministre: tel que modifiée dans votre dernière version, nous n'avons plus d'objection à la création du ministère de l'Éducation et du Conseil supérieur de l'éducation. »

C'était à la fin décembre.

Le projet revint donc devant l'Assemblée nationale au début de 1964. Le nouveau ministère fut créé, après l'adoption du projet de loi, le 13 mai, par proclamation. Gérin-Lajoie devint le premier ministre de l'Éducation et c'est à ce moment qu'Arthur Tremblay accepta de devenir sous-ministre du nouveau ministère.

Pour Arthur Tremblay, la Révolution tranquille fut essentiellement une série d'approfondissements sectoriels sous le couvert d'un vaste mouvement d'ensemble.

> « Lesage a coiffé le tout par un langage, un style qui dépassait la portée de chaque mesure et lui donnait

une signification d'ensemble, et je me demande jusqu'à quel point Claude Morin a joué un rôle dans cette formulation globale », dit Tremblay.

« Prenons cette autre décision de Lesage de convoquer une conférence interprovinciale, elle a changé la dynamique des relations fédérales-provinciales.

« Pour résoudre les problèmes d'envergure de juridiction provinciale, il fallait se donner un organisme où les compétences provinciales seraient rassemblées et non le gouvernement fédéral.

« Autrement dit: à certains problèmes dits nationaux parce qu'ils se posent partout, il fallait donner des solutions interprovinciales lorsqu'il s'agissait de champs de compétence provinciale. Du fait qu'un problème a une envergure nationale, il n'en découle pas nécessairement que le fédéral doit l'assumer. Autrement dit il y a deux Canada: le Canada fédéral et le Canada interprovincial. C'est là un principe de base qui est très important, à mon avis. »

Voilà en somme le fondement de la conférence interprovinciale et probablement aussi une des principales raisons de sa survie depuis 1960.

Claude Morin et Arthur Tremblay, deux parmi les principaux grands technocrates de la Révolution tranquille, continuèrent leurs fonctions auprès des gouvernements de Daniel Johnson, de Jean-Jacques Bertrand et de Robert Bourassa. Morin quitta le fonctionnarisme pour retourner à l'enseignement sous Bourassa et Tremblay lui succéda au poste de sous-ministre des Affaires intergouvernementales. Plus tard, après la victoire péquiste du 15 novembre 1976, Morin devint ministre et Tremblay continua d'agir comme sous-ministre pendant près de deux ans.

Tremblay, lui aussi, abandonna le fonctionnarisme pour la politique en acceptant, en 1979, un siège au sénat canadien et en devenant membre du caucus conservateur à Ottawa.

En 1960, peu d'observateurs auraient pu imaginer que des universitaires de grands talents deviendraient politiciens. Mais l'expérience démontra que presque tous, parmi les plus talentueux, avaient été tentés par la politique et que bon nombre parmi eux réussirent à s'y tailler une place significative.

Le sociologue Jean-Charles Falardeau de l'université Laval avait cru que les intellectuels universitaires se borneraient à occuper les places de commande dans la bureaucratie gouvernementale, jouant le rôle de tireurs de cordes dans une société où la politique avait non seulement mauvaise réputation mais de moins en moins de pouvoir réel.

En 1962, Falardeau, lors d'un colloque de l'Institut canadien des Affaires publiques, déclarait:

> « Les universitaires et les « intellectuels » en général font leur apparition dans notre société au moment où l'acteur principal sur la scène gouvernementale n'est plus le député-législateur mais le spécialiste-planificateur. L'universitaire, professeur ou licencié, qui a l'ambition de participer à la chose publique n'éprouve, fort légitimement, aucun goût ni aucun intérêt pour une activité, celle de député, dont il sait bien qu'elle est devenue ancillaire. Qu'il soit sociologue, économiste, démographe, statisticien ou juriste, il se dirigera spontanément vers les fonctions dont il sait qu'elles sont dorénavant les plus décisives et dans lesquelles, au surplus, il pourra appliquer directement ses connaissances professionnelles: celles de l'administration publique. Il y aura peut-être dans l'avenir certains députés québécois d'origine universitaire: on les trouvera dans les rangs de partis de caractère idéologique comme le PSQ ou des partis séparatistes. »

Ce qui prouve que même les plus qualifiés des observateurs se trompèrent tout à fait sur l'évolution du rôle et de la place de la politique dans notre société.

En fait, elle devait attirer à elle, au cours des années 60, une foule d'universitaires et dans tous les partis politiques. Tant qu'on laissera au peuple le dernier mot, la politique dans les démocraties attirera ceux qui veulent diriger la société et qui ont le talent d'y exercer un pouvoir.

Anciennement cela se faisait par personnes interposées. Mais, heureusement, la démocratisation de la politique a éliminé en bonne partie cette antique mascarade.

La première communion. En compagnie de son frère Émile, à gauche.

Au Petit Séminaire de Québec, parmi ses camarades. (Première rangée, le quatrième, en partant de la droite.)

L'étudiant au regard décidé.

Le Premier ministre avec sa mère et son père.

Corinne et Jean Lesage entourés de leurs enfants: René, Jules, Marie et Raymond. (1960)

Après son élection comme chef du Parti libéral du Québec, Jean Lesage salue ses supporters en compagnie de Paul Gérin-Lajoie, à gauche, et de René Hamel, à droite. (1958)

Un moment inoubliable: l'université d'Athènes lui décerne un doctorat à titre honorifique.

Un tête-à-tête avec le cardinal Paul-Émile Léger. (1960)

En compagnie du célèbre écrivain André Malraux, alors ministre d'État chargé des Affaires culturelles. (1961)

« À Corinne et Jean, en souvenir d'un soir où nous étions tous sur le pignon du monde!... » a écrit Doris Lussier. (1962)

1962: l'année de la campagne pour la nationalisation des réseaux d'électricité, Jean Lesage et René Lévesque devant la plaque d'Hydro-Québec.

En compagnie de Georges-Émile Lapalme. (1963)

Avec Paul Gérin-Lajoie. (1965)

À la signature de la première convention collective de travail à intervenir entre le gouvernement et ses 39 000 employés. De gauche à droite, Raymond Parent, négociateur, Marcel Pépin de la CSN, Jean Lesage, et Raymond Fortin, président du nouveau syndicat. (1966)

Une discussion animée avec John Diefenbaker, alors Premier ministre du Canada. (1962)

En compagnie de René Tremblay, au centre, et de Jean Marchand, à droite.

Février 1966: la réunion de trois personnalités politiques du Canada: Lester-B. Pearson, Jean Lesage et Louis Saint-Laurent.

À une réception officielle, en compagnie de Jean Drapeau, maire de Montréal. (1962)

À un bal donné en l'honneur de la reine Élizabeth II, lors de la dernière visite royale au Québec. (1964)

En juin 1966, au soir d'une drôle de défaite: la majorité du vote populaire, mais la minorité des sièges.

Au cours de la campagne référendaire du printemps 80. En compagnie de Claude Ryan, chef du Parti libéral du Québec et de Robert Bourassa, ex-Premier ministre de la province.

Lesage, le tribun dont se souviennent les Québécois et tous les Canadiens.

L'exercice et la perte du pouvoir

XIV

Des embûches sur le parcours

Au début de 1962, il y a de l'inquiétude chez les Canadiens anglais de Montréal, inquiétude face à cette montée nationaliste qui commence à prendre forme.

Pour calmer l'élément anglophone, Jean Lesage a nommé George Marler au Conseil législatif. Marler est une des figures les plus intéressantes du milieu politique anglophone de Westmount, la banlieue huppée de Montréal. Il est parfaitement bilingue. Il a été député libéral de l'Assemblée législative depuis 1942. En 1948, lorsque Maurice Duplessis, après un appel au peuple, balaye la province, ce personnage respecté de tous les partis avait hérité de la tâche de diriger les forces réduites à néant, ou presque, de l'opposition libérale. Par la suite, quand Georges-Émile Lapalme succède à Marler comme chef de l'aile québécoise du parti libéral, notre homme de Westmount effectue une transition sur la scène fédérale. Lesage le fait revenir.

Le conseil législatif où Marler siège est la Chambre haute du Parlement québécois. C'est un sénat provincial. À l'époque, le Québec est la seule province canadienne à maintenir cette réplique du Sénat canadien. Le Premier ministre s'était lui-même nommé ministre des Finances, dès le début de son administration, en juillet 1960. Marler viendra lui prêter main forte plus ou moins discrètement, mais surtout il jouera le rôle de pacificateur auprès d'une minorité anglophone puissante qui n'a jamais eu dans le passé à se préoccuper de ce que faisait le gouvernement provincial à Québec.

Un autre groupe éminemment influent mais également minoritaire était la hiérarchie épiscopale et certains éléments du clergé. Un cardinal conservateur aurait fait front commun avec les évêques des régions rurales opposés à la mise au rancart des structures sociales centenaires que la Révolution tranquille allait faire sauter. Lesage aurait-il osé affronter un front commun du clergé? Heureusement pour le gouvernement Lesage, le cardinal Paul-Émile Léger et le cardinal Maurice Roy exercent une grande influence sur le clergé québécois et, de plus, ils ont l'oreille de Rome. Sans l'appui des cardinaux, l'essentiel du programme de réforme sociale du nouveau gouvernement serait en difficulté. L'assurance-hospitalisation, implantée dès le début de 1961, a soulevé beaucoup d'opposition car elle a placé les ordres religieux et diverses sociétés privées, qui traditionnellement dirigeaient les hôpitaux de la province, sous la surveillance des techniciens et des comptables du gouvernement.

Les grandes réformes qui sont amorcées dans le domaine de l'éducation depuis l'élection de 1960 laissent prévoir de profonds changements et, là encore, l'entrée en scène d'une nouvelle bureaucratie de l'État. La division de la société québécoise dont les couches urbaines réclament à grands cris des réformes, alors que les campagnes et les régions sous-développées veulent à tout prix retenir les formes passées de l'organisation sociale.

Dans son discours du trône, Lesage fait dire au lieutenant-gouverneur de la province: « L'agriculture, facteur de santé économique et sociale demeure au premier plan de nos préoccupations. » La classe agricole, par le fait d'une carte électorale qui joue fortement en sa faveur, a toujours exercé un pouvoir hors de proportion sur le gouvernement à Québec. Aussi paradoxale que la chose puisse sembler, ce sont des régions rurales en voie d'industrialisation dans les années 1950 qui donnent aux libéraux la marge dont ils ont besoin pour prendre le pouvoir. Dans la région de Montréal, lors de l'élection de 1960, les libéraux n'avaient pas pris autant de comtés qu'on le croit généralement. Ce simple détail révèle que le vieux gouvernement de l'Union nationale aurait eu des difficultés assez considérables à se faire réélir en 1960 même si Maurice Duplessis ou Paul Sauvé avait dirigé ses destinées. Or Lesage sait fort bien que le cœur de la Révolution tranquille est situé dans les villes qui sont sous-représentées par la carte électorale traditionnelle. Et déjà, en 1962, Lesage parle de la redistribution des sièges électoraux.

La domination qu'a exercée la classe agricole sur le parlement du Québec par le grand nombre de ses députés par rapport aux quelques députés des vastes régions urbaines va être diminuée. Mais, pour le moment, le gouvernement s'avance avec d'infinies précautions, tel un chat qui a encore peur du chien de garde de la maison.

Le nouveau gouvernement est actif dans tous les domaines de l'administration. La construction d'édifices publics, les programmes de voirie, dont le projet de la route Trans-Canada, sont en marche. Lesage confie finalement la tâche de la réforme électorale à René Lévesque. Ce sera une réforme en profondeur et le résultat en sera une loi modèle. Mais le gouvernement est nerveux.

J'écrivais à l'époque, avec Dominique Clift, une chronique politique sous le titre de *La démocratie au Québec*. Nous nous étions permis de suggérer qu'il soit prévu que les partis politiques se financent à même les contributions du peuple, les petites contributions, et que soient révélés les noms des grands contributeurs aux fonds des partis. Lévesque en avait été ennuyé au point où, convoquant une réunion des journalistes de la tribune au café du Parlement, il nous apostropha, Clift et moi-même, du qualificatif de « p.a. ». Que voulait dire « p.a. »?

« Pures automatiques »! répliqua Lévesque avec un sourire en coin. Le gouvernement avait mis en branle une profonde réforme de la loi électorale, mais il ne fallait pas s'attendre à ce qu'il fasse en quelques mois ce qui avait pris des décennies ailleurs[1]. Ces premières années de l'administration

---

1. Il faut dire que le gouvernement péquiste que dirigera René Lévesque de 1976 à 1981 adopta une loi du financement des partis politiques.

Lesage ne sont pas sans difficultés proprement politiciennes. À l'époque de Maurice Duplessis, le parti de l'Union nationale possédait l'administration gouvernementale. C'était sa chose. Après avoir passé 16 ans dans les fauteuils de l'opposition, le Parti libéral est affamé, mais Lesage, malgré les critiques que lui adressent ses amis, prend des mesures draconiennes pour bloquer le patronage. Il crée un conseil de la trésorerie et instaure un régime de soumissions publiques de nature à soustraire complètement de l'emprise des associations politiques locales les dépenses courantes de l'administration provinciale. Mais pour administrer la gestion de la chose publique le gouvernement devra prendre bien d'autres mesures. Il ne les prendra que très graduellement. Son mérite n'est quand même pas mince, car les mesures de contrôle sur les dépenses de l'État que le nouveau gouvernement implante vont à l'encontre de pratiques dont les racines remontent bien avant la Confédération et chaque nouvelle mesure soulève les protestations des partisans du gouvernement.

Sur un autre plan, le gouvernement a créé le ministère des Affaires culturelles et Lesage, qui savait les aptitudes littéraires de Georges Lapalme, l'invita à prendre ce nouveau portefeuille dont il avait d'ailleurs été le grand instigateur. L'œuvre d'affirmation que poursuit le gouvernement Lesage dans le domaine social et dans le domaine de l'administration provinciale prend une nouvelle allure avec la création de ce ministère. Lapalme est une âme nationaliste. Il prononce des discours que jamais Maurice Duplessis n'aurait osé prononcer. En mars, il parle devant l'Alliance française à New York:

> « Québec, aux yeux de ceux qui, sur ce continent, parlent français, c'est le Parlement des Canadiens français. Québec, c'est la force française. Avec ses cinq millions de population française, avec ses cinq instituts spécialisés, ses onze instituts de technologie, ses quarante-quatre écoles de métiers, ses quarante-neuf instituts familiaux, ses cent treize écoles normales, ses cent un collèges classiques, ses neuf mille écoles élémentaires et secondaires, ses trois universités, son Parlement, ses

journaux, ses revues, ses écrivains, ses peintres, ses troupes de théâtre, ses artistes lyriques, Québec, c'est l'espoir de ceux qui, en dehors de ses frontières, luttent dans le maquis anglo-saxon. »

On imagine quelque peu l'interprétation que l'on pouvait faire de tels discours au Canada anglais. Les seize années du régime duplessiste avaient suscité beaucoup de critiques dans la presse anglophone installée à l'extérieur du Québec. Avec l'élection de l'ex-ministre fédéral Jean lesage, collègue des Premiers ministres Louis Saint-Laurent et Lester Pearson, on avait cru que c'était la fin de l'époque autonomiste. On avait cru qu'on n'entendrait plus parler du patriotisme des Canadiens français. Or la Révolution tranquille, tout au contraire, débouche sur l'affirmation nationale des Québécois en des termes qui font paraître Maurice Duplessis comme ayant été un des meilleurs amis de la société anglophone et du gouvernement fédéral.

C'est aussi au mois de mars de la même année que René Lévesque, ministre des Richesses naturelles, parle de l'aménagement rationnel des ressources hydro-électriques du Québec. De plus en plus il est question de la nationalisation de la Shawinigan Water & Power et de la plupart des sociétés productrices d'électricité. Lesage est, au départ, catégoriquement opposé à cette entreprise. Il estime, avec d'autres ministres et conseillers politiques, que les sommes qui devront être empruntées pour acheter les parts de ces sociétés pourraient être utilisées ailleurs avec plus de profit.

Hydro-Québec, la société d'État qui a tant fait couler d'encre, n'a pas été créée, comme une bonne partie de la population se l'imagine, sous le régime de Jean Lesage. Hydro-Québec a été fondée par le gouvernement libéral du Premier ministre Adélard Godbout, en 1944, quelques mois avant la victoire des forces de l'Union nationale lors de l'élection provinciale qui eut lieu cette même année. Hydro-Québec est fondée à partir de la nationalisation de la Montreal Light, Heat and Power. La nationalisation des sociétés électriques fait l'objet de luttes politiques depuis les années 1930. Duplessis devait les nationaliser en 1936, mais il avait trahi les chefs de l'Action libérale nationale Philippe Hamel, Paul Gouin et Ernest Grégoire. Lorsqu'il reprit le pouvoir en 1944, Duplessis n'osa pas défaire cette société d'État qui allait ouvrir tant d'avenues pour le progrès des Canadiens français.

Le gouvernement Lesage a créé une commission d'enquête royale sur la corruption politique à l'époque de l'Union nationale. Elle est présidée par le juge Élie Salvas. Des personnages politiques très connus et en vue sont impliqués. Ce genre d'enquête va à l'encontre de longues traditions au Québec. Au cours de la campagne électorale de 1960, le Parti libéral avait fait des accusations en chaîne contre le régime de Maurice Duplessis. Lesage avait promis une enquête et il avait décidé de tenir parole. Mais les milieux politiques se sentirent humiliés collectivement par cette enquête qui aboutit à la condamnation de quelques anciens ministres.

On se rappellera que l'Union nationale, après avoir participé à la victoire des conservateurs, à Ottawa, en 1958, avait perdu son pouvoir au Québec. Les libéraux fédéraux, qui trépignaient d'impatience à Ottawa, s'attendaient à reprendre facilement au cours de l'élection de 1962 les sièges qu'ils avaient perdus aux conservateurs par l'action de Duplessis. Or c'est un des événements les plus importants de l'époque que cette élection fédérale qui eut lieu le 18 juin 1962. Le gouvernement Diefenbaker fut mis en minorité mais le résultat du vote dans le Québec eut l'effet d'une bombe. Au lieu d'avoir repris la grande majorité des 75 sièges que détenait le Québec dans le Parlement canadien, les libéraux virent le nombre de leurs députés élus passer de 25, qu'il avait été en 1958, à 35 seulement. Les conservateurs ne retenaient des 50 sièges gagnés en 1958 que 14 circonscriptions. La grande surprise fut l'élection de 26 des candidats de Réal Caouette, le chef du Parti crédit social dans le Québec.

La réaction éclata à Ottawa contre la Révolution tranquille de Jean Lesage. On oublia complètement que si les libéraux avaient repris le pouvoir, et de justesse, en 1960, c'était grâce à la nouvelle équipe qui avait été conjointement bâtie par Lapalme et Jean Lesage. Et on s'attaqua directement à la modernisation de l'État québécois qu'avait décidé d'entreprendre la jeune équipe du tonnerre de 1960. On s'attaqua aussi à l'effort du nouveau gouvernement pour tenter de nettoyer les frauduleuses pratiques de patronage qui avaient cours dans la province depuis toujours. Le 18 juin 1962 est un point de rupture. Jean Lesage ne pourra jamais oublier la féroce réaction d'Ottawa. Les libéraux fédéraux, par contre, à la suite de cette élection, décideront de se bâtir leur propre équipe québécoise et c'est Jean Marchand qui allait prendre en main la direction de cette rénovation.

Dans les coulisses fédérales, on faisait alors circuler une analyse de la situation politique au Québec qui constituait les éléments du procès en règle qu'on voulait faire au gouvernement Lesage. Qu'il me soit permis de m'étendre quelque peu sur ce texte, puisque, à ma connaissance, il s'agit là d'un document inédit, particulièrement révélateur quant à la perception qu'Ottawa avait, en 1962, de la Révolution tranquille.

L'argumentation de l'analyse se fonde d'emblée sur la constatation que la population québécoise n'a pas vraiment défait le gouvernement de l'Union nationale le 22 juin 1960. L'analyste prétend que le peuple du Québec n'a point rejeté un régime politique qui reposait sur la distribution de pensions et de faveurs personnelles. Selon lui, les gens avaient voté contre l'Union nationale parce qu'elle ne représentait plus le duplessisme. En 1960 les Québécois ont voté avec l'idée d'obtenir des pensions, des bouts de route, des faveurs personnelles, mais en croyant que ce serait le Parti libéral qui les donnerait. Et l'auteur de l'analyse, se moquant des termes mêmes d'un des premiers discours de Jean Lesage après la victoire de 1960, d'affirmer que le peuple n'avait pas changé de vie, mais qu'il avait changé de gouvernement pour pouvoir mieux vivre sa vie.

Cette interprétation du résultat de l'élection de 1960 sert de fond de scène au tableau de l'évolution sociale au Québec que dresse l'analyste fédéral. Le fait dominant, selon l'analyste, c'est l'émergence d'une élite qu'avait unifiée la haine du régime de Maurice Duplessis. Qui constituerait cette élite? On la retrouverait dans le clergé, dans les universités, chez les chefs syndicaux et les patrons et dans les salles de rédaction de nos journaux. Et l'analyste fédéral de décrire cette élite. Elle vit à Montréal, elle ignore les problèmes de la province, même si elle en discute dans les colloques et dans les salons. Cette élite a son petit monde et son petit monde à elle c'est le grandiose. Elle s'intéresse aux tensions internationales, aux armes nucléaires, aux pays sous-développés. Elle discute avec passion des grands courants de la vie artistique dans le monde. Elle aborde des problèmes généraux en termes abstraits: séparatisme, planification, nationalisation, État du Québec, quand elle ne cherche pas à imposer au peuple ses propres préoccupations. Elle s'est opposée au duplessisme plus qu'à l'Union nationale parce qu'il s'agissait d'un régime basé sur le patronage, la dictature et la réaction.

Le peuple, lui, évidemment, ne comprend rien à ces choses. Le peuple ne se reconnaît pas dans la presse du Québec. Il la regarde mais il ne la voit pas, il est incapable de la lire; au lieu d'écouter Radio-Canada il écoute la télévision privée et ses fadaises. Les chefs syndicaux sont éloignés des syndiqués et reflètent beaucoup plus les préoccupations de l'élite que celles des membres de leur syndicat. Enfin, l'analyste se lance dans cette dernière et ineffable remarque, que le vote créditiste en 1962 accusait une opposition plus marquée contre le Nouveau Parti Démocratique que contre les partis traditionnels, c'est-à-dire, contre le Parti libéral et contre le Parti conservateur. Et, dit l'analyste, quand les partisans du NPD voient dans le vote de 1962 des raisons d'espoir, c'est là la preuve de leur aberration mentale.

Toujours selon l'analyste fédéral le peuple se sent délaissé, dirigé par des gens qui ne le comprennent pas, et qui veulent le changer sans l'avoir compris! L'analyste se lance alors à fond de train contre ceux qu'il identifie comme étant les chefs du Parti libéral au Québec. Avec eux, l'ère de la politique de grandeur est commencée, dit-il. Emporté par son enthousiasme, le commentateur fédéral déclare que des éléments de cette élite veulent maintenant avancer au-delà de la politique de grandeur et qu'en somme, comme la bataille avait été gagnée sur le front du duplessisme, il s'agissait maintenant d'ouvrir un deuxième front: la lutte anticléricale et l'instauration de l'enseignement non confessionnel. Pour d'autres membres de cette élite, il s'agissait d'implanter le NPD ou de verser dans le séparatisme.

Évidemment, Jean Lesage rugit comme un lion blessé en prenant connaissance de ce document.

Après avoir parlé de la naïveté du nouveau gouvernement, le texte fédéral s'en prend à l'abolition du patronage. Il explique que c'est là un deuxième aspect de la politique de grandeur du gouvernement Lesage. On « réduit » *(sic)* le rôle du député à celui de législateur, on ne congédie plus les fonctionnaires pour des raisons partisanes, c'est dorénavant la Commission du service civil qui est chargée du recrutement, on donne les contrats au plus bas soumissionnaire, les permis de vente d'alcool et de taverne sont accordés par une régie indépendante de la politique, on fait enquête sur le système de patronage de l'administration antérieure et les coupables seront punis.

Tout cela constituait des réformes fort souhaitables, mais les conséquences risquaient d'en être fort indésirables sur le plan électoral. D'abord, ces mesures n'étaient pas appliquées systématiquement, c'est-à-dire d'une façon égale à la grandeur de la province. Comme si des réformes de mœurs aussi profondes avaient pu être également efficaces partout! Puis, l'analyste fédéral déclare que s'il n'y avait pas de petit patronage, il y avait du patronage pour l'élite: les avocats, les ingénieurs, les architectes, les médecins, les grands argentiers et les organisateurs du parti. Cette discrimination, dit-il, continue de faire scandale chez le peuple. Il écrit cette phrase remarquable: « L'honnêteté libérale tentait ainsi, bien naïvement, de s'édifier sur la malhonnêteté duplessiste. »

Réduire le député au rôle de législateur, poursuit l'analyste, était une erreur au plan même de la démocratie. Pour l'auteur, la politique de grandeur n'avait pour effet que d'éloigner les députés et le parti du peuple. L'administration était remise à la bureaucratie. Les fonctionnaires qui avaient été des serviteurs de l'Union nationale devenaient subitement les maîtres du gouvernement libéral. Et l'analyste de décrire la déloyauté des fonctionnaires envers le gouvernement Lesage. Puis il déplore que leur trahison ne fût pas punie. À peine quelques mutations furent-elles effectuées. Si l'Union nationale revenait au pouvoir, elle trouverait le fonctionnarisme à peu près comme elle l'a laissé.

Après avoir déblatéré contre l'enquête qu'avait lancée le gouvernement Lesage sur le régime de l'Union nationale, l'analyste se plaint de la façon dont elle est conduite, dit que les accusations ne sont pas sorties clairement et que Gérald Martineau, le trésorier de l'Union nationale, et le ministre de la Colonisation, Damase Bégin, n'ont pas subi l'interrogatoire qu'ils auraient dû subir. Pourquoi ces ménagements? Pourquoi les retards de la Commission? Pourquoi avoir limité l'enquête?

Pour l'auteur, le peuple se pose toutes ces questions et craint une trahison. Et le voilà qui charge à fond de train l'abolition du patronage: en abolissant le patronage aux niveaux inférieurs de l'administration, le gouvernement a voulu faire l'ange aux yeux du peuple, mais celui-ci voit toujours la bête sous la forme des libéraux puissants qui profitent de la victoire ou des partisans de l'Union nationale qui sont restés au pouvoir.

L'analyste fédéral s'attaque même à la réforme de l'éducation en accusant le gouvernement Lesage d'avoir mis l'accent sur l'aide aux jeunes et à l'élite. Il déclare que, dans une très large mesure, le peuple adulte a été oublié! L'auteur fond à tour de bras sur les principaux éléments de la politique culturelle du gouvernement Lesage: maison du Québec à Paris, Conseil des arts, Office de linguistique, relations outre-frontières. Ce sont d'excellentes innovations, dit-il, mais elles auraient dû être des couronnements plutôt que des points de départ. L'analyste parle des visites triomphales à l'étranger, des doctorats d'honneur et des décorations. Selon lui, la solitude du peuple n'en est qu'intensifiée. Ses chefs sont peut-être grands à l'étranger, mais lui est resté petit.

Tout, absolument tout de l'administration Lesage est critiqué, même la construction de grandes routes! De telles routes sont nécessaires, dit l'analyste, mais elles ne correspondent pas toujours à un besoin urgent! Et il ajoute cette remarque ineffable: il ne reste pas suffisamment d'argent pour l'amélioration des petites routes dans les régions où le peuple réside et circule. Dans l'ordre des priorités, on dirait toujours que c'est le peuple qui est oublié et sacrifié.

L'analyste fédéral sait déjà, à l'été de 1962, ce que

plusieurs ministres du cabinet provincial n'apprendront que lors des rencontres du lac à l'Épaule à l'automne suivant, à savoir que le financement de la nationalisation du réseau d'électricité privé qui impliquera une somme de 400 millions de dollars est déjà assuré, mais, là encore, il s'oppose. Étant donné, dit-il, que le potentiel d'emprunt et la capacité financière de la province ne sont pas illimités, il faut se demander si ce montant de 400 millions de dollars ne favoriserait pas davantage l'emploi, l'expansion des régions défavorisées et l'équilibre de l'économie provinciale s'il était dépensé ou investi sous forme de prêts, de subventions ou d'autres stimulants fiscaux dans le cadre d'une planification provinciale et régionale bien organisée. Avec de telles mesures prises à partir de préférences idéologiques on risque encore que la politique de grandeur se fasse aux dépens du peuple qui favorisera sans doute la nationalisation si on ne lui offre pas d'autre choix, mais qui répudiera quand même plus tard ceux qui l'auront décidée.

Voici une citation qui illustre bien la pensée de l'analyste fédéral.

> « Enfin, dans le domaine de l'expansion économique et de l'exploitation des ressources, la politique de grandeur a formulé de grands projets qui accaparent toute l'attention de l'élite et de ses journaux: la Société de financement dont le gouvernement n'assumera même pas le contrôle, la construction d'une industrie sidérurgique québécoise et la nationalisation de la Shawinigan.
>
> « Encore une fois, il s'agit de projets qui sont désirables en eux-mêmes et qui peuvent être facilement réalisables. On dit même que le financement de la nationalisation du réseau d'électricité (privé[2]) qui exigera environ 400 millions de dollars est déjà assuré. (Très peu de ministres à Québec le savaient[3].)
>
> « Mais si, à l'intérieur du régime actuel, on tentait un véritable effort pour intégrer les réseaux, éliminer

---
2. Note de l'auteur.
3. Note de l'auteur.

l'impôt fédéral (sur la production privée de l'électricité[4]), abaisser et égaliser les taux, on en viendrait très probablement à la conclusion que les avantages additionnels de la nationalisation du point de vue de l'expansion économique et de la hausse de l'emploi sont relativement minimes.

« ... Il faut éviter à tout prix que la décision à propos de la nationalisation se prenne trop exclusivement à partir de préférences idéologiques. Il faut aussi éviter de la prendre avant d'avoir comparé, dans la perspective du peuple et de ses besoins, les avantages de la nationalisation et ceux que pourrait procurer l'utilisation d'un même montant à d'autres fins.

« Autrement, on risque encore que la politique de grandeur se fasse aux dépens du peuple qui favorisera sans doute la nationalisation si on ne lui offre pas d'autres choix, mais qui répudiera quand même plus tard ceux qui l'auraient décidée, s'ils n'ont pas su, par ailleurs, lui donner de l'emploi et de la sécurité économique.

« LA POLITIQUE DE GRANDEUR
ET LE VOTE CRÉDITISTE »

« En somme, la politique de grandeur est axée sur l'élite, mais elle ne tient pas compte des préoccupations et des besoins immédiats du peuple.

« Il existe présentement un fossé entre le gouvernement Lesage et le peuple: les deux ne parviennent pas à se rejoindre car ils ne sont pas au même niveau; l'un est grand et l'autre est petit.

« Mais leur éloignement n'est que la manifestation politique et partielle d'un phénomène plus général, à savoir le fossé grandissant entre les classes dirigeantes et les classes dirigées. »

Lesage répondra à ces arguties par la bouche de ses canons. Il déclenchera les élections de novembre 1962, mettant ainsi sa tête et son gouvernement en jeu, et remportera l'éclatante victoire du « Maîtres chez nous ».

---
4. Note de l'auteur.

Non seulement prouvera-t-il que l'analyste fédéral errait dans sa longue péroraison, mais il assurera la difficile remontée des libéraux fédéraux aux élections fédérales de 1963 et 1965.

Mais poursuivons notre voyage dans cet inédit incroyable, écrit par un homme qui semble regarder le Québec en se tenant debout sur la tête plutôt que sur ses deux pieds.

L'analyste en veut au pouvoir collectif qui s'exprime.

Il décrit le régime de l'Union nationale comme étant un régime au niveau du peuple! N'est-ce pas étrange?

Tirant le voile sur les turpitudes des élites fédérales dans la campagne électorale de juin 1962, il affirme que le peuple à cette occasion s'est senti à ce point abandonné qu'il n'y avait que Réal Caouette pour lui parler et qu'il avait accepté le dialogue créditiste! Il écrit comme si, après avoir sorti le Parti libéral du Québec des limbes, Lesage se devait d'être le nouveau Moïse du Parti libéral du Canada dans la province de Québec, puis du même souffle, il accuse Lesage de ne rien comprendre et de s'entêter dans sa politique de grandeur. Lesage, dit-il, entend entreprendre prochainement une grande campagne de publicité pour défendre sa politique de grandeur. Et l'analyste ajoute que Daniel Johnson, lui, reprendra les thèmes qui lui viennent des classes populaires et qu'alors le danger pour le Parti libéral sera encore plus grand.

Plus loin, l'auteur se corrige quelque peu en disant qu'au fond le peuple désire sans doute une politique progressive et honnête, mais qui demeure à la mesure de sa taille, de son expérience et de ses besoins. Et il ajoute:

> « Il ne s'agit pas de retourner aux bouts de chemins et au patronage généralisé. Il ne faut pas cependant, non plus, continuer une politique trop exclusivement axée sur l'élite... On pourrait dire qu'il faut en quelque sorte « rapetisser » la politique de grandeur. »

Et voilà des propositions concrètes. Notre homme propose la construction d'écoles techniques modernes dans toutes les régions de la province, la formation d'un personnel enseignant compétent, l'adaptation du contenu des cours aux exigences du marché du travail, une rémunération spéciale à tous ceux qui suivent des cours et qui ont dépassé 18 ans, une campagne de publicité pour aider le recrutement, l'encouragement à l'industrie à organiser des cours de réadaptation pour les travailleurs qui sont sur le point de perdre leur emploi à cause des changements technologiques.

L'important, selon lui, est de réviser l'ordre des priorités et de mettre l'accent sur les présentes générations de travailleurs et moins sur les générations futures. Comme le fédéral offre des programmes dans les domaines qu'il a énumérés plus haut (— on le voit venir —), l'analyste souligne que ces réformes ne coûteraient presque rien à la province et il cite en exemple le cas de l'Ontario. Il suggère la constitution d'un conseil provincial de culture populaire qui serait la contrepartie du Conseil des arts. L'auteur blâme ensuite Lesage d'avoir donné les pleins pouvoirs de contrôle sur l'administration à George Marler, André Dolbec et Louis-Philippe Pigeon. Il accuse ces trois hommes de tout paralyser et de décourager les énergies nouvelles. Il reproche entre autres à Pigeon, qui deviendra plus tard juge de la Cour suprême du Canada, de ne pas posséder la compétence, l'expérience et la personnalité pour agir comme conseiller du Premier ministre Jean Lesage.

Il écrit que le titulaire de ce nouveau poste devrait avant tout avoir l'esprit libéral, un jugement sûr, une bonne culture générale, du tact et de la discrétion... (— à croire que notre homme se décrit! —) Pour l'auteur il s'agit de revenir aux petites choses et, pour lui, les petites choses sont les choses humaines et le voilà qui parle d'une politique humaine, et qui affirme que si un virage n'est pas effectué, il faudrait craindre que l'Union nationale reprenne le pouvoir.

Ce document eut son effet. Si Jean Lesage était personnellement opposé à la nationalisation des sociétés privées de production électrique, il respectait néanmoins les travaux d'études et de recherches qu'avait effectués un conseiller que René Lévesque avait fait venir d'Ottawa et qui s'appelait

Michel Bélanger, aujourd'hui vice-président de la Banque nationale du Canada. Lesage, selon son admirable tact, soulevait lui-même la question de la nationalisation aux réunions du Cabinet. Il demandait des tours de table. Sans en parler à qui que ce soit, Lesage voulut s'informer auprès de la haute finance de la disponibilité de fonds que le gouvernement aurait à emprunter et des taux d'intérêt qu'il aurait à payer. Je n'appris ce que je vais raconter ici que deux ans plus tard, mais dans la chronologie des événements, l'information appartient à ce chapitre. Elle est d'une importance capitale pour bien comprendre à quel point la nationalisation de 63 fut l'œuvre de tout un gouvernement ayant Lesage pour chef et non celle d'un seul ministre l'imposant à ses collègues.

Lors de la querelle des syndicats financiers en 1964, Dominique Clift et moi-même avions obtenu une entrevue avec l'homme qui avait géré les emprunts de la province depuis l'époque d'Alexandre Taschereau et c'est à ce moment-là que j'appris les circonstances du financement de la nationalisation des sociétés privées d'électricité.

Douglas Chapman était un immense bonhomme. Il était grand et gros et dégageait une impression de force tranquille, même si, au moment où nous l'avons rencontré, il avait dépassé le cap des 70 ans. Il avait des yeux bleus et des cheveux roux, le visage recouvert de taches de rousseur. C'était un homme extrêmement puissant au sein de la société A.E. Ames & Sons. Cette maison avait alors le monopole des transactions que le gouvernement du Québec effectuait pour emprunter les sommes nécessaires à l'administration provinciale.

Je dois dire que ce fut une bien étrange rencontre et qu'évidemment je n'ai aucune façon de déterminer ce qui, dans ce qu'il nous a raconté, à Clift et à moi, était légende et ce qui était véridique. Mais l'histoire mérite d'être racontée.

Chapman nous reçut dans son bureau de la société Ames à Montréal, une pièce d'une grandeur modeste, mais aménagée de chaises confortables. Il nous offre un cigare, puis prend le temps d'allumer le sien. Après quelques bouffées, il attaque: « Je vais vous conter une histoire. Ne m'interrompez pas. Nous discuterons par la suite. » Puis le voilà qui nous conte que, en 1920, Lomer Gouin avait dépassé les limites acceptables pour les milieux financiers. Il devait céder sa place. C'est ainsi qu'il devint lieutenant-gouverneur du Québec. Les grands de la finance convoquèrent alors au Château Frontenac une réunion des principaux financiers. Il s'agissait de décider qui serait le successeur de Gouin au poste de Premier ministre. « Nous avions établi certaines règles de base, disait Chapman: le candidat devait être Canadien français, avocat, appartenir à une bonne famille, et être acceptable au groupe qui était réuni. »

Le nom d'Alexandre Taschereau fut retenu. Taschereau fut convoqué au Château Frontenac. On le consulta et c'est ainsi qu'il devint un jour le successeur de Lomer Gouin au poste de Premier ministre du Québec. Était-ce une fable destinée à nous jeter de la poudre aux yeux? Pourtant, il avait tout fait pour nous faire croire la véracité de cet invraisemblable récit. Véridique ou non, cette histoire était destinée à nous préparer à entendre celle de la nationalisation de l'électricité. Plus précisément, quant au financement des montants nécessaires pour l'achat des parts des sociétés productrices par le gouvernement du Québec.

Voilà qu'à notre grande surprise Chapman nous explique qu'il avait discuté longtemps de cette question avec Lesage, bien avant que la décision du gouvernement fut prise. Le Premier ministre lui avait exprimé le désir de savoir si le financement de la nationalisation était possible. Il aurait même dit à Lesage, plus tard, qu'il se chargerait lui-même d'aller chercher l'argent sur le marché américain. Je me rappelle que Chapman voulait nous faire comprendre, journalistes que nous étions à l'époque pour le quotidien *La Presse* de Montréal, que c'était grâce à son intervention si l'argent nécessaire à la nationalisation était devenu disponible.

Je parlais récemment à un ministre du Cabinet Lesage de cette conversation inédite et il en exprima une immense surprise. Pour lui, tout avait été décidé au lac à l'Épaule, lors de la célèbre réunion du cabinet des ministres d'où était sortie la décision de déclencher une élection provinciale dont le thème principal serait « Maîtres chez nous » et l'objectif: l'endossement par le peuple du projet de nationaliser les sociétés privées d'électricité.

Il semble toutefois, à moins que Chapman ait fabriqué un conte de toutes pièces, que Lesage s'était déjà assuré de ses arrières avant de s'aventurer dans la réunion du lac à l'Épaule. Si tout cela est vrai, et le document fédéral de 1962 cité plus haut l'indique, c'est conforme, en tout cas, à la mentalité méticuleuse et précautionneuse de Jean Lesage.

L'année 1962 se termine par l'éclatante victoire de Jean Lesage aux élections. Cette victoire est intéressante parce qu'elle permet la poursuite des principaux objectifs de la Révolution tranquille au cours des quatre années suivantes. Elle confirme dans ses assises la nouvelle politique de grandeur, de fierté québécoise.

La défaite cinglante infligée à l'Union nationale et à son chef Daniel Johnson en 1962 inspire ce dernier à scruter de plus près la « politique de grandeur » de Jean Lesage et c'est ainsi que l'année 1962 se termine par une visite de Daniel Johnson en France.

À l'époque du Québécois « Roger Bontemps » succède la nouvelle ère du Québécois « Jos Connaissant ». Il n'y a que les fédéralistes à Ottawa pour ne pas comprendre ce qui est en train de se produire dans la province de Québec.

XV

L'odeur de la victoire

La victoire de l'élection de 1962 donna à Jean Lesage une satisfaction indescriptible. C'est vraiment là le point culminant de son apogée personnelle. Le soir du 14 novembre 1962, Corinne et Jean Lesage sont sur le pignon du monde.

Deux millions, sept cent vingt et un mille, sept cent quatre-vingt-trois électeurs sont inscrits dans les sections de vote. Le nombre de personnes ayant voté se chiffre à deux millions, cent trente-six mille, deux cent soixante-six (2 136 266) ou 78,5 p. cent. C'est très près du pourcentage très élevé de participation de l'électorat en 1960 qui avait été de 80,38 p. cent. Dans Québec-ouest 14 582 des 21 472 votes valides sont inscrits en faveur de Lesage.

Lesage avait été profondément blessé par les attaques que lui avaient adressées des porte-parole du gouvernement fédéral. Lorsqu'il fonce dans cette élection référendum autour de la nationalisation de l'électricité, il a l'idée de donner une rude leçon à certains éléments fédéralistes qui croient qu'au Québec rien ne change.

Le Parti libéral du Québec publie un manifeste. Sur sa première page on peut lire: « L'ère du colonialisme économique est finie dans le Québec. Maintenant ou jamais, maîtres chez nous ». C'est le slogan de la campagne.

Le programme du Parti libéral à cette élection est très simple et très clair.

« Le 22 juin 1960, la population approuve le programme du Parti libéral et lui confie le mandat d'organiser la vie nationale et économique de façon à mettre en valeur les caractéristiques propres des citoyens du Québec et à favoriser leur bien-être.

« Jean Lesage et son équipe se mettent résolument à la tâche et dotent le Québec d'une législation sociale et culturelle sans précédent dans notre histoire. Ils font de même dans les domaines de l'éducation et de l'économie. Ils épurent l'administration.

« En même temps, on crée le Conseil d'orientation économique (...) à la suite d'études sérieuses, l'unification des réseaux d'électricité — clé de l'industrialisation de toutes les régions du Québec — s'impose comme condition première de notre libération économique et d'une politique dynamique de plein emploi.

« Cette importante étape exige la nationalisation de onze compagnies de production et de distribution d'électricité.

« ... On ne remplace pas 30 000 actionnaires par plus de 5 300 000 sans consulter ces derniers. Jean Lesage et son équipe demandent à l'ensemble de la population de leur donner un mandat clair et précis qui leur permettra de poursuivre avec une vigueur accrue, la réalisation du programme de 1960... »

Le programme donne la liste des compagnies qui seront nationalisées: la Shawinigan Water & Power Company; Quebec Water Company; Southern Canada Power Company Limited; Saint-Maurice Power Company; Gatineau Power Company; la Compagnie de Pouvoir du Bas Saint-Laurent; Saguenay Electric Company; Northern Quebec Power Company Limited; Électrique de Mont-Laurier Limitée; Électrique de Ferme-Neuve Limitée et La Sarre Power Company Limited.

Le manifeste promet de convertir de 25 à 60 cycles le système de l'électricité en Abitibi, il promet de réduire les tarifs dans le bas du fleuve, en Gaspésie. Il explique aux contribuables qu'il sera nécessaire d'emprunter des capitaux à long terme pour financer la nationalisation. Il rassure les employés des diverses sociétés en annonçant que le personnel des entreprises sera employé par Hydro-Québec et ne perdra ni son rang ni ses droit acquis. Enfin, le manifeste promet d'intensifier la vie nationale des Québécois, de compléter la grande charte de l'éducation, de favoriser l'expansion économique, d'assurer le plein emploi, d'adopter un Code du travail, d'augmenter le bien-être de la population, d'affirmer le rôle du Québec dans la Confédération, et d'assainir l'administration de la chose publique. D'ailleurs, dans cette lutte électorale, Jean Lesage veut donner des assises définitives à l'œuvre de rénovation qui est en marche.

Dès le début de 1963, le gouvernement décide qu'il entreprendra deux très grands dossiers, celui de la réalisation de la grande charte de l'éducation et de la création du ministère de l'Éducation, et la grande réforme des relations de travail dans la Fonction publique dans le but de rationaliser une fois pour toutes une administration gouvernementale qui est devenue très vaste et qui s'étend dans une foule de secteurs d'activités.

Les troupes libérales avaient obtenu une proportion de 56,4 p. cent du vote aux élections de 1962. C'était là une majorité que n'avait jamais obtenue l'Union nationale. Devant un tel résultat, la nationalisation s'effectue rapidement. Le gouvernement décide de ne pas adopter de loi. De cette façon, il contourne l'opposition de la majorité des membres du Conseil législatif nommés à l'époque de Duplessis qui auraient sans doute opposé leur véto. Le gouvernement décide plutôt de faire une offre aux actionnaires des diverses compagnies. Cette offre est acceptée très rapidement à presque cent pour cent au coût de quelque six cents millions. Ces chiffres avaient été mentionnés par Lesage auparavant comme étant les coûts probables de la nationalisation. Ils s'avèrent justes. Lesage entame l'année par un grand discours au Club de réforme de Québec, le 11 décembre 1963. Il brosse un tableau de la victoire et déclare que la nationalisation permet déjà aux Québécois de s'affirmer dans les domaines de la finance, de l'industrie et du commerce.

La Société générale de financement achète ses premières

entreprises, les grands travaux de la Manicouagan avancent à pas de géant et la possibilité d'établir un complexe sidérurgique au Québec et des industries secondaires se présente comme étant de plus en plus une réalité.

« La nationalisation de l'électricité a permis au gouvernement d'entreprendre enfin une véritable planification du développement économique du Québec », déclare Lesage. Le Premier ministre parle de l'intensification de la vie nationale au Québec. Il rappelle que son gouvernement, en plus de la Maison du Québec qu'il a inaugurée à Paris en 1961, en a ouvert une à Londres. Il relate que le Québec a été officiellement accueilli à Bruxelles et que lui-même a rencontré une seconde fois le président de la République française le Général de Gaulle.

L'éducation est devenue la nouvelle priorité de 1963. C'était une des préoccupations majeures du gouvernement Lesage dès son élection en 1960, mais, en 1963, le gouvernement peut mettre en branle un immense déblocage et le Premier ministre propose dans le discours du Trône (1963) la création d'un ministère de l'Éducation et de la Jeunesse.

Encore ici, la façon de procéder est typique de la manière de Lesage qui avait déclaré dans les premiers mois de son administration que jamais, tant qu'il serait Premier ministre, il n'y aurait de ministère de l'Éducation au Québec. Mais la situation n'a cessé d'évoluer dans ce domaine comme dans d'autres, le gouvernement est maintenant prêt à faire l'opération.

Le projet de loi, le célèbre « Bill 60 », se heurte à la hiérarchie épiscopale. Au cabinet des ministres, Lesage est en faveur d'une remise du projet à plus tard. Cette réforme de l'éducation sera très coûteuse. Plusieurs ministres (la grande majorité d'ailleurs), entretiennent des doutes quant à la nécessité d'effectuer une réforme si vaste. Certains craignent que trop d'argent ne soit dépensé pour instruire la jeunesse, alors qu'il serait plus utile, peut-être, d'investir dans toutes sortes d'opérations qui créeraient de l'emploi à court terme et qui, de plus, pourraient intensifier le développement économique.

C'est donc une véritable bataille qui s'engage au Cabinet. Gérin-Lajoie ne veut pas lâcher. Tous les ministres, sauf deux, sont d'accord pour remettre à un an l'étude du Bill 60. Les seuls ministres qui veulent aller de l'avant malgré la tempête qui s'annonce sont: Marie-Claire Kirkland-Casgrain et Georges-Émile Lapalme. Les rumeurs qui suintent des édifices parlementaires laissent entendre que René Lévesque s'oppose à ce que tant d'argent soit dépensé dans le seul secteur de l'éducation.

L'affrontement entre Lesage et Gérin-Lajoie est très dur. Mais Lesage donne sa parole que la loi reviendrait et que ses clauses préserveraient l'essentiel du Bill 60, à savoir que toute l'éducation relèverait en définitive du ministre de l'Éducation et du Conseil des ministres du Québec.

Gérin-Lajoie part en campagne dans la province pour susciter l'appui des électeurs. L'événement est extrêmement révélateur. Gérin-Lajoie se rend dans des assemblées où très souvent les prêtres et les curés se font un devoir religieux de lui poser des questions qui visent à le faire paraître comme un ennemi de l'Église catholique et du clergé en général. Depuis 100 ans, l'instruction publique au Québec était dirigée par des fonctionnaires qui relevaient de l'autorité du Conseil de l'instruction publique. Ce Conseil était formé de tous les archevêques et évêques de la province de Québec et de certains diocèses situés sur les frontières du Québec et de l'Ontario. Un nombre égal de laïcs, nommés par le lieutenant-gouverneur en conseil, en faisaient la contrepartie. En pratique, les protestants et catholiques étaient les maîtres de l'éducation au Québec.

À Sorel, dans une salle d'école, 900 personnes sont rassemblées pour la visite du futur ministre de l'Éducation. Paul Gérin-Lajoie fait son exposé. Il explique que l'État québécois prendra charge de l'éducation au Québec. Il explique que les parents, et non seulement les propriétaires, auront le droit de vote lors des élections dans les commissions scolaires; enfin, il décrit de quelle façon la population pourra intervenir dans la marche de l'éducation.

Une fois l'exposé terminé, un prêtre s'approche du micro. Il demande à Gérin-Lajoie pourquoi son gouvernement veut empêcher l'Église catholique de remplir sa grande mission dans le domaine de l'éducation en enlevant aux archevêques et évêques le pouvoir d'administrer la vie scolaire à tous les niveaux. Ce genre d'affrontement entre un prêtre en soutane et un ministre du gouvernement québécois est un événement tout à fait nouveau au Québec. L'assistance qui est composée d'ouvriers et de mères de famille attend bouche bée la réponse du ministre. Gérin-Lajoie, sur le ton du discours politique, le verbe haut, réplique qu'il est étonné du sens de la question qui vient d'être posée. Car le prêtre qui vient de parler a dû apprendre dans ses études théologiques que les archevêques et évêques ne constituent pas l'Église catholique. « On m'a toujours enseigné, continue le ministre, que l'Église c'est l'ensemble, la communauté entière des fidèles, et non le seul clergé, et encore moins les seuls évêques. Et comme l'Église c'est l'ensemble des fidèles, la loi que je propose pour créer un ministère de l'Éducation se trouvera à donner à ce qui est vraiment l'Église l'ultime pouvoir sur la marche de l'éducation. »

La manchette dans les journaux le lendemain se lisait comme suit, si ma mémoire est bonne: « L'Église ce n'est pas les évêques, déclare Gérin-Lajoie. »

En décembre 1963, Lesage sait que la population est d'accord avec la démarche proposée par Gérin-Lajoie et il déclare:

> « La création d'un ministère de l'Éducation et de la Jeunesse est une nécessité urgente dans notre province, et même s'il s'avère utile d'apporter certaines modifications au projet initial, nous entendons bien procéder avec célérité, sans altérer le moindrement les principes qui l'inspirent. »

Une autre grande question qui soulève énormément de controverses est la préparation d'un nouveau Code du travail et la préparation d'une loi qui devra régir les négociations collectives dans la Fonction publique. Lesage déclare que l'étude du Code du travail a beaucoup progressé mais qu'il faut mûrir le projet.

Il annonce qu'il proposera, dès le début de la session de 1964, la création d'un comité spécial de la Fonction publique qui lui fera des recommandations concernant la nouvelle législation qui affectera tout le secteur public. Son gouvernement, dit-il, a continué de mettre de l'ordre et de la logique là où ont existé trop longtemps l'improvisation et la confusion qui caractérisaient si bien le régime de l'Union nationale.

Le gouvernement a créé une Commission dont le rapport va amener une réforme complète du système d'assistance publique et de bien-être social. Et Lesage annonce qu'une caisse de retraite universelle assurant la transférabilité des pensions et garantissant à tous les contribuables québécois un minimum de sécurité dans la retraite sera créée dans les mois qui viennent. Lesage fait siéger le Comité des comptes publics. Un nombre considérable d'enquêtes sont en cours dans divers secteurs de l'administration publique.

À cette occasion, Lesage parle longuement aux membres de son parti de la situation des relations entre Québec et Ottawa.

Le démantèlement des anciens cadres de la société québécoise dans tellement de domaines se répercute à tous les niveaux. 1963 marque le début d'une situation qui menace continuellement de déborder le gouvernement Lesage. Le Front de libération du Québec fait éclater ses premières bombes. Le Rassemblement pour l'indépendance nationale s'organise pour prendre part à la prochaine élection provinciale.

À l'élection fédérale de 1963, la force des créditistes diminue, les députés libéraux fédéraux reprennent une certaine vigueur. L'épisode Diefenbaker-Caouette n'aura été en somme qu'une explosion incohérente de protestations contre un certain style de gouvernement à Ottawa. Le Premier ministre québécois avait espéré que le retour du gouvernement fédéral au pouvoir à Ottawa lui mériterait d'importantes concessions pour le Québec au chapitre des demandes fiscales de son gouvernement. Lesage parle de sa politique comme étant celle d'une « autonomie positive ».

Lesage fait le portrait de la situation. Le gouvernement québécois a demandé 25 p. cent de l'impôt sur les revenus des particuliers, 25 p. cent de l'impôt sur les revenus des corporations et 100 p. cent de l'impôt des droits de succession.

> « Nous n'avons gagné qu'une seule victoire en ce qui concerne le partage des champs de taxation, mais je crois que c'est une victoire importante car elle équivaut à la reconnaissance complète et non seulement verbale, par le gouvernement fédéral, d'un droit fondamental des provinces dans un domaine qui relève de leur juridiction, celui de la transmission de la propriété. Je parle de l'impôt sur les successions que les provinces pourront désormais percevoir dans une proportion de 75 p. cent au lieu de 50 p. cent. Nous n'en sommes pas encore à la proportion que nous désirons, mais je crois que nous nous y dirigeons. »

Le gouvernement du Québec demande une nouvelle base de calcul pour la péréquation. Si les positions du Québec avaient été acceptées par le gouvernement central, les provinces canadiennes auraient pu disposer du revenu provenant du partage des champs de taxation, soit celui provenant de la péréquation, soit des deux, d'une même moyenne par tête d'habitant, qui aurait été de 77,03$. Toutefois, la position du Québec n'a pas été acceptée.

> « Je serai bien franc avec la population du Québec, déclare Lesage, si nous n'obtenons pas ce minimum qui est essentiel pour le respect de nos droits et pour notre affirmation comme peuple, nous serons forcés de choisir une ou l'autre de trois voies ou même les trois voies à la fois: emprunter davantage, être réduits à utiliser la double taxation ou couper certaines dépenses pourtant essentielles. Et je n'ai pas besoin de vous dire qui sera responsable de cette décision. »

Le Québec compte des points dans ses négociations avec Ottawa à propos de l'instauration d'un nouveau régime de rentes transférables. Et pour la première fois, le gouvernement fédéral accepte d'étudier la possibilité d'amender le Code criminel.

Pour Lesage, le bilan de la conférence fédérale-provinciale de 1963 n'est pas entièrement négatif et il continue d'affirmer sa foi dans le système fédératif.

> « Je viens de dire que le principe de la consultation inter-gouvernementale avait été reconnu. Ainsi, il faut espérer que l'époque des décisions fédérales unilatérales est désormais bien révolue. Cependant, jusqu'à maintenant, c'est seulement le principe de la consultation qui a été reconnu; il nous faut voir comment on l'appliquera en pratique.
>
> « ... Enfin, nous avons essayé, en exprimant nos positions au gouvernement central et au reste du pays, de vivre la logique du régime confédératif tel que nous le comprenons. Pour nous, celui-ci n'est pas une camisole de force, ni un ensemble de règles conduisant à l'uniformité. Nous croyons au contraire qu'il peut et doit être flexible et que, à l'intérieur de ce régime, le Québec, l'expression politique du Canada français, pourra vivre et s'épanouir comme il l'entend, sans empêcher le reste du Canada de vivre lui aussi à sa façon. »

Au cours de l'année 1962, le président de la CSN, Jean Marchand, était venu très près de laisser le mouvement syndical pour la politique provinciale. Il avait effectivement pris cette décision. Adrien Plourde, président de la puissante fédération de la métallurgie à l'époque, allait prendre la relève. Toutefois, Jean Lesage semblait réticent. Il lui offrit la possibilité d'être candidat dans Québec-est, un comté qui était représenté par l'avocat Armand Maltais de l'Union nationale. Maltais avait la réputation d'être très bien implanté dans sa circonscription et Marchand, dans les circonstances, avait jugé que les risques étaient trop grands.

En 1963, Marchand voyait surtout la nécessité de faire élire quatre ou cinq représentants Canadiens français sur la scène fédérale pour y défendre les positions d'un Canada renouvelé d'une façon intelligente et efficace tenant compte d'un Québec moderne. Pearson, redevenu Premier ministre, talonnait Marchand pour qu'il accepte de se présenter sur la scène fédérale. Il avait en principe accepté lorsque le nouveau Premier ministre canadien se prononça publiquement en faveur des armes nucléaires. Marchand ne pouvait adhérer à cette idée et continua donc son travail dans le mouvement syndical et mena les grandes luttes pour la syndicalisation de la Fonction publique et l'adoption de nouvelles lois avant de laisser la CSN de façon définitive en 1965.

Si Marchand s'était présenté dans Québec-est en 1962, aurait-il été élu? C'est probable, mais la lutte aurait été quelque peu serrée. En fait, le comté de Québec-est fut remporté par Ernest Godbout du Parti libéral qui récolta 21 001 voix contre les 19 234 voix accordées à Maltais.

Il est bien connu que Pierre Elliott Trudeau ne prisait pas la tournure des événements dans le Québec. Il avait été sollicité par Lesage en 1960, mais avait préféré rester sur la clôture. Son attitude demeurera très négative vis-à-vis du gouvernement Lesage, non pas en ce qui regardait les réformes sociales, mais pour tout ce que Trudeau pensait être un retour au nationalisme effréné. Dans *Cité Libre,* petite revue qu'il éditait avec son ami Gérard Pelletier, Trudeau publia dans le numéro de mai 1962 un article intitulé: Les progrès de l'illusion.

> « Il est une illusion qui menace de paralyser complètement tout progrès dans la province de Québec: c'est l'illusion que la province progresse.
>
> « Sous l'Union nationale, ce danger ne menaçait guère. Des réussites isolées et disparates dans le domaine des arts, du syndicalisme ou de la radio-télévision, par exemple, n'ont empêché personne de voir que la lourde machine sociale et politique était à son point mort. Comme l'a déclaré un ancien ministre duplessiste, le peuple, comme la presse, a été complice du gouverne-

ment dans cette œuvre néfaste... d'asservissement de la liberté durant les 16 ans de régime de l'Union nationale. *(Le Nouveau Journal,* 7 avril 1962)

« Mais depuis le 22 juin 1960, il est permis d'être courageux sans prendre de risques, c'est formidable le nombre de braves qu'on a vus sortir de derrière les tentures et de dessous les lits. La province est maintenant en pleine ébullition verbale, en plein développement verbal, en plein progrès verbal. »

Le fond de l'histoire est que Trudeau craint la montée du séparatisme.

« Pauvres de nous! Après une période teintée d'une certaine euphorie, je crains fort que *Cité Libre* ne soit en passe de rentrer dans sa période purement négative. Le nationalisme, la médecine, le droit, voilà des institutions éminemment respectées chez nous. Or, notre dernier numéro était contre le séparatisme; notre prochain fera probablement dire que nous sommes contre le corps médical. » (Un groupe de spécialistes ayant préparé un numéro spécial sur la psychiatrie.)

Tout le sens de l'article de Trudeau est d'affirmer que tout est à refaire dans la province de Québec.

« Nous voulons arrêter les progrès de l'illusion, afin que les jeunes et les autres s'appliquent à des projets plus immédiats, plus utiles, et aussi plus difficiles, que la délivrance de quelque Jérusalem imaginaire. »

De fait, Lesage et Trudeau ne se connaissaient guère, même s'ils eurent l'occasion de discuter ensemble à quelques reprises. Les deux hommes étaient aux antipodes quant à leur conception de la fédération canadienne. Ils étaient aussi très différents de caractère. Lesage était un bûcheur, Trudeau un brillant polémiste. Ils ne sympathisèrent jamais beaucoup.

Un nouveau personnage fait son entrée dans l'équipe

du tonnerre à l'automne de 1963: Eric Kierans, président de la Bourse de Montréal et de la Bourse canadienne et professeur à l'université McGill. C'est un personnage qui veut faire sa marque dans le renouveau québécois. Lorsque l'élection partielle est annoncée dans Notre-Dame-de-Grâce, l'élection d'Eric Kierans est assurée. Lesage se plaît à penser à la présence à ses côtés de ce personnage fougueux. On le voit comme un René Lévesque anglophone. Lesage aime prendre des risques. Kierans n'est pas un capitaliste de la vieille école, c'est un technicien de la finance, un capitaliste nouvelle vague. C'est lui qui plus tard brisera le monopole du syndicat financier de Ames & Sons sur les finances de la province.

Le Québec faisait affaire avec le même courtier depuis l'époque de Taschereau. Kierans réussira à convaincre Jean Lesage qu'il serait préférable de faire affaire avec plusieurs syndicats financiers plutôt qu'avec un seul afin de les mettre en compétition les uns contre les autres. Lorsque la province emprunta 75 millions de dollars à un taux d'intérêt de 6% en octobre 1963, une sorte de scandale éclata. Le taux d'intérêt était tellement favorable que l'émission s'arracha littéralement et la valeur de ces nouvelles obligations augmenta d'un certain pourcentage d'une façon tout à fait irrégulière. C'est l'événement qui mit Eric Kierans sur le sentier de la guerre. Cet incident fut en quelque sorte la goutte qui fit déborder le vase et dès lors le gouvernement se chercha d'autres conseillers financiers, tout en continuant à faire affaire avec Ames & Sons.

Doug Chapman, chargé du dossier québécois depuis l'époque Taschereau, en restera plein d'amertume envers Lesage et ses aides. Il en voudra longtemps à Eric Kierans qui prône le jeu de la compétition entre courtiers et aura des mots très durs vis-à-vis de Jacques Parizeau qu'il qualifiera, au cours de conversations privées, de « *dirty little rat* ».

Le climat politique des années 60 aux États-Unis, alors que John Fitzgerald Kennedy est président, a eu son influence sur le Québec. La mort tragique de ce jeune président américain en 1963 est pour ainsi dire un signal. À partir de ce moment, cette espèce d'optimisme qui régnait en Amérique fait place à un climat de contestation et d'inquiétude. C'est en quelque sorte ce climat que reflète le discours du Trône du 14 janvier 1964. Mais le gouvernement Lesage, néanmoins, annonce qu'il poursuivra la plupart des grands objectifs qu'il s'est fixés. On créera le ministère de l'Éducation, malgré le branle-bas que cela a suscité dans tout le Québec. Le Québec aura un nouveau Code du travail. Et le gouvernement Lesage poursuivra son projet de caisse de retraite publique universelle et contributive.

À cause de l'effervescence séparatiste, le gouvernement décide de mettre sur pied un comité parlementaire spécial pour entendre les représentations du public sur la question constitutionnelle. De plus, un comité parlementaire sera chargé d'étudier les dispositions qui devront régir la négociation collective des conditions de travail dans les services du gouvernement, dans les hôpitaux, dans les commissions scolaires et dans les municipalités.

Les projets de Lesage ne sont pas neufs. Il en est question depuis déjà deux ans et même trois dans certains cas. L'opposition accuse le gouvernement de traîner de la patte. Les journaux qui font des manchettes depuis deux ou trois ans sur les principaux thèmes de la Révolution tranquille se plaignent de se faire servir du réchauffé.

En février 1964, une nouvelle loi électorale est déposée devant l'Assemblée législative. Le gouvernement avait consenti à former un comité des membres du Parti libéral et de l'Union nationale pour moderniser une loi qui avait soulevé énormément de critiques. Les principaux collaborateurs du côté du gouvernement étaient René Lévesque, Paul Gérin-Lajoie, Pierre Laporte. Les jeunes de 18 ans obtiennent le droit de vote.

Pour la première fois, l'électeur québécois pourra mettre son bulletin de vote lui-même dans la boîte de scrutin. Le détail peut sembler aujourd'hui anodin, mais il était très important pour l'honnêteté des élections que chaque électeur puisse contrôler son bulletin de vote du moment où il le prenait en main jusqu'au moment où il le plaçait dans la boîte, une bonne partie des irrégularités se faisant par le biais de travailleurs d'élection.

Il reste le problème de la carte électorale qui n'est pas encore vraiment résolu et d'ailleurs la réforme que le gouvernement fera sur cet aspect du mécanisme électoral sera incomplète.

En 1964, un affrontement majeur entre le gouvernement du Québec et celui d'Ottawa eut lieu sur le partage fiscal, les programmes conjoints et le nouveau régime de rentes que voulait instaurer le Québec. Pour le Québec, certains gains étaient en vue. À ce moment-là, Pearson annonçait qu'il acceptait le principe de la compensation fiscale pour le retrait des programmes conjoints. Il acceptait aussi une autre suggestion du Québec, soit fonder les paiements de la péréquation sur les revenus par habitant de la province là où ils étaient les plus élevés. D'autre part, l'Ontario s'opposait à ce que le Québec instaure son propre Régime des rentes.

Une autre difficulté surgissait du fait que le gouvernement fédéral, selon ses mauvaises habitudes, proposait un programme de prêts pour les étudiants et des allocations scolaires. Encore une fois, le Québec se voyait aux prises avec une manœuvre qui constituait une autre ingérence fédérale dans le domaine de l'éducation. Lesage refusa complètement de céder et s'opposa au programme de prêts aux étudiants et d'allocations scolaires. Pearson et son équipe fédérale capitulèrent. En retour, le Québec accepta que son Régime de rentes ne soit pas totalement consolidé au point de vue actuariel. Toutes ces négociations s'échelonnèrent sur une période de deux semaines.

Lors d'une entrevue à Radio-Canada, le 13 janvier 1980, Jean Larin questionna Lesage, à propos de cette entente du 20 avril 1964. Lesage répondit:

> « Premièrement, nous avons eu droit à la compensation fiscale pour tous les programmes conjoints continus et pour les subventions conditionnelles continues. Deuxièmement, nous avons fait avorter la politique de prêts aux étudiants. Troisièmement, nous avons obtenu des compensations fiscales pour les allocations scolaires. Quatrièmement, c'est en principe notre plan de Régime de rentes qui a prévalu sur celui d'Ottawa qui était au

début celui de « *pay as you go* », du paiement au fur et à mesure. Nous avions déjà gagné, dès l'ouverture de la conférence, le principe du « *opting out* » et la base de la péréquation sur la province où les revenus par habitant sont les plus élevés. Alors, c'est évident, c'était presque la totalité de nos demandes à la conférence « fédérale-provinciale » de 1960. »

À la fin de 1964, Jean Lesage retourne en France. Il rencontre de nouveau Charles de Gaulle et les discussions s'engagent sur un projet de coopération entre la France et le Québec. Ces discussions aboutiront par la suite à la signature d'une première entente internationale signée par le Québec. elle portera sur l'éducation et la culture.

Lors de l'entrevue de 1980, à Radio-Canada, Jean Larin pose la question: « Dans le fond, c'était des relations internationales que vous faisiez? Lesage répond:

« Oui, je l'admets, je l'admets bien candidement. Nous avons toujours prêché que notre juridiction dans le domaine de l'éducation était exclusive et que nous avions la souveraineté dans les domaines de juridiction provinciale, particulièrement les juridictions exclusives. Nous considérions donc qu'il nous appartenait, à nous, sans passer par Ottawa, de conclure des ententes avec des pays étrangers dans le domaine de l'éducation. Ce fut le premier pas.

« Nous nous sommes enhardis. Et à ce moment-là, nous évoluions, nous avions gagné presque tout ce que nous voulions gagner en 1964 et nous nous attaquions aux zones grises. Nous demandions que les pouvoirs résiduels en vertu de la constitution appartiennent aux provinces; nous voulions faire le point sur toutes les zones grises qui existaient, les affaires culturelles en étaient une (zone grise), elle l'est encore comme question de fait. Et de là nous avons passé à l'attaque pour affirmer notre souveraineté, notre juridiction dans le domaine de la culture et de la signature de la convention ou de l'entente avec la France à l'automne 1965. »

Jean Larin: « Sans consultations avec Ottawa? »
Jean Lesage: « Non, non. »

Un des événements majeurs de 1964 fut encore le conflit qui éclata au journal *La Presse*. Pendant sept mois *La Presse* cesse toute publication. Le conflit débute chez les typographes et de là il dégénère en lock-out qui s'étend à tous les syndicats. De juin à l'automne il n'y eu aucune négociation. Le Congrès général de la CSN, où Jean Marchand est réélu président, adopte une résolution pour forcer la reprise des pourparlers. Jean Marchand est frappé d'une crise au foie et c'est Marcel Pepin, le secrétaire général de la CSN, qui hérite du dossier et qui, effectivement, conduira la négociation à bon port. Je ne ferai pas ici l'historique de ce conflit. J'y ai été impliqué directement et il faudrait un volume pour parler de cette seule expérience. Je réfère le lecteur qui veut en savoir plus long sur cette affaire à l'intéressant volume de Pierre Godin intitulé *L'information opium*.

Le conflit était-il purement économique ou ses origines étaient-elles politiques? Une chose est certaine, la situation entre Lesage et les journalistes s'était profondément gâtée en 1963 et au début de 1964. Lors d'une réception chez le lieutenant-gouverneur, Lesage, qui avait pris quelques verres, avait averti les journalistes de *La Presse* qu'ils seraient bientôt dans la rue. Par la même occasion, le Premier ministre s'était avancé vers Dominique Clift en protestant à propos de je ne sais plus quel écrit. Comme Clift ne reculait pas, Lesage lui passe la main devant le visage. Voulait-il le frapper? C'est possible. Lesage souffrait visiblement de surmenage et c'est son épouse, Corinne, qui intervint pour calmer les esprits et convaincre son mari de rentrer chez lui.

Ouvrons ici une parenthèse. De méchantes langues ont souvent fait courir le bruit que Lesage buvait plus que raisonnablement. Je m'inscris en faux à cette assertion. Oui, Lesage buvait, mais sans exagération sérieuse, comme tant d'autres. Je ne l'ai personnellement jamais vu ivre et n'ai jamais entendu dire qu'on l'ait vu dans un tel état en public comme ce fut le cas pour Duplessis avant 1964. Lesage prenait son verre de boisson et il arriva qu'il se présente en public après en avoir absorbé quelques-uns. Mais je trouve, personnellement, que la rumeur publique a exagéré ce trait de sa personnalité. Une personne qui boit ne peut abattre le volume de travail quotidien que doit envisager chaque matin le chef d'un gouvernement en pleine révolution.

Vers la fin du conflit à *La Presse,* alors que les négociations étaient reprises, Lesage tenta d'intervenir, mais c'est la direction de *La Presse* qui refusa l'intervention du Premier ministre, ce qui jeta une nouvelle lueur sur le sens de ce conflit. Plus tard, j'appris que, à l'époque du conflit de 1964, Paul Desmarais, le financier de Power Corporation, était intéressé à faire l'achat du journal *La Presse.*

Lors d'une rencontre subséquente entre Desmarais et Marcel Pepin, Desmarais dit: « Si jamais je viens à bout d'acheter *La Presse* je serai tellement heureux, je crois que je vivrai dans mon bureau au journal 24 heures par jour. »

Il est certain que *La Presse* voulait effectuer des changements importants. Après le règlement du conflit et la reprise de la publication au début de 1965, le journal continua d'avoir une attitude très indépendante vis-à-vis du gouvernement. Le groupe d'administrateurs qui gérait *La Presse* décida alors de congédier purement et simplement le rédacteur en chef Gérard Pelletier. Cette action de la direction eut l'effet d'un coup de tonnerre. Arrivant trois mois après le retour au travail, ce congédiement acheva de démanteler *La Presse* du début des années 60. Pelletier, qui avait pourtant appuyé la direction du journal au cours du conflit, fit parvenir aux journalistes de *La Presse* cette note qui laisse sous-entendre des choses mais qui n'ose attaquer directement personne. En voici le texte.

« Au mois de juin 1961, j'assumais, à la demande des administrateurs de *La Presse,* le poste de rédacteur en chef de ce journal qui traversait alors une dure crise.

« La démission massive d'une vingtaine de journalistes, au nombre desquels presque tous les cadres supérieurs et plusieurs techniciens expérimentés de l'information, avait placé la rédaction dans une situation extrêmement précaire et cette saignée pratiquée sur le personnel par la naissance d'un nouveau concurrent, *Le Nouveau Journal,* ne cessait de s'accentuer. Dès mon arrivée je dus prévenir la direction de l'entreprise qu'il était impossible de reconstituer en quelques mois une équipe ainsi décapitée et qu'il faudrait plusieurs années pour remettre au point à *La Presse* un outil d'information efficace et sûr.

« Pendant trois années entières, à quelques jours près, je me suis donné sans compter à cette tâche, avec un succès qu'il ne m'appartient pas de juger. Mais au terme de ces trois ans, par suite d'une grève de typographes qui devait durer sept mois, paralysant complètement la rédaction, une seconde décapitation se produisait dans les cadres rédactionnels du journal ainsi qu'une seconde saignée parmi le personnel de l'information, dont une vingtaine de membres quittaient à leur tour l'entreprise.

« Peu porté par nature à démissionner devant la tâche, et soucieux de collaborer à la renaissance du journal, organe essentiel à la société québécoise et à la profession dont je fais partie, je me remis au travail le 28 décembre dernier (1964). Avant de le faire, j'avais de nouveau prévenu la direction que *La Presse* ne se remettrait pas facilement du conflit qu'elle venait de traverser et que je ne pouvais pas répondre de l'efficacité de nos nouvelles équipes avant plusieurs mois de rodage. Tous ceux qui ont une expérience directe du métier de l'information, ce qui n'est vrai d'aucun membre du conseil d'administration de *La Presse,* me comprendront sans peine. Or, le président de *La Presse,* Maurice Chartré, me remettait ce matin un avis de congédiement rédigé dans les termes suivants:

« Sur proposition dûment faite et appuyée, il est unanimement résolu:

1 — que l'engagement de Gérard Pelletier comme rédacteur en chef du journal prenne fin à compter de la date de la présente assemblée;
et

2 — que le président de la compagnie en avise Gérard Pelletier. »

« Et M. Chartré invoquait, comme unique motif pour justifier cette décision, deux titres erronés parus dans l'édition de vendredi dernier et qui mettaient en cause un ministre du gouvernement Lesage.

« Je souligne enfin qu'entre la parution du journal de vendredi et la décision du conseil d'administration à mon sujet, jamais je n'ai été invité, ni à expliquer l'origine de ces deux titres, qui provenaient d'une simple erreur technique, ni à m'expliquer devant le conseil. J'ai été jugé et condamné en mon absence, sans qu'on eut même pris soin de me communiquer qu'un problème se posait, sans qu'on m'eut informé qu'on réunissait le conseil à mon sujet.

« En présence de ces faits, je n'ai que deux commentaires à formuler. D'abord, je trouve que de tels procédés sont inquiétants de la part de gens qui dirigent un grand journal, vu les responsabilités sociales que cette fonction entraîne en matière de justice et de liberté. Le fait de condamner ainsi sans même l'entendre un homme à qui on a confié pendant quatre ans le plus haut poste de la rédaction n'est certainement pas rassurant.

« Mon second commentaire s'adresse aux lecteurs de *La Presse* qui ont suivi notre travail depuis quatre ans avec un intérêt soutenu. Je les en remercie. Quant aux journalistes, et camarades de travail, je veux leur dire merci pour les années que nous avons passées ensemble et leur exprimer mon admiration pour la façon dont ils ont repris le travail au terme de la grève et leur préciser enfin que je soupçonne d'autres motifs à mon congédiement que les deux titres erronés à la Une de vendredi dernier. Gérard Pelletier, le 30 mars 1965. »

Claude Ryan, le rédacteur en chef du *Devoir* à l'époque, abrita Gérard Pelletier temporairement. Quelques semaines plus tard, Gérard Pelletier, Jean Marchand et Pierre Trudeau décidaient de plonger en politique fédérale.

Jean Marchand, dont Gérard Pelletier avait longtemps été

le publiciste et le directeur de l'information, annonce sa démission lors d'une réunion du bureau confédéral de la CSN qui se déroule à Québec le 8 mai. Le texte de la démission se lit comme suit:

> « Les rumeurs, ou les nouvelles non confirmées, vous auront sans doute déjà appris ce qui fera l'objet de la présente communication.
>
> « Après mûres réflexions, j'ai décidé de vous faire part de mon intention de quitter, à plus ou moins brève échéance, mon poste de président général de la Confédération des syndicats nationaux. Cette réflexion a tenu compte, je crois, des intérêts généraux du mouvement et des considérations personnelles que je pouvais légitimement inscrire au bilan de ma décision.
>
> « La CSN de 1965 n'est plus la CSN de 1940, ni celle de 1950. Elle a évolué considérablement au cours de cette période, comme elle continuera de le faire dans l'avenir. À chaque étape importante de son évolution, elle s'est donné les dirigeants qui pouvaient le mieux, à son jugement, répondre à ses besoins de l'heure. C'est peut-être là la raison pour laquelle elle a évité la sclérose qui a atteint tant de mouvements sociaux qui ont dû leur déchéance à leur attache maladive à des hommes qui ont fini par se considérer eux-mêmes comme des institutions.
>
> « Après avoir résisté presque héroïquement aux tentatives d'annihilation dont elle fut l'objet de 1949 à 1959, la CSN a connu une période d'expansion dont on ne retrouve pas beaucoup d'exemples dans le mouvement ouvrier nord-américain. Cette période d'expansion avait été préparée non seulement par les réformes de structure et le stimulant d'une orientation nouvelle, mais aussi par l'abondante diffusion de nos idées et de notre conception du syndicalisme. C'est particulièrement à cette dernière tâche que je me suis astreint. Je l'ai accomplie avec toute la vigueur dont j'étais capable, heureux de pouvoir me reposer, pour la régie interne du mouvement, sur le dévouement inlassable du secrétaire général qui

avait assumé, sans préavis, les lourdes responsabilités du secrétariat.

« Évidemment, nous fûmes secondés, dans nos efforts, par une équipe de permanents de première valeur dont quelques-uns sont devenus des symboles mêmes du syndicalisme.

« Au niveau du comité exécutif, la collaboration fut généreuse et désintéressée.

« Mais voici que la CSN entreprend un nouveau tournant. Elle est devenue une grande organisation démocratique à laquelle adhèrent au-delà de cent cinquante mille travailleurs. Son prestige est considérable.

« Le principal problème qu'elle doit résoudre n'est plus de se faire reconnaître ni de se faire accepter, mais plutôt de consolider ses cadres et de roder ses services de manière à ne pas désillusionner ceux qui lui ont fait confiance. Il lui faut également s'attaquer aux questions administratives. Afin d'assurer l'unité de direction et une meilleure coordination, elle doit songer sérieusement à mettre, sous le même toit, les bureaux du président, du secrétaire et du trésorier.

« Ses nouvelles priorités exigent non seulement des qualités particulières à la direction, mais aussi l'acceptation des inconvénients personnels que les réformes imposeront. Il est donc normal de songer à une nouvelle équipe.

« Inutile de vous cacher qu'il y a aussi des raisons personnelles à l'origine de ma décision. Quelques-unes se rattachent aux options éventuelles que je pourrai prendre. Comme vous en êtes conscients, le métier de militant syndicaliste n'est pas de tout repos, même pour un homme en bonne santé. Et les occasions de détente sont rares.

« D'autre part, la nature de mon activité syndicale m'a conduit à assumer des responsabilités extra, ou parasyndicales et à m'intéresser à des problèmes qui débordent les objectifs immédiats des syndicats bien qu'ils se rattachent aux intérêts généraux des travailleurs. J'aimerais continuer dans cette ligne tout en restant fidèle à ma vie syndicale. D'ailleurs, il n'y a pas d'objections de principe à ce qu'un mandat syndical, autre que celui de président, puisse se concilier avec mes goûts et mes préoccupations. J'aurai probablement l'occasion de discuter de cette question avec l'exécutif tout en tenant compte de mes autres options possibles.

« Malgré toutes les assurances que je pourrais donner, il est inévitable que certaines personnes voient dans mon geste l'aboutissement de querelles internes. Je puis affirmer solennellement au bureau qu'il n'en est rien. Aucune difficulté sérieuse n'a brouillé mes relations amicales avec le secrétaire, le trésorier ou les vice-présidents. Pas plus, d'ailleurs, qu'avec les directeurs de services et les directeurs régionaux.

« Je suis en parfait accord avec la politique de la CSN et toute spéculation à l'effet contraire n'aura d'autre fondement que le besoin, chez quelques-uns, de dramatiser la situation.

« Contrairement aux hypothèses qui ont déjà été formulées, je n'ai aucun projet précis d'arrêté. Personne ne m'a offert de poste et je n'en ai sollicité aucun. Comme je ne peux vivre de mes rentes (inexistantes) je devrai songer à travailler à brève échéance, après mon départ de la CSN, si je devais la quitter.

« Tout ce qui précède ne vise qu'à vous informer que j'ai décidé de quitter mon poste mais il n'y a aucune urgence, de ma part, à ce que cela se produise aujourd'hui ou dans quelques semaines. Je crois qu'il est normal que je vous laisse le temps de songer à la succession afin que le mouvement ne souffre pas de changement brusque qui n'ait pas été bien mesuré. Si vous décidez d'une autre procédure, je m'y soumets à l'avance.

« Avec mes salutations fraternelles.
« Vive la CSN!
Jean Marchand, président de la CSN. »

Marchand avait violemment détesté le nationalisme de Duplessis. Il craignait que, par sa politique de fierté, Lesage ne provoque une révolution séparatiste.

Au début de juin 1965, le bureau confédéral de la CSN, qui ne comptait à l'époque qu'une vingtaine de membres, accepte la démission de Jean Marchand et élit Marcel Pépin pour lui succéder. Robert Sauvé est élu secrétaire général. À l'automne de 1965, le gouvernement minoritaire de Lester Pearson démissionne et demande au gouverneur général la permission de tenir de nouvelles élections.

Jean Marchand, Gérard Pelletier et Pierre Trudeau seront tous candidats. Ils craignent Lesage. Sa force doit être contrebalancée par une force canadienne-française à Ottawa.

Celui qui a conseillé à Pearson de se rapprocher de Trudeau n'est nul autre que le Premier ministre du Québec, Jean Lesage. À l'époque, Trudeau était surtout connu à titre de sympathisant du Nouveau Parti Démocratique. Il s'était prononcé contre Pearson sur un certain nombre de questions, dont celle des armes nucléaires. Pearson s'inquiétait de ce que Trudeau ferait. Il en avait parlé à Lesage et le Premier ministre du Québec lui avait dit que la meilleure façon de calmer ses inquiétudes serait de prendre Trudeau comme conseiller à son bureau, aussitôt qu'il serait élu. Trudeau n'avait jamais rencontré Pearson avant 1965.

Les trois colombes furent élues en 1965.

XVI

L'abandon

Le choc de la défaite de 1966 fut terrible pour Lesage.

Il était allé chercher l'appui de 47 p. cent de l'électorat québécois qui s'était rendu aux urnes en ce beau dimanche du 5 juin alors que l'Union nationale n'avait récolté que 41 p. cent du vote exprimé. Nettement, Lesage avait gagné une majorité des votes. Mais la carte électorale donnait la majorité des sièges à Johnson. Il savait que la redistribution des sièges avait été insuffisante dans la répartition du vote urbain et rural et que la représentation populaire demeurait disproportionnée en faveur des régions rurales bien qu'améliorée considérablement pour les régions urbaines.

Isolé comme il l'était devenu, entouré surtout par ceux qui se disaient toujours d'accord avec lui, il n'avait pu imaginer qu'un gouvernement qui avait tant fait pour les Québécois en quelques années puisse être défait par un parti politique entaché par 20 ans d'exercice corrompu du pouvoir.

L'Union nationale reprend donc le gouvernement avec 56 députés contre 50 libéraux. Dans sa circonscription électorale, rebaptisée « Louis-Hébert », du nom du premier cultivateur français établi dans le Nouveau Monde, Lesage remporte une éclatante victoire personnelle. Des 34 293 bulletins valides déposés dans les urnes 22 532 appuient Lesage. Deux députés indépendants ont été élus dans des circonscriptions anglophones, Montréal-Sainte-Anne, et Robert Baldwin dans le « West Island ». Le *backlash* anglophone en est à ses débuts. Pourtant Lesage n'a posé aucun geste hostile à l'encontre de la minorité anglophone de Montréal. Le phénomène s'accentuera davantage contre le gouvernement de Robert Bourassa, plus tard. C'est l'affirmation toute simple du fait français qui fait peur aux anglophones. Le cocon a donné naissance à un papillon qui vole! « La défaite libérale de 1966, fut un des pires moments de ma vie », me disait Claude Morin récemment.

La stupeur était grande, non seulement chez les libéraux mais chez les intellectuels et les séparatistes qui ne s'attendaient pas à une issue semblable.

Les plus virulents contestataires du régime Lesage, la gauche de *Parti Pris,* avaient bûché sans relâche contre la Révolution tranquille. Ils décrivirent cette fois l'électorat québécois comme étant une masse inconsciente.

> « Le 5 juin, il s'est passé que le peuple québécois a encore travaillé contre lui-même, toujours aussi inconsciemment que les autres fois. Ou plutôt, il s'est encore fait fourrer; non pas parce qu'il a mis l'U.N. (l'Union nationale) au pouvoir plutôt que les libéraux, mais parce que la véritable dimension des problèmes lui a encore été cachée.
>
> « La complaisance et la non-conscience se sont manifestées cette fois en donnant le pouvoir à des hommes (Johnson, Bertrand, Dozois, Bellemare) qui n'ont pas eu, il y a dix ans, l'élémentaire courage de se dresser contre l'empire de la bêtise et de l'exploitation. Et ils veulent nous faire croire qu'ils veulent laver aujourd'hui ce qu'ils ont sali hier avec toute la force de leur ignorance et de leur servilité. »

Lesage s'en prend aux douze comtés protégés par la constitution du Canada, celle de 1867. Ce sont eux, ces comtés jadis composés d'anglophones, qui ont battu son gouvernement.

Il s'agit de comtés peu populeux, devenus francophones pour la plupart. Dans sa réforme électorale, Lesage aurait pu régulariser leur situation mais certains de ses députés, dont

Glen Brown, de Brome, s'y opposaient. Lesage prétendra, dans une lettre publiée dans *La Presse,* le 11 juin, quelques jours après les élections, qu'il était dans l'impossibilité d'abolir ces protections car le Conseil législatif — ce petit sénat québécois que l'Union nationale allait faire disparaître — s'opposait à toute modification des privilèges de ces circonscriptions électorales.

Les explications n'importent guère aujourd'hui. Le fait est que Lesage connaissait parfaitement bien la carte électorale. Le fait est que Lesage en 1966 savait fort bien qu'il ne pouvait remporter certains petits comtés bleus de l'Estrie. Le fait brutal est qu'il avait perdu la lutte électorale dans certaines circonscriptions urbaines où il se croyait assuré de remporter la victoire.

Dans Lafontaine, situé dans l'est de Montréal, c'est Jean-Paul Beaudry de l'Union nationale qui l'emporte; dans Mégantic, la région des mines de l'amiante, l'Union nationale reprend le siège; dans Dubuc, un nouveau comté de la région du Saguenay, l'Union nationale s'empare du siège; dans Saint-Sauveur, le quartier ouvrier de la ville de Québec, l'Union nationale avait frisé la défaite en 1962, mais cette fois son candidat gagne par une majorité écrasante de plus de 5 000 voix!

Le ministre René Saint-Pierre se fait battre dans Saint-Hyacinthe par un professeur d'école, Denis Bousquet, nouvelle recrue de l'Union nationale, par 30 voix seulement! Un autre ministre, Edgar Turpin, se fait battre dans Rouyn-Noranda, région ouvrière.

Et que dire de la défaite du ministre du Travail, Carrier Fortin, dans Sherbrooke, où une vilaine et longue grève du textile fait rage depuis des mois. Il tombe victime des comités d'élections organisés par les syndicats de la CSN et acoquinés avec l'Union nationale et son candidat Rénald Fréchette. Ce dernier l'emporte par 2 634 voix!

La ville industrielle de Trois-Rivières, la ville de Duplessis, qui était passée à deux cheveux de devenir libérale en 1960, demeure dans le camp de l'Union nationale malgré la candidature de Léon Balcer pour les libéraux. Dans Maisonneuve, à Montréal, un syndicaliste de la Fédération des travailleurs du Québec se présente sous l'étiquette de l'Union nationale et défait le libéral Marcel Dupré, par une énorme majorité.

Dans l'Assomption, le Dr Robert Lussier défait le libéral Frédéric Coiteux, gagnant en 1962.

Un autre comté de salariés, dans la ville de Québec, celui de Limoilou, demeure fidèle à l'Union nationale. Dans Chauveau, nouveau comté de la région de la ville de Québec, l'Union nationale triomphe. Et l'Union nationale arrache Lévis aux libéraux. Enfin, le professeur Jean-Noël Tremblay, de l'Union nationale, l'emporte dans Chicoutimi par 1954 voix; une nette amélioration sur la victoire de l'ancien ministre duplessiste de la Voirie, Antonio Talbot, qui avait survécu par 192 votes à l'élection de 1962.

Tout cela pour dire que si, dans l'ensemble, Jean Lesage demeurait, d'assez loin, le choix de la majorité de l'électorat, la situation, comté par comté, était influencée par une foule de facteurs.

Lesage déclarera que le vote indépendantiste pour appuyer les candidats du RIN n'avait pas nui aux libéraux.

C'est loin d'être certain. Dans Maisonneuve, par exemple, il est probable que le vote riniste a contribué à la défaite du candidat libéral. Il en est probablement de même dans Richelieu ou un autre ministre du cabinet Lesage, Gérard Cournoyer, mordait la poussière.

Johnson fut le plus surpris du monde par sa victoire.

Un des meilleurs experts que je connaisse dans le domaine de l'analyse électorale et que, malheureusement, je ne puis citer nommément, m'a affirmé que la vraie cause de la défaite du gouvernement Lesage fut la décision de tenir l'élection générale un dimanche.

De 78,5 p. cent qu'elle avait été en 1962, la participation des voteurs éligibles chuta à 72,1 p. cent, en 1966.

Dans une élection générale, ceux qui veulent battre le gouvernement se déplacent, même un dimanche. C'est moins vrai pour ceux qui le soutiennent. De plus, autre facteur négatif, une certaine partie de l'électorat vit d'un très mauvais œil la tenue du scrutin le jour du seigneur. Pour certains, c'était une profanation de la part d'un gouvernement qui, déjà, avait brisé les liens anciens entre l'Église et l'État. Qui saura jamais ce qui peut se passer sous un blanc béret?...

Le lendemain de la défaite, le 6 juillet, tous les ministres du cabinet Lesage sont convoqués à une réunion à Québec dans la salle du conseil des ministres. Claude Morin, alors fonctionnaire, est là, dans un corridor attenant au bureau du Premier ministre.

Tout à coup, Jean Lesage arrive à grands pas face à face avec Morin. Le visage boursouflé, la peau rouge écarlate, c'est un homme épuisé, brisé. Il n'a pas encore 54 ans. Il n'avait jamais connu la défaite. Il ne se relèvera pas du coup qui l'accable.

La réunion du cabinet est orageuse. Lesage n'accepte pas sa défaite.

Quelques jours plus tard, le 16 juin, Lesage remet sa démission au lieutenant-gouverneur et Daniel Johnson est assermenté Premier ministre.

L'émotion étrangle Lesage. Dans la nuit, il tombe frappé d'une crise cardiaque. Transporté d'urgence à l'hôpital, il apprend que l'attaque n'est pas très grave. Mais son médecin l'avertit: il faut qu'il songe à laisser la politique. Tout cela doit rester secret.

Lesage raconte, lors de son entrevue à Radio-Canada, en 1980:

« Dès ce moment-là, après avoir consulté mes médecins, il fallait que j'abandonne la politique. J'attendais qu'un nombre suffisant de mes lieutenants soient prêts à prendre la relève pour que les militants du parti aient un choix lors d'une convention.

« En attendant, j'ai continué à parcourir la province, à faire le choix de candidats pour l'élection suivante, à remplir mon rôle pleinement comme chef de l'Opposition en chambre.

« Et à la fin de 1968, j'ai fait part à ma femme du fait que je démissionnerais dans les mois qui suivraient. Ce que j'ai fait au mois d'août, 1969. »

Madame Lesage confirme la véracité de cette phase peu connue de la carrière de Lesage.

« À la suite de la défaite et de sa crise cardiaque je le suppliais de laisser la politique. Les enfants m'appuyaient. On a dit toutes sortes de choses sur les causes de sa démission. La vérité est qu'il a démissionné comme chef libéral à la demande de sa famille. »

Jean-Claude Rivest, aujourd'hui député libéral de Jean-Talon, fut secrétaire de Lesage après la défaite de 1966. Il abonde dans le sens de l'affirmation de Corinne Lesage:

« Jean Lesage est toujours demeuré très étroitement lié à sa femme et à ses enfants. Le milieu familial dominait son existence », affirme-t-il.

Les hommes politiques qui ont été près de Lesage ont d'autres explications, mais personne ne veut vraiment s'en ouvrir pour le moment.

Le fait demeure que Lesage avait vécu sur un pied de guerre pendant huit ans, de 1958 à 1966 et qu'il s'y était littéralement épuisé. Tout le monde est d'accord sur une chose, même ses plus grands ennemis, il a travaillé comme on n'a jamais vu un homme politique travailler.

Le surmenage a eu raison de la santé de Lesage bien avant la crise cardiaque de 1966, qui n'en est que l'aboutissement. Du jour au lendemain il doit vivre en tenant compte des avis de ses médecins.

Lesage se départira de sa maison, rue Bougainville, à Québec, pour s'installer dans son chalet du lac Beauport, au nord de Québec, où il peut respirer l'air pur de la montagne.

... Et l'équipe du tonnerre de 1960 se disloque complètement après la défaite de 1966. On aurait cru le contraire. On se disait: Lesage, à la tête d'une opposition qui compte quand même 50 députés, fera la vie dure à l'Union nationale. Mais Lesage n'était pas un chef de l'Opposition dans le sens où l'avait été un Daniel Johnson, ou un René Hamel à l'époque de Duplessis. Lesage était plus intéressé par le travail législatif, les problèmes de l'administration qui exigeaient des réponses, des solutions.

De plus Johnson le surprend et le désarme en reprenant à son compte les principaux thèmes de la Révolution tranquille. Arthur Tremblay, le sous-ministre de l'Éducation, s'attend à un limogeage. Au contraire, Johnson le supplie de rester à son poste.

Lors de la première session convoquée par le nouveau gouvernement de l'Union nationale, Lesage rappelle aux députés qu'il avait reçu l'appui de la majorité des électeurs du Québec en 1966. Si le Québec était gouverné par un régime présidentiel, déclare-t-il, ce serait Lesage qui serait président et non Johnson.

Johnson: « Je voudrais comprendre le chef de l'Opposition. Soutient-il que tous les votes qui ont été recueillis par le Parti libéral étaient donnés à cause du chef du Parti libéral? »

Lesage: « Non... mais il est sûr qu'il y a un très grand nombre de votes qui n'auraient jamais été donnés à l'Union nationale, si ça avait été pour le député de Bagot... »

Johnson: « On peut spéculer... »

Lesage: « ... Je cherche ceux (parmi les ministres de l'Union nationale) qui veulent dire non au duplessisme, mais je ne les trouve pas... Qu'a fait le gouvernement durant la grève des hôpitaux, sinon attendre? (...) Il décidait soudain d'utiliser une arme qui devait être flambant neuve puisqu'il ne s'en était jamais servi dans l'opposition. Quelle arme? Le silence (...) Il y a le silence de celui qui redoute de trop laisser voir son goût pour l'indécision et l'ambivalence. »

Johnson (qui cherchait toujours le mot drôle): « La polyvalence! »

Lesage accuse Johnson d'avoir réglé la grève des hôpitaux sur le dos des institutions concernées. En fait elle avait été réglée par le même avocat qui avait mis fin, sans grève cette fois cependant, à la première négociation des fonctionnaires: Yves Pratte, plus tard président d'Air Canada et juge de la Cour suprême du Canada.

Lesage voit venir la grève massive des enseignants de la province et accuse Bertrand de ne point s'en préoccuper. Sous l'Union nationale, l'emprise des technocrates sur les négociations est totale.

Lesage décrit ainsi les relations de travail de Johnson: « verbiage de gauche et politique de droite ». Il revient constamment à la charge en rappelant à Johnson que les libéraux avaient obtenu plus de votes que l'Union nationale en 1966. Il lance: « L'usurpation du pouvoir grâce à la redistribution des sièges n'est certainement pas quelque chose dont on puisse se vanter. »

Johnson réplique qu'il gouverne avec la participation des corps intermédiaires. Son gouvernement dépose un projet de loi établissant les mécanismes pour la tenue de référendums. Le 10 février 1967, c'est le projet de loi 25 pour mettre fin à la grève générale des enseignants.

En chambre, Lesage explique le règlement imposé par le projet de loi à Johnson qui n'est guère à l'aise dans les chiffres, ni du reste dans le règlement qui est l'œuvre de Jacques Parizeau.

Johnson se rend en France en mai 1967 pour reprendre le dialogue franco-québécois lancé et entretenu par Lesage.

Les conversations aboutissent en accords de coopération, et l'inquiétude d'Ottawa quant à cet aspect de la Révolution tranquille est grande à la fin du régime Lesage. Claude Morin, sous-ministre aux Affaires fédérales-provinciales, assure la continuité de la politique élaborée sous Lesage.

De Gaulle accepte de venir en visite au Canada en juillet 1967. Il prend la voie historique, la voie du fleuve Saint-Laurent, celle de Jacques Cartier, de Champlain, de Montcalm, de Wolfe. Il arrive à Québec le 23.

Le lendemain, à l'Hôtel de Ville de Montréal, la canonnade gaulliste, ébranle les capitales occidentales:

« Vive Montréal!
« Vive le Québec!
« Vive le Québec libre!

Lesage réunit son caucus le 28. François Aquin, jeune avocat, partisan de l'indépendance et député libéral du comté de Dorion, démissionne du parti et sera le premier représentant élu à siéger comme indépendantiste à l'Assemblée nationale.

Lesage, entouré de Gérin-Lajoie, de Lévesque, de Pierre Laporte, de Jean-Paul Lefebvre, d'Yves Michaud, et d'une nouvelle figure, un jeune député du nom de Robert Bourassa, donne une conférence de presse. Il accuse Johnson d'avoir mal conseillé le visiteur français.

« Que se serait-il passé si M. de Gaulle était venu ici alors que les libéraux étaient au pouvoir? Il aurait été reçu avec la même chaleur, la même joie, mais il n'aurait jamais été induit en erreur sur les véritables objectifs du Québec, c'est-à-dire un statut particulier à l'intérieur du Canada, où nous avons joué de 1960 à 1966 un rôle de premier plan et où nous avons le devoir de faire triompher notre culture, notre langue, notre mode de vie et nos ambitions économiques...

« En ce qui concerne le Parti libéral du Québec, nous maintenons notre orientation politique: nous luttons pour le Québec, nous luttons pour le Canada français et nous croyons que c'est à lui seul qu'il appartient de déterminer calmement le statut auquel il veut atteindre, compte tenu de la stabilité de notre économie et du niveau de vie de chacun de nos compatriotes.

« Pour ma part, à la suite de notre caucus, je me fais le porte-parole de la députation libérale pour vous dire que notre parti n'est pas un parti séparatiste et qu'il continuera de consolider le statut particulier que nous avons commencé à bâtir.

« Le Québec doit jouir du plus grand degré d'autonomie compatible avec son existence et l'existence du Canada. »

La démission d'Aquin est un signe avant-coureur. Lévesque ne marche plus dans la thèse du statut particulier. Les dernières réflexions de Lesage, sur le départ de Lévesque, remontent à l'entrevue de janvier 1980 diffusé à Radio-Canada.

« Des discussions avaient lieu à l'intérieur du parti, dit-il alors. J'ai eu des discussions personnelles avec René Lévesque qui voulait me convaincre honnêtement du bien-fondé de son option de souveraineté-association, qui voulait dire l'indépendance à toutes fins pratiques.

« Et moi j'essayais de le convaincre de rester au sein du parti sur la base de la souveraineté et de l'interdépendance avec une constitution renouvelée.

« Je n'ai pu le convaincre, il ne m'a pas convaincu. Et, comme disent les Anglais: *we agreed to disagree*. Il n'y avait pas d'autre solution que de nous entendre pour reconnaître que nous ne pouvions pas concilier nos points de vue. Ils étaient inconciliables. Et c'est ainsi que j'ai dit à René — là, je parle de M. Lévesque — eh bien! si vous voulez, nous allons purement et simplement soumettre les deux options à une congrès plénier du parti.

« C'est ce qui a été fait. Et... René, non satisfait de la décision du parti, a quitté. C'est comme ça que les choses se sont passées. Le tout s'est fait entre gentilshommes, il n'y a pas eu de claquage de portes. Malgré la réputation qu'on m'a faite, je ne me suis pas fâché. René non plus — parce que lui aussi il se fâche. »

Les deux hommes se comprennent donc. Le journaliste que Lesage avait initié aux méandres de la vie politique fait son baluchon et part dans une nuit d'incertitude sur la route étoilée du rêve d'un État québécois indépendant.

La suite inévitable c'est la déchirure publique du départ de Lévesque. Le théâtre en est le 13e congrès du Parti libéral.

Lesage se range « contre » Lévesque, « pour » la proposition de Paul Gérin-Lajoie secondée par Pierre Laporte en faveur d'un statut particulier. Il fait une intervention, le samedi 14 octobre 1967, qui montre bien ce qu'il pense. Elle est brève mais très directe; du plus pur Lesage, entonné comme un chant de ralliement.

« Cet après-midi, j'ai essayé de vous dire beaucoup trop rapidement (dans un discours) quelle était ma position sur le plan constitutionnel. Pour résumer complètement ma pensée, il faudrait reprendre ici les dizaines et les dizaines de discours que j'ai prononcés sur le sujet depuis 1958... Mais ce que je veux vous dire ce soir, à vous, militants libéraux, à tous les Québécois et à tous les Canadiens de langue française, ce que me dictent mon esprit et mon cœur, c'est qu'il y a possibilité de construire sur ce coin de terre qui est nôtre, le Québec, un État maître chez lui dans les domaines de sa juridiction exclusive qui soit en même temps le point d'appui de tous les parlants français au Canada et en Amérique du Nord. Ce Québec, je le vois doté des pouvoirs essentiels à son épanouissement économique, culturel et social, dans un cadre constitutionnel canadien renouvelé qui prévoit pour lui un statut particulier parce qu'il n'est pas une province comme les autres.

« Ce Québec, je le vois également à l'intérieur d'un Canada nouveau qui permette aux Québécois et aux Canadiens français d'un bout à l'autre du pays de travailler en collaboration étroite avec tous les Canadiens, qu'ils soient d'origine française, anglaise ou des autres groupes ethniques.

« Si j'appuie la résolution de Paul Gérin-Lajoie, secondée par Pierre Laporte, c'est que c'est la seule que je considère digne de la fierté des Québécois et des Canadiens français par tout le pays.

« Pour moi, la séparation sous toutes ses formes est un signe de faiblesse, de faiblesse que je ne puis admettre parce qu'elle n'est pas digne des luttes épiques qu'ont menées en Amérique les gens de ma langue au cours des deux derniers siècles.

« Pourquoi je suis pour un Québec dans un Canada renouvelé? C'est parce que je crois fermement que c'est la seule façon d'assurer à notre jeunesse, celle qui doit travailler dans les fermes, dans les usines, dans les bureaux, (...) Ce n'est pas tant aux professionnels que je pense, c'est aux jeunes cultivateurs, aux jeunes ouvriers, c'est à toute cette classe de travailleurs qui ont besoin d'une économie stable, qui ont besoin d'usines pour gagner leur pain, pour gagner leur subsistance, pour exercer leurs métiers. C'est pour eux, mes amis, c'est pour eux et les gagne-petits que je vous demande, à vous, libéraux, et que je demande à tout le peuple du Québec de se rallier derrière la résolution qui propose la seule option valable pour l'avenir de notre Québec.

« Quant à moi, je suis prêt, fort de la fierté de mes concitoyens, fort de l'appui qui me vient des forces vives du Parti libéral, je suis prêt à engager, en votre nom, des négociations fondamentales qui nous donneront, à nous du Québec, ce statut particulier à l'intérieur d'un Canada nouveau. J'ajoute, en toute modestie, que les discussions que nous avons menées avec succès avec le reste du Canada et les victoires constitutionnelles que nous avons remportées au cours des dernières années sont un gage qu'avec notre appui nous pouvons négocier, *négocier d'égal à égal*.

« Négocier d'égal à égal! » Comme quoi l'origine d'un certain slogan péquiste utilisé lors du référendum québécois de mai 1980 a de quoi troubler bien des indépendantistes, et préparer une vie nouvelle pour les Québécois et les Canadiens français du Canada.

Lester Pearson, le protagoniste du fédéralisme coopératif, décide que sa santé ne lui permet plus de continuer. Un congrès d'investiture du Parti libéral fédéral est convoqué pour le mois d'avril.

Pearson aurait voulu que Marchand se présente. Marchand est aussi un orateur extraordinaire, un communicateur d'une grande puissance. Mais Marchand favorise la candidature de Pierre Trudeau.

Lesage, qui se méfie de Marchand, trouve farfelue la candidature d'un intellectuel de gauche à la direction du Parti. L'apparition de Gérard Pelletier dans le décor fédéral ne plaît pas non plus particulièrement à Lesage. Ses amis avaient été les premiers responsables du congédiement injustifié du rédacteur en chef de *La Presse*.

Lesage appuie la candidature de Robert Winters comme successeur de Pearson. Il a toujours été impressionné par les grands brasseurs d'affaires et Winters en était un.

La vie politique est ainsi faite que l'avenir politique des individus est lié aux appuis qu'ils donnent à certains hommes et aux combats qu'ils livrent à d'autres. À l'intérieur de partis politiques puissants comme le Parti libéral les batailles sont terribles et laissent des blessures qui ne guérissent jamais.

Le 6 avril, Trudeau, celui que Lesage prenait pour un autre petit intellectuel, est élu chef du Parti libéral du Canada et devient par le fait même le Premier ministre du pays.

Trudeau ira chercher Kierans, et Lesage, même s'il demeure bien en place à la tête des libéraux du Québec, sera encore plus isolé. Daniel Johnson meurt subitement lors de l'inauguration de Manic 5 en septembre. Au congrès du Parti libéral du Québec en octobre, Lesage est réélu chef du parti. Dix jours plus tard, le RIN de Pierre Bourgault fusionne avec le Mouvement souveraineté-association de Lévesque pour fonder le Parti québécois. La vitesse avec laquelle les événements se succèdent est étourdissante.

Au mois de juin 1969 Lesage perd la dernière grande vedette de la Révolution tranquille demeurée auprès de lui après la défaite: Paul Gérin-Lajoie.

La déclaration de celui qui fut le premier ministre de l'Éducation au Québec ne laisse rien entendre de ses véritables motifs sauf peut-être qu'il se sent pris dans un cul-de-sac.

« Avant l'ajournement de la session parlementaire pour l'été, déclare Gérin-Lajoie, à la tribune de la presse de l'Assemblée nationale, j'ai voulu informer mes collègues de l'Assemblée nationale de ma décision d'abandonner ma fonction de député de Vaudreuil-Soulanges pour entrer dans un nouveau champ d'action. J'en suis venu à la conclusion que je pourrai de la sorte être plus actif et plus utile, tout en conservant mon vif intérêt pour les affaires publiques.

« Je remettrai formellement ma démission par écrit au président de l'Assemblée dans les quelques jours qui suivront l'ajournement, dès que j'aurai disposé de mes dossiers et autres affaires à mon bureau du Parlement.

« Après avoir siégé neuf ans dans cette Assemblée,

j'ai pensé que je devais annoncer ma décision ici même et fournir quelques mots d'explication. Je rencontrerai dès demain mes électeurs de Vaudreuil-Soulanges pour les remercier de la confiance qu'ils m'ont témoignée.

« On comprendra que je n'en sois pas arrivé à une telle décision sans une profonde hésitation et sans en avoir mesuré tous les aspects. Lorsqu'on a été engagé activement pendant une bonne quinzaine d'années dans la vie d'un parti politique, on ne quitte pas ce milieu sans ressentir certains tiraillements.

« Au cours des années pendant lesquelles j'ai rempli la fonction de député, j'ai le sentiment d'avoir donné le meilleur de moi-même, à la fois à mes responsabilités de représentant de la population de Vaudreuil-Soulanges et mes responsabilités envers l'ensemble de la population du Québec, particulièrement dans les domaines de l'éducation et des affaires constitutionnelles. Si j'ai décidé d'entrer dans un autre champ d'action, c'est uniquement que, dans les circonstances actuelles, j'ai acquis la conviction de pouvoir y déployer mes énergies de façon plus constructive.

« En plus de mes nouvelles fonctions (que je ne suis pas en mesure de faire connaître à ce moment-ci) je me propose d'accepter la charge d'une ou deux heures d'enseignement par semaine. J'espère de cette façon faire servir l'expérience que j'ai pu acquérir dans la vie publique, ainsi que les notes et mémorandums que j'ai rédigés au cours des années, surtout depuis l'époque où j'ai commencé à siéger dans l'opposition. Je compte surtout maintenir des contacts étroits avec des groupes de jeunes et participer avec eux à l'étude de l'organisation et de la vie de la société québécoise et canadienne.

« Je désire dès maintenant remercier tous ceux qui ont été mes collaborateurs indéfectibles à l'époque où je fus ministre de l'Éducation: fonctionnaires, administrateurs scolaires et universitaires, enseignants, étudiants et toute la population qui a contribué à lancer aussi efficacement que possible une réforme qui s'avère déjà une profonde transformation sociale.

« À mes collègues de l'Assemblée nationale, tout particulièrement ceux de l'équipe libérale, j'exprime le regret de quitter un milieu où je conserve de profondes amitiés.

« L'émotion la plus vive que je ressens m'est causée par la pensée du lien que je romps avec les milliers de citoyens de Vaudreuil-Soulanges, militants libéraux, officiers et animateurs infatigables de notre association libérale, citoyens de toute allégeance politique, qui m'ont sans cesse, pendant des années, témoigné non seulement leur confiance mais aussi une véritable amitié. Je veux tous les assurer que je me suis efforcé de les servir le plus fidèlement et le plus efficacement possible et que j'ai déployé mes énergies à contribuer au progrès de Vaudreuil-Soulanges. Je cesserai d'être le député, mais j'ose croire que je demeurerai l'ami.

« Telles sont mes réflexions en ce moment d'arrêt, qui n'est pas une retraite mais bien un nouveau départ. Mes pensées et mes forces sont désormais fixées vers l'avenir, sur une nouvelle forme d'action qui se voudra aussi, à plus d'un titre, au service de la société. »

C'est la fin de l'équipe de 1960. Lesage sait-il qu'elle annonce déjà la sienne?

Un nouveau soleil se lève dans le ciel politique canadien et c'est lui, Pierre Trudeau, qui attire Gérin-Lajoie vers la scène fédérale. Lesage est de plus en plus solitaire et cela ne lui réussit pas. Il se passe alors en coulisses des choses qui seront sans doute expliquées un jour mais qui demeurent cachées pour le moment.

Des rumeurs circulent dans la presse. Elles racontent que le chef libéral du Québec devrait partir. Il y a des bruits qui prétendent que Jean Marchand succéderait à Lesage pour reconduire les libéraux au pouvoir aux élections de 1970. Claude Wagner, le député de Verdun, manifeste ses ambitions et y a va de son coup de matraque à Lesage.

Lesage lit ces choses. Il reçoit des téléphones. Il ne sait plus ce qui arrive. Un informateur fiable, m'a affirmé qu'il y avait eu, avant la démission de Lesage, une réunion au

24 Sussex, à Ottawa, où Trudeau et Marchand cherchaient le poste que Lesage accepterait.

Selon la rumeur de l'époque à Ottawa on lui aurait offert le poste d'ambassadeur au Vatican.

Il semble que Lesage, devant l'offensive qui se monte contre lui, veut en finir sans plus tarder. Sa femme, Corinne, le presse de démissionner. Elle connaît ses angoisses. Elle souffre avec lui.

Un député, Jean-Paul Lefebvre, de la circonscription d'Ahuntsic, ancien jéciste comme Pelletier et ami de Marchand, fait une déclaration qui ne laisse plus de place à l'équivoque. C'est le coup de pied de l'âne, administré brutalement. Lesage doit partir. Est-ce par intuition, ou est-il informé de ce qui se trame?

Claude Ryan, le directeur du journal *Le Devoir,* publie un remarquable éditorial le 28 août intitulé: M. Lesage rajustera-t-il son tir?

Ryan, après avoir dénoncé la brutalité des propos de Lefebvre et de Wagner, écrit que Lesage en démissionnant « susciterait un immense regret dans le parti » mais sa décision « donnerait en même temps lieu à un soulagement assez général... Son départ se ferait dans la dignité et la gloire. »

Le lendemain, Lesage, sans avertissement, sauf pour ses intimes, annonce sa démission. Pour le public, c'est la stupeur. Avec l'arrivée de Trudeau au pouvoir à Ottawa, les libéraux du Québec ont dû abandonner la thèse du statut particulier chère à Paul Gérin-Lajoie et à Lesage.

Trudeau se cherche un appui au Québec. L'illustre figure de Lesage est-elle de trop? Présente-t-elle des risques à ses yeux? Les grands de la Révolution tranquille sont dispersés. Gérin-Lajoie acceptera un poste à la Commission des prix avant de devenir le directeur de l'Agence canadienne de développement industriel.

Ryan commente le départ de Lesage dans un éditorial qui ne manque pas d'éclairer ce qui se passe.

> « Le geste courageux, spectaculaire et inattendu qu'a fait hier, à Québec, Jean Lesage est typique de cet homme d'action. Aux plus beaux jours de sa carrière

comme chef libéral, M. Lesage brilla surtout par la clarté de son esprit et son aptitude à prendre très vite, au besoin, des décisions difficiles. Autant M. Lesage avait paru, ces derniers temps, nébuleux et oscillant sur la question du leadership, autant sa décision d'hier rappelle ce don qu'il avait naguère de ramasser dans un mot d'action décisif les situations les plus complexes...

« Comme Premier ministre, il passera à l'histoire comme le chef qui fit entrer le Québec dans l'âge moderne et qui entreprit avec une énergie peu commune la modernisation de l'appareil de l'État et l'affirmation positive des valeurs et des aspirations distinctes du Québec. Il laisse, à ceux qui étudieront demain l'histoire, l'un des plus riches bilans législatifs qu'ait jamais accumulé un Premier ministre québécois...

« La montée fulgurante de M. Trudeau sur la scène fédérale fit enfin, pour ainsi dire, perdre pied à M. Lesage. Après avoir affirmé, quelques mois plus tôt, que M. Trudeau ne représentait aucunement l'opinion du Québec, le chef libéral québécois faisait demi-tour en arrière: sur une question aussi fondamentale que la place du Québec dans le Canada de demain, il alignait docilement son parti sur la nouvelle orthodoxie régnante à Ottawa...

« Indépendamment de ses autres qualités — qui sont nombreuses et réelles — un homme, parmi ceux qui sont proches de M. Trudeau, répond à l'idée que les libéraux fédéraux se font d'un Premier ministre québécois. Cet homme est, au surplus, intéressé par le poste et prêt à lutter pour l'obtenir. Il s'appelle Jean Marchand. On ne lui connaît, pour l'instant, pas d'adversaires de tailles.

« Les libéraux québécois glisseront-ils dans l'orbite des libéraux fédéraux aussi facilement qu'ils abandonnèrent l'an dernier leur thèse du statut particulier, qui résumait en somme les six années de séjour de M. Lesage dans le fauteuil de Premier ministre québécois?... »

Ryan était un éditorialiste renseigné. C'est ce qui rendait obligatoire la lecture des éditoriaux du journal *Le Devoir*.

La démission fracassante de Lesage soulève les commentaires d'une foule de personnalités. Ils sont louangeurs. On parle de la place de Lesage dans l'histoire. Avare de commentaires sur les raisons de sa démission, Lesage convoque un congrès d'investiture.

« J'ai le sentiment du devoir accompli », dit-il au journaliste Gilles Lesage.

Il refuse de faire des commentaires sur les rumeurs qui circulent depuis plusieurs jours. Son frère, le juge Alexandre Lesage, de la Cour provinciale, qui l'aidera à faire la transition de la politique à la pratique du droit, m'a affirmé récemment que le chef libéral avait décidé bien auparavant de laisser la politique, ce qui confirme ce qu'en dit Corinne Lesage.

> « Si je ne croyais pas que la venue d'un nouveau chef soit de nature à assurer la victoire de mon parti, je ne poserais pas ce geste. »

Lesage ne se mêlera pas directement de l'élection de son successeur, Robert Bourassa, lors du congrès d'investiture le 17 janvier 1970.

Toutes ces spéculations qui avaient été faites autour du nom de Marchand avaient fondu comme la neige en été.

XVII
Un grand prince à Québec

Lesage aura bientôt 58 ans. Il se prépare pour l'ouverture de son bureau d'avocat. Il s'assure tout d'abord des services de Madame Yolande Papillon, anciennement la secrétaire de l'ingénieur Georges Demers, un des bons amis de Lesage. Inquiet, il lui demande:
— Pensez-vous que j'aurai des clients?

Lesage sera nommé membre du bureau de direction de nombreuses sociétés. Voici les directorats où il se distinguera après sa démission en 1969: Lever Brothers limited; Montreal Trust company; Mondey Corporation limited; Canadian Renolds Metals; Carling O'Keefe Ltd.; La Brasserie O'Keefe; The United Provinces Insurance company; J. J. Barker Ltd.; Bigelow Canada; Jruger Corp.

L'administration publique, la politique et le sport, plus particulièrement la création du club les Nordiques à Québec, seront les trois grandes passions de ses dernières années. Il continuera d'agir comme conseiller juridique auprès des gouvernements d'Ottawa et de Québec. Même après la victoire du Parti québécois, le gouvernement lui demandera d'agir comme conseiller dans ses relations avec le monde de la finance internationale.

Après sa défaite, Lesage s'était profondément intéressé à la préparation des textes de loi, et durant le court règne de Jean-Jacques Bertrand, le successeur de Johnson, il participait régulièrement à la préparation des textes de lois du gouvernement unioniste. Bertrand préférait consulter Lesage à tout autre expert en matière de législation.

Après la victoire du libéral Robert Bourassa, Lesage préside souvent la commission chargée de la législation. Il suit de près les événements politiques et prête main forte à ses amis. Il n'hésitera pas à recueillir des fonds pour son ancien secrétaire Rivest lors d'une campagne pour une élection partielle où les libéraux seront vainqueurs.

Pour se détendre et se tenir en forme il joue au golf. En hiver et au printemps — le printemps est long à Québec — Lesage prend le déjeuner au Club de réforme. Rien ne l'intéresse plus que de rencontrer des libéraux de passage à Québec. Les nouvelles figures le stimulent, il cherche toujours une bonne discussion.

Il se rend souvent au Colisée assister aux parties des Nordiques et c'est pour lui une partie de plaisir qu'une ou deux prises de bec avec les gérants d'estrade.

L'histoire des Nordiques commence en 1972. Gilles Lamontagne était à l'époque maire de Québec. Les rédacteurs sportifs de la Vieille Capitale réclamaient continuellement la formation d'un club de grand calibre qui ferait partie de la Ligue nationale de Hockey. « Surtout, il y avait les articles du malcommode, Claude Larochelle », me racontait récemment Lamontagne.

Le maire décide d'organiser une rencontre exploratoire au Cercle universitaire. Il y invite des millionnaires, des gens qui consentiraient à placer des fonds dans un club de hockey francophone à grande vocation.

Lesage est là. Pourquoi? Parce que Lesage connaît tout et tout le monde à Québec. Il est demeuré un homme très puissant même dans l'anonymat relatif de sa retraite politique, dans la coulisse.

L'idée, est de bâtir un club qui ferait une glorieuse concurrence aux Canadiens de Montréal.

Je ne ferai pas l'histoire des Nordiques ici. Lesage en obtient un poste de contrôle en 1976: Les Nordiques sont achetés par la Brasserie O'Keefe Ltée dont le président du conseil d'administration sera... Jean Lesage.

Les premiers actionnaires sont payés rubis sur l'ongle avec, en plus, un intérêt de 10%. La Brasserie est une filiale à 100 p. cent de la société Carling-O'Keefe Canada qui, elle, est contrôlée par une société internationale anglaise, Rothmans International.

Lesage déclare aux rédacteurs sportifs de Québec:

> « Messieurs, la survie des Nordiques est maintenant assurée, puisque la compagnie Carling-O'Keefe vient de se porter acquéreur de la majorité des actions des Nordiques. Une compagnie nationale est évidemment plus solide qu'un petit groupe d'hommes d'affaires et nous avons obtenu l'assurance de O'Keefe que l'équipe restera à Québec et qu'elle sera dirigée par des Québécois. »

En juin 1978, Lesage annonce la nomination d'un jeune avocat de son bureau, Marcel Aubut, au poste de président du club. La tâche d'Aubut est assez claire. Le déficit accumulé du club est de 2 047 850$. L'équipe a besoin de renouveau.

Aubut, âgé de 31 ans, passera à peu près tous ses dimanches après-midi à la maison de Lesage, à Sillery, entre le moment de sa nomination et la dernière maladie de Lesage, sauf pendant l'été.

« Maudit que ton crisse de club joue mal! » disait Lesage à Aubut, après chaque rencontre.

En 1979 c'est la fusion entre la Ligue mondiale et la Ligue nationale, et les Nordiques peuvent enfin réaliser le vieux rêve des Québécois, jouer dans le plus prestigieux circuit du monde.

Lesage s'est occupé de solliciter des fonds des deux gouvernements, fédéral et provincial, pour financer l'agrandissement du colisée qui devra compter 15 000 places.

Quand le Premier ministre René Lévesque voit Lesage entrer dans son bureau il le salue:

— Bonjour, patron! Tu viens chercher de l'argent pour ta multinationale?

— Non, non, lui rétorque un Lesage indigné, Carling-O'Keefe est en train de se ruiner avec ce club-là.

Les deux gouvernements feront « leur part », après certains tiraillements de nature politico-électorale.

Lesage est devenu en quelque sorte le grand prince de la ville de Québec. Son parti à lui n'a plus de frontières, plus de couleur. Il connaît déjà la gloire. Mais il veut la fuir. Il adore rencontrer les gens ordinaires. C'est là une des raisons pour lesquelles il circule au Colisée. Il prend le lunch au « Caucus » du Hilton. Des gens l'aperçoivent, viennent à sa table, lui donnent la main.

Lors du dernier congrès à la direction du Parti libéral, celui qui a élu Claude Ryan, Lesage avait fait campagne sans faire trop de bruit pour son candidat Raymond Garneau, le ministre des Finances du régime Bourassa.

Jusqu'à la fin, Lesage s'interrogera quant à la place d'intellectuels généralistes tels Ryan, Trudeau, dans le Parti libéral. Il ne les voit certainement pas à la tête du parti. Cela ne l'empêchera pas de défendre la cause fédéraliste au cours du référendum, malgré sa cruelle maladie, et de prendre place aux côtés de Trudeau et de Ryan, dans un débat essentiellement fomenté par des intellectuels devenus politiciens.

Il continue aussi jusqu'à la fin de garder des relations amicales avec Claude Morin, le ministre des Affaires intergouvernementales du gouvernement Lévesque et certainement son intellectuel préféré. De temps en temps, depuis 1969, Lesage devait préparer un petit texte pour une fête ou une obligation sociale. Il appelait Claude, et Claude ne lui a jamais dit non.

Lesage avait des idées tranchées. Tout était en noir et en blanc. On l'a vu lors de l'affrontement de 1967 avec Lévesque. Mais il avait d'excellentes relations avec tous les milieux. Ses idées, ses préjugés, ce sont choses qui sont dures. Mais l'homme est vivant, malléable, explosif. Une fois, seulement, il dit discrètement à Morin: « Je ne regrette qu'une chose, Claude, que tu sois devenu séparatiste! »

Lesage demeura, jusqu'à la fin, un artiste de la communication. Il trouve moyen d'aller chercher l'information dont il a besoin et de communiquer avec à peu près tous ceux qu'il sait liés à son épopée personnelle.

Son rythme de vie fut d'une régularité de moine au cours des derniers mois. Il se levait à 7h00 et prenait le déjeuner à midi. Il reprenait le travail à 14h00 et partait du bureau à 17h00. Il apportait des dossiers à la maison et lisait, en prenant des notes, jusqu'à 23h00.

Il ne jouait plus au bridge, la passion récréative de ses années politiques. C'est pourquoi il avait décidé de vendre son chalet du lac Beauport pour s'installer dans Sillery, car Madame Lesage continuait de jouer aux cartes et devait s'organiser, étant seule, souvent, pour faire le trajet aller-retour entre le lac et Québec.

Un de ses meilleurs amis me raconta qu'à mesure qu'il vieillissait Lesage s'intéressait de plus en plus à l'aspect technique de son travail d'avocat.

Lesage, en tant que Québécois, n'entretenait aucun sentiment de peur morbide à l'encontre des grandes multinationales, des Américains ou des Canadiens anglais. Ce qui comptait, pour lui, c'était que des Canadiens français pénètrent les hautes sphères de la finance, de l'industrie, de la science, du sport. Sa clef à lui c'était sa compétence.

Il dominait facilement son entourage. Plusieurs ont dit qu'il portait la tête trop haute. L'impression qu'il m'a toujours donnée en était une d'assurance totale.

Ceux qui ont fait des travaux pour Lesage s'en sont tellement vantés que certains simples d'esprit s'imaginent que Lesage n'auraient jamais dépassé la médiocrité sans l'assistance de ses multiples conseillers.

En dehors du fait qu'il savait faire le tri des avis et savait mener une démarche pour atteindre l'objectif choisi — ce que tous ceux qui l'ont connu lui reconnaissent — Lesage était capable, sans préparation, de redoutables improvisations.

La façon dont il se sortit d'un affrontement avec le chef des douaniers à l'aérogare de Dorval, près de Montréal, lors de son retour de France en octobre 1961, est un de mes souvenirs les plus impérissables.

Il arrivait, escorté de sa femme, de son entourage,

accompagné d'une cinquantaine de députés et de journalistes, chargé de gloire et de cadeaux du Général de Gaulle. Il avait certainement pris quelques verres, comme le reste de la compagnie d'ailleurs, au cours du voyage par avion qui avait duré plus de sept heures.

Lesage n'avait rien déclaré dans la formule sur laquelle les touristes revenant de l'étranger doivent inscrire leurs achats et la valeur de chacun.

Il avait déjà été ministre à Ottawa. Il n'en était pas à son premier voyage à l'étranger. Ce n'était sûrement pas la première fois qu'il n'avait rien déclaré. Mais il n'était plus ministre fédéral. Il était le Premier ministre du Québec. Pour le douanier, employé du gouvernement fédéral, Lesage était un simple citoyen canadien. Il ordonna d'abord à Lesage, qui filait à la barrière, de stopper avec tous ses bagages.

— Qu'avez-vous à déclarer?
— Rien.
— Vous ne rapportez rien?
— Si.
— Quoi alors?
— Des cadeaux.
— Des cadeaux!!! Quelle sorte de cadeaux?
— Des cadeaux personnels.
— Des cadeaux personnels!!! Qui vous les a donnés?
— Le président de la République française, le Général Charles de Gaulle.
— Quelle est la valeur de ces cadeaux?
— Inestimable, monsieur, inestimable.
— Alors vous aurez à remplir une déclaration.
— Jamais. Je n'ai rien à déclarer.
— Mais ces cadeaux ont une valeur?
— Ils n'ont pas de prix. Laissez-moi passer.

Pendant cet échange, commencé à voix basse, Lesage hausse le ton. À la fin, il était comme sur le plateau d'un théâtre et tout l'aérogare l'écoutait.

Le pauvre douanier fit venir d'autres douaniers.

Ensemble, ils discutèrent à voix basse, pendant que Lesage, tel un coq contesté dans son poulailler, jetait ses regards indignés à la foule.

Le douanier en chef mesura la situation et recula: « Vous pouvez passer », dit-il à Lesage.

Lesage avait choisi Marcel Aubut pour diriger les Nordiques parce qu'il lui donnait la réplique du tac au tac, dans n'importe quelle discussion, devant n'importe qui. Pour Lesage il était important qu'un homme en qui il plaçait sa confiance ait des tripes.
C'était une des raisons qui avait fait de René Lévesque une sorte d'exception au cabinet des ministres.
Lesage était tellement ponctuel qu'il créait quelquefois de sérieux embarras. En 1961, il avait fait démarrer un cortège officiel en France pour la simple raison qu'il avait pris place dans sa Citroën à l'heure précise inscrite au programme du défilé. Il ignorait qu'en France la parade commence quand le personnage officiel prend place dans sa voiture. Résultat: la moitié française du défilé, en retard, n'arriva au lieu d'une cérémonie qu'après l'entrée en grande pompe de la délégation du Québec.
Les ministres donc qui se présentaient en retard aux séances du conseil se voyaient sévèrement et invariablement réprimandés par leur chef. Mais Lesage tolérait les retards de Lévesque, le seul ministre qui pourtant le contestait ouvertement.
Dans les derniers jours, Lesage donnait encore des avis juridiques au bureau du chef libéral Claude Ryan. Portaient-ils sur la question constitutionnelle? Je n'ai pu le savoir. Mais ce que j'ai appris, cependant, c'est que Lesage était fort désappointé de la teneur et du procédé du projet constitutionnel déposé au Parlement canadien par le gouvernement dirigé par Pierre Trudeau. Des personnes d'Ottawa qui lui avaient rendu visite chez lui après sa dernière intervention chirurgicale m'ont fait part de son inquiétude. Pour lui la pire menace résidait dans le pouvoir d'Ottawa de déclencher, sans l'accord des provinces, un référendum pour amender la constitution.
Selon l'opinion de Marcel Aubut, en revenant au travail, Jean Lesage aurait fait une déclaration à l'encontre de cer-

tains aspects du projet. Son frère Alexandre dit être absolument certain qu'il ne l'aurait pas fait, mais il confirme qu'il s'y opposait.

S'il l'avait fait, s'il avait vécu pour élever la voix dans ce débat constitutionnel de 1981, on peut facilement en imaginer l'effet et les répercussions. Sa mort laisse l'affaire en suspens.

Aux funérailles de Lesage un homme politique dit à un autre: « J'ai reçu une lettre de Lesage, hier. » L'autre répond: « Moi aussi. »

Jean-Claude Rivest disait: « Il semble qu'aux funérailles de Lesage chacun avait sa lettre! » Pourquoi ces lettres sur papier blanc avec comme seule en-tête « Jean Lesage »? Elles semblent toutes avoir été écrites le même jour.

Dans la lettre écrite pour Rivest, Lesage racontait la tentative avortée de la première intervention chirurgicale. Il racontait qu'il s'était éveillé croyant que tout était fait, mais que l'infirmière lui avait expliqué que l'intervention avait été remise à plus tard.

« C'est gai! » écrivait Lesage.

Rivest ajoutait que la lettre manuscrite portait deux ratures.

« Ça, c'était impensable pour Lesage, envoyer une lettre avec même l'ombre d'une égratignure. C'était un maniaque de la perfection. Alors, en recevant cette lettre de sa main, je me suis dit: ce n'est plus Lesage. »

D'où venait ce sentiment de fatalité dans ses derniers jours, cette motivation pour écrire une série de lettres personnelles de sa main, cette fierté qu'il exprimait d'avoir enfin vaincu la terrible maladie qui s'était attaquée aux organes vocaux qu'il avait disciplinés et façonnés, véhicules articulés, orchestrés et puissants de son génie?

Une intuition? Qui le sait? Qui le saura jamais?

Il faut lire, pour commencer à comprendre le froid courage, la profondeur étourdissante de Jean Lesage, cette brève lettre écrite de sa main à son ami Jean Pelletier, lettre qui juxtapose impitoyablement « les oiseaux du paradis » et son sentiment d'avoir triomphé « totalement » du mal qui l'avait attaqué.

Il aura vu son assaillant mourir avant lui. Il ressent un

orgueil presque féroce à la pensée d'avoir vaincu le cancer, même si le combat le laisse privé de toutes ses forces.

Il écrit.

« Cher monsieur le maire,

« Vous avez été plus qu'aimable et généreux de me faire parvenir, pour ma convalescence à la maison, de magnifiques fleurs, mes préférées, les oiseaux du paradis. Je réalise bien que je n'ai pas été bâti pour la maladie ou la convalescence — et je ronge mon frein.

« J'espère être de retour en pleine activité professionnelle avant les fêtes. Des amis comme vous m'avez grandement aidé à vaincre totalement ce qu'on dit être la pire des maladies. Veuillez accepter l'expression de mes sentiments de reconnaissance et de nos vœux les meilleurs à Madame Pelletier et à vous à l'occasion des fêtes.

Décembre 1980.   Jean Lesage. »

La lettre fut reçue au cabinet du maire le 10 décembre. Deux jours plus tard Lesage était mort.

Il n'y aura pas d'autopsie.

Après les funérailles solennelles à la basilique de Québec, le corps est incinéré et les restes de Jean Lesage inhumés au cimetière Belmont à Sainte-Foy.

Épilogue

« Le Canada tout entier reconnaît aujourd'hui en l'honorable Jean Lesage le symbole du Québec, de sa fierté vigilante dans la garde d'un héritage séculaire, de son bon sens gaulois, de sa prudence un peu normande dans la coopération avec les provinces sœurs, autonomes comme elle, au sein de la famille canadienne.

« L'honorable Jean Lesage est écouté, il est respecté et le cours des événements pourrait bien approfondir encore son influence sur la vie de toute la nation, sur la vie de toute l'Amérique. »

Cet hommage, prononcé en 1962 à l'université d'Ottawa par le doyen de la faculté de droit du temps, Gérald Fauteux, pourrait être répété aujourd'hui, à 20 ans d'intervalle, sans faire sourire.

Je ne connais pas beaucoup d'hommes politiques qui, après 20 ans, pourraient encore mériter les éloges qu'on leur faisait alors qu'ils étaient au pouvoir.

Aucun chef d'État canadien plus que Jean Lesage ne s'est attaqué, en même temps, à autant de problèmes. Aucun n'a dans un temps si court modifié aussi radicalement autant de structures séculaires sans révolution ni réaction sanglantes.

On connaît le vieux proverbe chinois qui veut qu'il soit plus important d'enseigner aux riverains l'art de la pêche que de leur donner du poisson.

Dans ce sens Lesage a enseigné au Québec l'art de se gouverner. De tous les horizons politiques, ou presque, on lui reconnaît ce talent. Pour Claude Ryan, l'actuel chef libéral du Québec: « Le séjour de Jean Lesage à la tête du gouvernement fut relativement bref, un peu moins de six ans. Pendant cette période, il y eut cependant plus d'action et de changements au Québec qu'à toute autre période de notre histoire. »

Pour Jacques Parizeau, le ministre des Finances péquiste: « Jean Lesage a été un très grand patron et c'est peut-être en ces termes... que je veux saluer sa mémoire: il a été un très grand patron .»

Lesage avait pris Parizeau à son service, au gouvernement, pour qu'il le conseillât en matières économiques. Les deux hommes, sans être amis, s'admiraient mutuellement.

À l'Assemblée nationale, après la mort de son ancien patron, Jacques Parizeau déclarera:

> « M. Lesage nous a appris à travailler. On ne savait pas, jusque-là, qu'on pouvait, avec l'État du Québec, faire de grandes choses et les faire correctement, les faire bien. Celui qui a appris aux hauts fonctionnaires de cette époque et de ma génération à travailler, ç'a été Jean Lesage. Exigeant pour lui-même, terriblement, exigeant pour les autres tout autant, rigoureux, connaissant ses dossiers de façon prodigieuse, exigeant de tous les gens autour de lui qu'ils les connaissent d'ailleurs, il nous a appris qu'on pouvait effectivement faire de l'État du Québec quelque chose à la fois de sérieux, d'efficace et de grand.
>
> « Il nous a aussi appris, (...), ce qu'on appelle le sens de l'État, le respect de l'État, qu'on n'a peut-être pas toujours eu suffisamment dans notre histoire. Mais il symbolisait, à lui-même et à lui tout seul à certains moments, l'espèce de respect collectif que l'on commençait à avoir pour de nouvelles institutions modernes. »

Tous les témoignages sont unanimes pour souligner les qualités de l'homme. René Lévesque, aux questions que je lui poserai, évoquera « l'épouvantable capacité de travail » de Jean Lesage, et « la rapidité de son intelligence ». Claude Morin parlera, lui, de « l'étonnante capacité de l'ancien

Premier ministre à accepter les idées nouvelles de toute une équipe plus jeune que lui et d'en orchestrer le débordement désordonné »...

Ai-je besoin de rappeler que pour les fédéralistes, j'en ai parlé abondamment, la Révolution tranquille, l'avènement de la démocratie québécoise, fut une illusion élitiste!

Pierre Trudeau, un des critiques les plus durs de la Révolution tranquille déclarera, cependant, à la mort de Lesage:

> « Jean Lesage a vraiment incarné dans son administration cette pensée que l'État québécois pouvait agir pour le bien des Québécois comme l'État canadien pouvait agir pour le bien des Canadiens. Et c'est comme ça qu'il a pu avoir un ministère de l'Éducation. C'est comme ça que le gouvernement du Québec a pris un rôle croissant dans la gestion des affaires québécoises. C'était vraiment entrer dans l'ère moderne parce que cette conception de l'État avait été reconnue depuis fort longtemps par les autres provinces, la plupart d'entre elles en tout cas. Et dans ce sens-là, c'était vraiment une Révolution politique, une prise de conscience des Québécois qui ont un instrument à leur disposition, un instrument collectif qui s'appelle l'État du Québec.
>
> « Et je pense qu'il était, dans ce sens-là, un grand homme d'État (...) »

C'était l'aube d'un temps nouveau au Québec. De nouvelles voix émergeaient des classes populaires.

Lesage fut le seul à dire que « les gens savaient » que de gros changements allaient se produire.

Ceux qui avaient exercé le pouvoir durant les années 40 et 50 n'avaient rien vu venir. Les nationalistes et les révolutionnaires s'imaginaient que le renouveau descendrait tout neuf du ciel.

Pour Lesage, il fallait que la nouvelle société sorte du passé par le biais d'institutions enracinées dans le passé, par des hommes liés au passé qui en remettraient les commandes à la génération suivante. Il fallait que l'ancienne société admette d'abord son incapacité, son incompétence, son ignorance, face au monde de demain, au lieu de se cramponner au passé et à ses servitudes innombrables. Il fallait qu'elle regarde l'avenir en face, qu'elle embrasse du regard l'Amérique et l'Europe, le monde.

Il fallait faire ce virage. Il fallait faire « ce pas en avant » selon le mot de Guy Frégault, il fallait ce moment d'harmonie cette voix qui donnerait la note que tous entendraient. La Révolution tranquille fut ce moment et Lesage, celui qui sonna l'accord qui fit tressaillir tout un peuple.

Annexe

Le programme politique du Parti libéral du Québec 1960

LA VIE NATIONALE

C'est le devoir du gouvernement de cette province de faire l'évaluation de ce que nous possédons... afin de le développer de manière telle que le Québec en profite de façon permanente et s'épanouisse dans le sens de ses traditions, de son esprit et de sa culture.

JEAN LESAGE

La vie culturelle et le fait français

Article 1 — Création d'un ministère des Affaires culturelles ayant sous sa juridiction les organismes suivants:

a) L'Office de la langue française (ou de la linguistique);

b) Le Département du Canada français d'outre-frontières;

c) Le Conseil provincial des arts;

d) La Commission des monuments historiques;

e) Le Bureau provincial d'urbanisme.

Commentaire — Dans le contexte québécois, l'élément le plus universel est constitué par le fait français que nous nous devons de développer en profondeur. C'est par notre culture plus que par le nombre que nous nous imposerons. Conscients de nos responsabilités envers la langue française, nous lui donnerons un organisme qui soit à la fois protecteur et créateur; conscients de nos responsabilités envers les trois ou quatre millions de Canadiens français et d'Acadiens qui vivent au-delà de nos frontières, en Ontario, dans les Maritimes, dans l'Ouest, dans la Nouvelle-Angleterre et la Louisiane, le Québec se constituera la mère patrie de tous. Dans le domaine des arts, tout en participant au mouvement universel, nous tenterons de développer une culture qui nous soit propre en même temps que, par l'urbanisme, nous mettrons en valeur ce qui reste de notre profil français. C'est par la langue et la culture que peut s'affirmer notre présence française sur le continent nord-américain.

L'éducation

Article 2 — Gratuité scolaire à tous les niveaux de l'enseignement, y compris celui de l'université.

Article 3 — Gratuité des manuels scolaires dans tous les établissements sous la juridiction du département de l'Instruction publique.

Commentaire — C'est dans la province de Québec que la fréquentation scolaire est la plus faible du Canada. 50% des jeunes quittent l'école à l'âge de 15 ans. Des études récentes démontrent que 76% des jeunes chômeurs n'ont pas dépassé la 8e année et se trouvent ainsi constamment menacés de se retrouver en chômage leur vie durant. Par ailleurs, dans nos universités, les étudiants venant des classes agricole et ouvrière représentent un faible pourcentage de la population étudiante. Or, au cours de la dernière session on a oublié le sort des étudiants eux-mêmes et des parents qui ont la charge totale de l'éducation. Une chose s'impose donc immédiatement; la gratuité scolaire. Tous les jeunes qui en ont le talent et la volonté pourront, sans payer de frais de scolarité, bénéficier de l'éducation à tous ses niveaux du moment que seront mises en application les mesures qui suivent:

Article 4 — Tout enfant devra fréquenter l'école jusqu'à la fin de l'année scolaire au cours de laquelle il atteindra l'âge de 16 ans.

Article 5 — La province prendra à sa charge toutes les dettes scolaires dont elle n'a pas déjà assumé le remboursement.

Article 6 — Création de la Commission provinciale des universités.

Commentaire — Ceci fut demandé par les universités de Montréal et de Québec devant la Commission Tremblay pour des raisons exprimées au long dans leur mémoire. Il s'agit, pour cette commission, d'aviser le gouvernement et d'être l'agent officiel de liaison entre les institutions universitaires et l'administration provinciale.

Article 7 — La Commission provinciale des universités sera spécifiquement chargée, entre autres choses, de déterminer les moyens d'établir un mode d'allocations de soutien pour l'étudiant.

Commentaire — Étant bien convaincus que la gratuité scolaire sera demain une réalité dans la province de Québec, il faut prévoir dès maintenant le prochain pas à franchir pour que notre système éducatif ne laisse à désirer en aucune façon, tant pour les autorités enseignantes que pour l'étudiant.

Article 8 — Dans les écoles techniques et dans les instituts de technologie, adapter l'enseignement aux conditions nouvelles et au progrès constant de la scinece dans l'industrie.

Commentaire — Dans le domaine de l'instruction technique, de récentes études ont établi que nos écoles spécialisées ne suivent pas présentement la courbe ascendante et rapide des techniques nouvelles. Une enquête menée auprès de 265 jeunes qui ont quitté 9 instituts techniques ou écoles d'arts et métiers, a révélé que 33% seulement de ces jeunes travaillent dans le métier qu'ils ont appris, 40% travaillent en dehors de leur métier et 27% sont en chômage.

Article 9 — Création d'une commission royale d'enquête sur l'éducation.

Commentaire — Ce qui est contenu dans les articles précédents a généralement été admis par les divers organismes qui se sont penchés sur les problèmes de l'éducation. Par contre, ces mêmes organismes ont réclamé une commission royale d'enquête en ce qui concerne les structures et le financement de notre système d'éducation.

L'EXPANSION ÉCONOMIQUE

Le relèvement général du standard de vie que peut nous assurer une économie en pleine expansion ne saurait satisfaire toutes nos aspirations, comme groupe ethnique, tant que le contrôle et la gérance de cette économie continuent de nous échapper aussi tragiquement.

JEAN LESAGE

Conseil économique

Article 10 — Création d'un Conseil d'orientation économique de la province de Québec ayant en particulier sous sa juridiction:

a) Un Bureau de recherches économiques et scientifiques;

b) Un Bureau du développement industriel.

Commentaire — Le Conseil, composé de techniciens, de statisticiens, de sociologues, d'économistes, de syndicalistes, d'industriels, etc., serait en quelque sorte le grand planificateur de notre vie économique et industrielle. Il serait le conseiller de la politique administrative, l'enquêteur perpétuel, le surveillant des tendances. Il serait l'expert qu'on appelle en consultation. C'est de lui que dépendrait en grande part la planification à long terme nécessaire à l'équilibre de notre province. À notre époque où la science engendre si rapidement le progrès, il ne peut plus être permis aux gouvernants d'administrer la province en se basant uniquement sur l'improvisation.

Ministère des richesses naturelles

Article 11 — Création d'un ministère des Richesses naturelles dont les obligations seront en particulier les suivantes:

a) Susciter l'établissement d'industries secondaires pour la transformation chez nous de nos richesses naturelles;

b) Promouvoir la naissance de l'industrie lourde, avec la garantie de la province s'il le faut;

c) Encourager et inciter nos gens à unir leurs capitaux et à les placer dans le développement et la transformation de nos richesses naturelles, surtout dans les cas d'importance majeure;

d) Exiger des sociétés exploitant nos richesses naturelles l'emploi du personnel technique et administratif de chez nous à tous les niveaux de l'entreprise;

e) Établir un Institut des mines;

f) Assurer à l'Hydro-Québec la propriété et l'exploitation de toute énergie hydro-électrique non concédée partout où il est économiquement possible pour l'Hydro-Québec de la développer;

g) Régulariser les taux d'électricité à travers la province et les abaisser là où ils sont trop élevés;

h) Après enquête par une commission royale, enquête instituée sans délai, sur la vente du réseau gazier de l'Hydro-Québec, retourner à l'Hydro-Québec la distribution du gaz naturel selon que la province pourra en retirer plus d'avantages.

Commentaire — Tout le monde s'entend pour reconnaître que la province de Québec possède d'immenses richesses naturelles. Son sol, son sous-sol, ses forêts et ses sources d'énergie sont parmi les plus remarquables du monde à ce point de vue, et leur exploitation, si elle est rationnelle et bien orientée, peut garantir à tous les citoyens du Québec un niveau de vie enviable et stable. Et c'est le peuple de la province de Québec qui est propriétaire de ces richesses naturelles. L'exploitation de ces richesses doit s'effectuer de façon à profiter à la population de la province d'abord.

Afin de mieux répartir les sources de revenus, le gouvernement adoptera une politique de décentralisation de l'industrie et suscitera l'établissement de nouvelles industries dans les régions où leur nombre et leurs dimensions sont actuellement insuffisants. À ces fins, le gouvernement s'efforcera, par exemple, d'uniformiser les taux d'électricité entre régions.

Il faut effectuer une révision des 'royautés' qui sont actuellement versées par les compagnies qui exploitent les richesses naturelles du Québec, et exiger d'elles des redevances qui correspondent davantage à l'importance des revenus qu'elles retirent de leurs opérations. De plus, il faut mettre fin au régime des 'villes fermées' avec leur cortège possible d'exploitation de la main-d'œuvre et de violations de certaines libertés fondamentales.

Chômage

Article 12 — Le gouvernement provincial doit assumer ses responsabilités en matière de chômage.

Commentaire — Le gouvernement provincial a son ministère du Travail; il a en outre l'administration des richesses naturelles; il a la responsabilité de l'assistance sociale et de la plus grande partie des travaux publics.

La province de Québec compte actuellement (mars 1960) 236 000 chômeurs. Cela représente 42% des chômeurs du Canada. Depuis plusieurs années c'est toujours dans la province de Québec que l'on trouve le plus de personnes sans travail. C'est une situation inacceptable dans la province la plus riche en richesses naturelles.

Le chômage est un problème familial. Il faut poursuivre les politiques nécessaires pour combattre les causes de ce mal qui sape à sa base la sécurité de milliers de familles québécoises.

Quant au chômage structurel, causé par le surplus de population active par rapport au développement économique d'une ville, d'une région ou de toute la province, il y a lieu d'assurer un développement des ressources de la province d'une façon extensive et égale pour l'ensemble du territoire. Chaque ville, chaque région et la province entière doivent connaître un développement à long terme qui permette à la population entière de se trouver du travail d'une façon permanente. La politique en matière de ressources naturelles et de développement industriel, inspirée par le Conseil d'orientation économique, veut servir ce but.

Pour ce qui est du chômage technologique, provoqué principalement par le remplacement de l'homme par la machine, la collaboration du gouvernement avec l'industrie et les syndicats ouvriers est nécessaire pour aider la mise en application d'un vaste programme de réadaptation des travailleurs. Il faut multiplier les cours gratuits de réapprentissage avec compensation financière ajoutée à l'assurance-chômage.

Pour ce qui est du chômage saisonnier, il faut confier au Conseil d'orientation économique la tâche d'étudier les causes particulières de ce chômage dans chaque industrie où il existe, dans chaque secteur industriel, dans chaque ville, afin d'aider par une assistance financière spéciale les entreprises qui réussiront à stabiliser leur emploi. Les travaux publics doivent autant que possible être exécutés pendant la période où le chômage saisonnier atteint son plus haut point.

Quant au chômage cyclique, en collaboration avec les autres provinces et le gouvernement fédéral, le gouvernement utilisera sa fiscalité de façon à stimuler l'activité économique dans les périodes où une telle politique s'impose. En tout temps, il faut prévoir des travaux publics d'envergure destinés à absorber les travailleurs en chômage. C'est une tâche à laquelle le Conseil d'orientation économique doit se consacrer.

Agriculture

Article 13 — L'agriculture doit être relevée de l'état pitoyable où elle est présentement, par des mesures énergiques, prévoyant entre autres:

a) La réorganisation du ministère de l'Agriculture en vue de redonner son importance au service agronomique et d'organiser la recherche agricole particulièrement quant à l'utilisation et l'érosion des sols;

b) La modernisation de l'agriculture tout en travaillant à la maintenir dans le cadre de la famille rurale;

c) L'établissement d'un système efficace d'entreposage, de classification et de distribution des produits agricoles;

d) Des modifications à la Loi des marchés agricoles relativement à la majorité nécessaire à l'approbation d'un plan, à la composition de listes des producteurs éligibles, à la définition du caractère de l'acheteur, au mode d'arbitrage et à la reconnaissance des syndicats;

e) L'aide à la coopération agricole par la participation du gouvernement à la construction d'usines de moulées et d'engrais chimiques et de chaux, d'entrepôts modernes pour la conservation et la mise en marché des produits agricoles;

f) La création d'un crédit d'établissement pour les fils de cultivateurs à 90% de la valeur réelle de la ferme, le tiers n'étant pas remboursable à la fin et constituant l'octroi d'établissement pour les fils de cultivateurs;

g) Crédit à la production et à l'organisation de la ferme, à court, moyen et long terme, sous la responsabilité de l'Office du crédit agricole;

h) L'intensification de la mécanisation des fermes;

i) Le paiement d'une prime sur le beurre et le fromage, si le gouvernement fédéral abolit le prix de soutien actuel sur le beurre et le remplace par un prix de compensation;

j) Le paiement d'une prime sur le porc tant que la politique actuelle des paiements de compensation sera en vigueur;

k) Des subsides plus généreux sur les achats d'engrais chimiques et autres fertilisants afin de les mettre à la portée de tous les cultivateurs de la province;

l) Réforme de la Commission de l'Industrie laitière et de ses règlements, de façon à protéger les producteurs de lait contre les abus de certains intermédiaires, et à assurer aux producteurs une plus juste part de revenu;

m) L'aide à la production laitière durant la saison d'hiver;

n) Le développement et la multiplication des centres d'insémination artificielle;

o) L'institution d'une assurance pour les pertes de récolte et de troupeaux de toute espèce;

p) La création de réserves forestières paroissiales pour suppléer aux revenus des colons et des cultivateurs qui auraient ainsi accès à la forêt;

q) L'aide à l'établissement d'industries dites rurales qui emploieraient des produits agricoles comme matière première; fabrication de farine de pommes de terre, et du cidre, raffinerie pour résidus d'abattoir, savonnerie, etc.;

r) Des amendements à la Loi d'aide financière aux municipalités pour la construction de systèmes d'aqueduc et d'égouts, afin de mettre ces améliorations indispensables à la portée de toutes les municipalités rurales de la province;

s) L'entretien de tous les chemins d'hiver par le gouvernement.

Commentaire — « Les représentants autorisés des principales associations agricoles et des agronomes l'ont dit et répété à plusieurs reprises: ce qui manque au gouvernement, c'est une véritable pensée agricole. Les dirigeants actuels du ministère de l'Agriculture, tout comme les dirigeants du régime, ont démontré que, depuis un quart de siècle, ils n'avaient eu aucune véritable pensée agricole nouvelle. Tant que le gouvernement actuel sera au pouvoir, il n'aura qu'une seule et unique pensée, soit celle du patronage politique, et notre agriculture continuera de péricliter. Les cultivateurs doivent réaliser qu'il est de leur intérêt de changer d'administrateurs. » (Extrait d'un discours de Jean Lesage à St-Hyacinthe, 5 juillet 1959).

Colonisation

Article 14 — En matière de colonisation, la consolidation des paroisses existantes doit précéder l'ouverture de nouvelles paroisses.

Commentaire — Il existe un grand nombre de paroisses de colonisation qui ont perdu un nombre impressionnant de colons et où des terres préalablement défrichées demeurent inexploitées. Au lieu de dépenser des sommes considérables pour créer des paroisses nouvelles, il est tout à fait logique de commencer par établir les colons dans les paroisses bien vivantes et dotées de tous les organismes municipaux, scolaires et autres.

Article 15 — Il doit exister une coopération étroite entre le ministère de la Colonisation, les missionnaires colonisateurs et la Société de colonisation.

Article 16 — Pour le développement des lots de colonisation, il est impératif de réviser les taux payés et la limite du nombre d'acres.

Commentaire — Il faut aider le colon à se faire une vie nouvelle dans la colonisation. Il y a lieu de réorganiser tous les territoires de colonisation pour permettre aux colons de s'établir comme cultivateurs et bénéficier de revenus additionnels et d'avantages accordés aux autres cultivateurs de la province. À cette fin, il devient de plus en plus urgent que le nombre d'acres primables ainsi que le montant des primes d'acrage soient augmentés, et qu'une prime additionnelle soit versée sur chaque acre de terre cultivée et entretenue. De plus, en amendant la Loi de la colonisation de manière à permettre la consolidation de paroisses, il faut accorder des primes appropriées aux nouveaux occupants de lots abandonnés cultivables. Il est indispensable qu'on intensifie le drainage, afin d'accroître le rendement des cultures qui sont les mieux adaptées à chaque région.

On ne peut concevoir la prospérité du colon sans qu'il ait accès à la forêt. C'est pourquoi, tel que déjà dit, il importe de créer des réserves paroissiales où les colons pourraient avoir accès selon des normes établies en fonction du reboisement et de la situation particulière à chaque colon.

Enfin, le colon, comme le cultivateur, devrait pouvoir bénéficier des crédits de l'État pour l'organisation de son lot. Ce crédit devrait être à court, moyen et long terme.

Prix du bois de pulpe

Article 17 — Fixation dans chacune des régions de la province, d'un prix minimum pour le bois de pulpe mis sur le marché par les cultivateurs et les colons, tel que préconisé par l'Union catholique des cultivateurs.

Commentaire — La perte subie en ces dernières années par les cultivateurs producteurs de bois de pulpe s'évalue à plusieurs dizaines de millions de dollars. Ceci est le résultat des prix insuffisants qui leur ont été payés. Une législation comme celle projetée ci-dessus existe déjà dans la province d'Ontario. La production du bois de pulpe représente, pour le colon et pour le cultivateur, un revenu complémentaire dont il a absolument besoin. Le producteur de bois de pulpe devra recevoir la pleine valeur pour son bois.

Commerce et Industrie

Article 18 — Le ministère du Commerce et de l'Industrie aura des pouvoirs plus étendus lui permettant de développer, dans le cadre de la planification générale et sur une base régionale, le commerce et l'industrie, et d'établir en Europe et ailleurs des agences commerciales.

Plan directeur de la voirie

Article 19 — Comme les communications sont la clef du développement économique, il faut établir un plan directeur de tout le réseau routier de la province en relation avec la planification à long terme que déterminera le Conseil d'orientation économique, ce réseau devant s'intégrer dans le développement des richesses naturelles, du tourisme et des besoins régionaux.

Pêcheries

Article 20 — Amélioration du sort des pêcheurs:

a) Dans le domaine des pêcheries, accentuer la recherche ainsi que la propagande en faveur de la consommation locale et de l'exportation;

b) Établir l'industrie de la pêche maritime sur une base stable de façon à assurer la sécurité du pêcheur et de sa famille;

c) Mesures énergiques pour combattre la pollution des eaux des lacs et rivières afin de prévenir la disparition des poissons.

Commentaire — Les pêcheries constituent une de nos richesses naturelles. En ces dernières années, la valeur globale de nos pêcheries québécoises a diminué alors qu'elle augmentait dans les autres provinces. Là se trouve la cause des difficultés économiques de nos pêcheurs.

Tourisme

Article 21 — L'encouragement au tourisme, quatrième industrie du Canada, doit être une des premières préoccupations du gouvernement québécois.

Commentaire — Le gouvernement dépense présentement une somme insignifiante pour promouvoir cette industrie.

Le fait français doit demeurer la principale attraction pour l'étranger, mais seule une campagne d'envergure pourra faire augmenter cette source de revenus profitables à tous les Québécois.

Des parcs provinciaux, des sites de *camping* seront aménagés pour le plaisir et le confort des villégiateurs.

L'accès de la population aux territoires de chasse et de pêche sera facilité.

Un système de prêts à long terme sera établi pour aider à l'aménagement et à l'amélioration des établissements touristiques.

LE BIEN-ÊTRE SOCIAL

Être libéral, c'est être socialement juste.

GEORGES-E. LAPALME

La famille

Article 22 — Le ministère de la Jeunesse deviendra le ministère de la Famille et de la Jeunesse.

Commentaire — La plupart des programmes actuels de sécurité sociale, tout en ayant pour objectif de favoriser le bien-être individuel, tiennent très peu compte de la famille comme telle, c'est-à-dire des charges qui en découlent et des obligations auxquelles elle conduit. Pourtant, dans notre société on a toujours fortement insisté sur le respect dans lequel l'État et les individus doivent tenir la famille, cellule de base de la société.

Il importe de favoriser résolument une politique familiale et voir à l'appliquer dans tous les domaines de la législation sociale.

Il faut en outre réaliser immédiatement les projets suivants:

Sécurité sociale

Article 23 — Dès la prochaine session, des allocations familiales provinciales de 10$ par mois seront versées aux parents des jeunes de 16 à 18 ans qui sont aux études.

Article 24 — Dès la prochaine session, une allocation supplémentaire de 10$ par mois sera versée entièrement par le gouvernement provincial aux récipiendaires des pensions suivantes suivant leurs besoins:

a) Pension de vieillesse universelle à 70 ans;

b) Pension de vieillesse de 65 à 70 ans;

c) Pension aux invalides;

d) Pension aux aveugles.

Article 25 — Les veuves et les célibataires de sexe féminin seront éligibles à partir de l'âge de 60 ans à la pension actuellement versée aux personnes de 65 à 70 ans.

Santé publique

Article 26 — Un vaste programme de prévention de la maladie et d'hygiène publique sera mis en œuvre sans délai. La solution du grave problème de la pollution des eaux sera une des premières préoccupations du gouvernement.

Assurance-hospitalisation

Article 27 — L'institution immédiate, en collaboration avec la profession médicale, les professions et les services connexes, d'un système gouvernemental d'assurance-hospitalisation.

Article 28 — Ce plan sera établi selon les modalités permettant aux citoyens de la province de bénéficier des avantages de la Loi nationale d'assurance-hospitalisation, tout en tenant compte des droits constitutionnels de la province de Québec et des caractéristiques propres de notre population, et plus particulièrement des institutions directement concernées.

Commentaire — Dans les engagements ci-dessus, le Parti libéral ne fait que maintenir l'attitude qu'il a prise depuis 17 ans.

Le gouvernement créera des centres de diagnostic et des hôpitaux pour incurables.

Législation ouvrière

Article 29 — Promulgation d'un Code du travail.

Article 30 — Création de tribunaux du travail.

Article 31 — Réforme de la Loi des accidents du travail.

Article 32 — Réforme de la Commission du salaire minimum.

Article 33 — Publication et motivation des décisions de la Commission des relations ouvrières.

Article 34 — Abrogation des bills 19 et 20.

Article 35 — Création d'un fonds de retraite.

Commentaire — Le Conseil supérieur du travail devra se mettre sans délai à l'œuvre et préparer un code qui refondra toute notre législation du travail et qui donnera naissance à de vrais tribunaux du travail.

Il est important de réformer la Commission du salaire minimum afin que les employeurs et les travailleurs y soient directement représentés. Dès que reconstituée, la Commission devra immédiatement entreprendre une enquête en vue de réviser les zones économiques établies par les différentes ordonnances. Ce travail de révision conduira à une augmentation substantielle des salaires minima d'un grand nombre de salariés dont les travailleurs de la forêt. Il y aura lieu, également, de prendre les dispositions nécessaires pour que, graduellement, et le plus tôt possible, le salaire minimum général soit fixé à un taux équitable. Les taux de salaires prévus dans les ordonnances devront être ajustés régulièrement après consultation des organisations patronales et syndicales.

Seront illégaux, les syndicats dominés par les employeurs. Cette mesure garantira aux ouvriers des syndicats libres qui seront plus en mesure d'améliorer leurs salaires et leurs conditions de travail.

Tout comme la Commission du salaire minimum, la Commission des accidents du travail a besoin d'être réformée sur une base représentative afin que les travailleurs et les employeurs y aient leurs représentants.

Comme les décisions de la Commission peuvent affecter toute la vie d'un travailleur, il doit exister un droit d'appel qui permettrait à l'accidenté de faire réviser son cas avec consultation du dossier de l'accidenté. L'accidenté ou son représentant aura accès en tout temps à son dossier médical.

Un fonds général de retraite auquel contribueront les employeurs et les salariés doit être organisé. Ce fonds ne supprimera pas les fonds existants mais viendra soit les compléter, soit garantir à un employé qui quitte son emploi la continuation de son fonds de pension dans le nouvel emploi qu'il occupera.

Habitation

Article 36 — Création d'un crédit à l'habitation familiale.

Commentaire — L'un des grands problèmes sociaux de notre temps est celui qui est né du manque d'habitations salubres et de la rareté du logement dit familial.

La loi actuelle d'aide à l'habitation est inadéquate et même injuste. Il faut en élargir les cadres pour permettre à un plus grand nombre de familles de se qualifier pour la ristourne prévue par la loi.

Une aide généreuse du gouvernement provincial est indispensable aux familles nombreuses et aux gens à faibles revenus pour qu'ils accèdent à la propriété.

En conséquence, il faut accorder aux coopératives d'habitation une aide spéciale, afin de leur permettre de continuer le magnifique travail qu'elles sont accompli jusqu'ici. De plus, il y a lieu de collaborer avec toute corporation municipale qui voudra se prévaloir des dispositions de la Loi nationale de l'habitation relatives à la démolition des zones de taudis et la construction de maisons à loyers modiques.

Statut de la femme mariée

Article 37 — La femme mariée sous le régime de la séparation de biens doit avoir un statut juridique égal à celui de l'homme relativement à ses biens immeubles, comme à ses biens meubles, et avoir également le droit d'intenter toute poursuite judiciaire concernant ses droits.

Article 38 — La femme mariée sous le régime de la communauté de biens, doit avoir relativement à ses biens propres un statut juridique égal à celui de l'homme.

L'AVENIR CONSTITUTIONNEL

La Confédération canadienne ne peut progresser que dans le respect mutuel de l'esprit qui a présidé à sa fondation.

PAUL GÉRIN-LAJOIE

Relations fédérales-provinciales

Article 39 — Création de ministère des Affaires fédérales-provinciales.

Article 40 — Convocation par Québec d'une conférence interprovinciale.

Article 41 — Présentation par la province d'un mémoire devant la Conférence interprovinciale pour la solution du problème fiscal, le rapport de la Commission Tremblay devant servir de base à ce mémoire.

Article 42 — Québec proposera à la Conférence interprovinciale la création d'un Conseil permanent des provinces.

Article 43 — Québec proposera la création d'un Secrétariat permanent fédéral-provincial.

Article 44 — Québec proposera le rapatriement de la constitution.

Article 45 — Québec proposera la création d'un tribunal constitutionnel.

Commentaire — Avant la tenue de la prochaine conférence fédérale-provinciale, et surtout avant la fin des accords qui doivent expirer en 1962, il est nécessaire et urgent que toutes les provinces du Canada se réunissent et, si possible, s'entendent sur le grand nombre de questions qui les divisent entre elles et le gouvernement fédéral. Au cours de ces conférences, le rôle du Québec doit être prépondérant. Il le sera si Québec est préparé, va de l'avant et soumet des propositions concrètes.

Depuis plusieurs années, le Parti libéral de Québec a réitéré qu'il soumettrait le rapport de la Commission Tremblay comme base de la discussion. Cela signifie que les paiements conditionnels faits par Ottawa aux provinces seraient remplacés par un régime de fiscalité qui laisserait aux gouvernements provinciaux le libre exercice de leur juridiction.

Le domaine de l'éducation en particulier est et doit demeurer une responsabilité exclusivement provinciale.

Avec les futurs organismes que le gouvernement mettra sur pied, à partir du Conseil d'orientation économique et du ministère des Affaires culturelles jusqu'à celui des Affaires fédérales-provinciales, l'action du Québec sera positive et réaliste.

ADMINISTRATION

Dans la politique, comme dans la finance, il n'y a pas de mystère. Il peut y avoir des secrets mais, je le répète, il n'y a pas de mystère.

RENÉ HAMEL

Enquête royale sur l'administration

Article 46 — Une enquête royale sera instituée sans délai sur l'administration de la chose publique dans la province sous le régime de l'Union nationale.

Commentaire — Une telle enquête générale s'impose à la suite de la révélation de nombreux scandales: celui du gaz naturel, les scandales Bégin, Pouliot, etc., etc.

Réformes

Article 47 — Réforme du fonctionnarisme.

Commentaire — Le bon fonctionnement de la démocratie chez nous exige une réforme complète de l'administration des services gouvernementaux en revalorisant l'emploi des fonctionnaires et en favorisant le recrutement et la promotion de fonctionnaires compétents et dévoués par l'entremise d'une commission du fonctionnarisme indépendante de la politique partisane.

Article 48 — Réforme électorale.

Commentaire — Cette réforme est également essentielle au bon fonctionnement de la démocratie. Elle implique entre autres les mesures suivantes: la carte électorale sera révisée, les divers partis en présence seront traités sur un pied d'égalité, les officiers d'élection seront soumis à la juridiction normale des tribunaux, les dépenses d'élection seront limitées, la fraude électorale disparaîtra pour faire place à l'honnêteté du scrutin et à la liberté du vote, l'État assumera les dépenses essentielles des candidats.

Article 49 — Les débats de l'Assemblée législative seront publiés.

Commentaire — Pour assurer le bon fonctionnement de la démocratie, il est aussi essentiel que la population soit tenue au courant des actes et des prises de position de ses mandataires.

Finances publiques

Article 50 — Établissement d'un contrôle sévère sur les dépenses publiques afin de faire disparaître le népotisme, le favoritisme et le gaspillage.

Article 51 — Assainissement des finances publiques par l'octroi des contrats de travaux publics après demande de soumissions publiques.

Article 52 — Abolition du système des octrois discrétionnaires.

Commentaire — Le contrôle des dépenses de l'État par les représentants du peuple est à la base de notre système de démocratie parlementaire. Ce contrôle doit être exercé pleinement par tous les membres de la législature.

Municipalités

Article 53 — Répartition des sources de revenus entre le gouvernement provincial et les municipalités.

Commentaire — Les revenus des municipalités sont nettement insuffisants. Un système de péréquation sera établi dès la prochaine session pour permettre aux municipalités d'exercer pleinement leur autonomie.

Article 54 — Enquête générale sur la taxation provinciale.

Commentaire — Une telle enquête est devenue urgente et nécessaire pour les raisons suivantes:

a) L'impôt provincial sur les successions, à cause de ses taux trop élevés, nuit considérablement au capital familial et à la survie de nos entreprises. Au surplus, Ottawa doit être pressé d'abandonner ce domaine fiscal;

b) La taxe de vente est difficile d'administration pour la province, elle est une source de tracasseries pour nos commerçants, et elle est vexatoire pour les consommateurs. (Elle devrait être abolie immédiatement sur l'huile à chauffage, les médicaments brevetés et autres articles nécessaires à la vie);

c) La loi de l'impôt sur le revenu personnel est tellement mal agencée que le revenu imposable des personnes mariées est plus taxé que celui des célibataires;

d) Il existe quantité de taxes de nuisance qui doivent disparaître.

CONCLUSION

Voilà, en 1960, les points essentiels du programme du Parti libéral du Québec.

La loi, ne pouvant prévoir tout ce que l'homme inventera pour la contourner, contient plus d'énoncés de principe que de détails. Il en est de même d'un programme politique.

Le manifeste ci-dessus contient toutefois nombre de principes et de détails. Selon les cas et selon l'optique de ceux qui en prendront connaissance, on trouvera peut-être qu'il renferme un peu trop de ceci ou pas assez de cela.

Il aurait certes été possible de formuler des articles additionnels traitant, par exemple, des libertés civiles et parlementaires, de la moralité politique, de l'administration de la justice, de la délinquance juvénile, de l'administration de la Loi des liqueurs, etc. Le Parti libéral du Québec estime qu'il n'est pas nécessaire de réitérer des prises de positions connues de tous.

D'autre part, l'exposé de certains détails bien précis permet au lecteur attentif de mieux saisir le sens d'une politique et lui montre clairement la voie où le parti s'engage.

Quoi qu'il en soit, il se dégage des formules proposées une conclusion bien évidente: la province de Québec doit réformer ses structures, et le Parti libéral du Québec s'engage à le faire.

Manifeste du Parti libéral du Québec 1962

Le 22 juin 1960, la population approuve le programme du Parti libéral du Québec et lui confie le mandat d'organiser la vie nationale et économique de façon à mettre en valeur les caractéristiques propres des citoyens du Québec et à favoriser leur bien-être.

Jean Lesage et son équipe se mettent résolument à la tâche et dotent le Québec d'une législation sociale et culturelle sans précédent dans notre histoire. Ils font de même dans les domaines de l'éducation et de l'économie. Ils épurent l'administration.

En même temps, on crée le Conseil d'orientation économique chargé d'étudier les moyens à mettre en œuvre pour assurer notre expansion économique, facteur essentiel de notre épanouissement social et culturel.

À la suite d'études sérieuses, l'unification des réseaux d'électricité — clé de l'industrialisation de toutes les régions du Québec — s'impose comme condition première de notre libération économique et d'une politique dynamique de plein emploi.

Cette importante étape exige la nationalisation de onze compagnies de production et de distribution d'électricité.

Il appartient à l'Assemblée législative et au Conseil législatif d'adopter la législation nécessaire pour mener à bonne fin cette tâche, la plus vaste et la plus féconde jamais proposée par un gouvernement du Québec depuis la Confédération.

L'ampleur et la complexité de la tâche et la domination du Conseil législatif par l'Union nationale, parti opposé à la nationalisation complète de ces onze compagnies, ont décidé le gouvernement à associer toute la population du Québec à cette grande et fructueuse entreprise.

On ne remplace pas 30 000 actionnaires par plus de 5 300 000 sans consulter ces derniers. Jean Lesage et son équipe demandent à l'ensemble de la population de leur donner un mandat clair et précis qui leur permettra de poursuivre, avec une vigueur accrue, la réalisation du programme de 1960 du Parti libéral du Québec. Maintenant ou jamais « *maîtres chez nous* », tel est l'objectif que propose le Parti libéral du Québec.

LES ONZE COMPAGNIES À NATIONALISER

L'électricité est la plus abondante de toutes nos richesses naturelles. Elle est produite et consommée presque entièrement chez nous.

Dans l'économie moderne, l'électricité est à l'origine de tout le développement industriel.

Dans le Québec, en devenant maîtres de cette richesse naturelle, nous entrons dans la voie de notre libération économique.

La nationalisation, c'est l'acquisition par l'Hydro-Québec des entreprises électriques suivantes:

- The Shawinigan Water and Power Company
- Quebec Power Company
- Southern Canada Power Company Limited
- St. Maurice Power Company
- Gatineau Power Company
- La compagnie de Pouvoir du Bas St-Laurent
- Saguenay Electric Company

- Northern Quebec Power Company Limited
- Électrique de Mont-Laurier, ltée
- Électrique de Ferme-Neuve, ltée
- La Sarre Power Company Limited

LES EFFETS DE LA NATIONALISATION

La nationalisation de l'électricité, étape indispensable d'une politique vraiment nationale, aura des avantages directs ou indirects pour *tous* les citoyens du Québec. Ils pourront compter notamment sur les avantages suivants:

- Baisse de taux dans les zones où ceux-ci sont un obstacle au développement régional. Les tarifs domestiques et commerciaux seront rajustés de façon à supprimer la confusion et les injustices flagrantes qui règnent présentement. Bref, non seulement personne, nulle part, ne paiera plus qu'il ne paie maintenant — mais un grand nombre d'usagers verront leurs comptes diminuer.

- Conversion de 25 à 60 périodes (cycles) de l'électricité en Abitibi et distribution générale de l'électricité à des taux sensiblement plus bas dans le Bas-du-Fleuve et en Gaspésie. Du coup, on permet un nouveau départ à des régions trop longtemps négligées.

- Politique dynamique de décentralisation industrielle. Des régions entières seront ouvertes à l'industrie, ce qui contribuera à augmenter le nombre d'emplois disponibles. Dans son travail de développement et de décentralisation économique, le gouvernement pourra compter sur une puissante Hydro — devenue vraiment capable de mener à bien une politique rationnelle et dynamique de tarifs industriels.

- Diminution des coûts de production de l'électricité par suite des économies réalisées. Cela placera le Québec en meilleure position sur les marchés internationaux où s'écoulent certains de nos produits dont la fabrication exige l'utilisation de l'énergie électrique.

- La nouvelle Hydro assumera le paiement, sur la base

courante, de toutes les taxes municipales et scolaires des entreprises nationalisées, y compris les taxes payées pour les lignes de transmission, les sous-stations, stations, centrales et barrages.

- De plus, dans toutes les municipalités où elle possède *actuellement* des biens, la nouvelle Hydro paiera à l'avenir les taxes municipales et scolaires non plus seulement sur les fonds de terre et les bâtiments, mais aussi sur tous ses immeubles, sauf les centrales et les barrages.

- La nouvelle Hydro deviendra la propriété collective de 5 300 000 actionnaires à part entière, fiers de leur avoir commun et fiers de leur puissance nouvelle.

- Comme acheteurs de nombreux matériaux et service (près de 200 000 000$ par année) la nouvelle Hydro favorisera avant tout les gens du Québec.

- La nouvelle Hydro permettra la formation plus poussée et la promotion de nos jeunes techniciens du Québec qui eux pourront, par la suite, participer de façon efficace à la poursuite de notre œuvre de *libération économique*.

- Le Québec conservera les quelque 15 000 000$ d'impôt que chaque année les compagnies privées versent au gouvernement central.

LE COÛT DE LA NATIONALISATION

L'Hydro-Québec fera face aux dépenses de la nationalisation grâce à son expansion normale, grâce aux économies résultant de l'unification des réseaux et aussi grâce aux revenus normaux provenant de ses nouveaux territoires. De plus, pourront servir à cette fin les quelque 15 000 000$ que les compagnies versent présentement à l'impôt fédéral chaque année.

Il sera nécessaire d'emprunter des capitaux à long terme. Il n'est pas indispensable que ces emprunts se fassent sur le marché canadien. Si la conjoncture est favorable comme elle l'est actuellement, ils peuvent se faire aussi sur le marché américain ou européen, en tout ou en partie. Ceci assurera l'entrée au Québec de capital canadien ou étranger, dont nous avons besoin, mais *sous une forme où le contrôle reste entre nos mains.* De plus, les capitaux que plusieurs Québécois ont placés dans les compagnies d'électricité nationalisées seront rendus disponibles pour investissements dans d'autres secteurs de notre économie.

Les employés des entreprises nationalisées deviendront des employés de la nouvelle Hydro, et ne perdront ni leur rang ni leurs droits acquis.

Les actionnaires de ces mêmes entreprises recevront une juste compensation — fixée en tenant rigoureusement compte de leurs intérêts légitimes comme aussi de ceux des contribuables québécois. Cette compensation restera soumise à l'arbitrage décisif des tribunaux.

Inutile d'ajouter que le Parti libéral du Québec ne se lancera pas dans une politique générale de nationalisation. Son unique souci, c'est d'ériger une base large et solide pour l'expansion et la décentralisation de l'industrie. Son unique souci, c'est de donner à l'Hydro une taille à la mesure des besoins et des espoirs du Québec.

La nationalisation de l'électricité est clairement la mesure économique la plus vaste et la plus féconde jamais proposée dans notre histoire.

C'est pourquoi, ayant longuement examiné et discuté le problème, le Parti libéral du Québec est convaincu que la nationalisation de l'électricité est une grande et fructueuse affaire, non seulement pour le bien-être matériel du Québec, mais tout autant pour la santé sociale et l'avenir national du Canada français.

LA NATIONALISATION: ÉTAPE DE LA LIBÉRATION ÉCONOMIQUE

Un peuple comme le nôtre doit se servir des instruments de libération économique dont il peut disposer.

- D'abord nous devons nous affirmer dans des domaines comme ceux des finances, de l'industrie et du commerce. Nous en avons fini d'être *spectateurs* de l'activité des autres. Nous devons être actifs si nous voulons survivre...

  Par une politique de *planification économique* mise sur pied de façon démocratique, le Québec verra enfin où il va et saura résoudre à l'avance les problèmes dont, jusqu'ici, il avait à supporter les conséquences.

  Par une politique de *planification économique,* nous découvrirons encore mieux comment devenir maîtres chez nous.

- Par sa politique de *rénovation rurale,* le gouvernement modernisera l'agriculture et donnera au cultivateur québécois le statut professionnel et la dignité qui lui appartiennent et qui constituent les bases historiques de notre société.

  Ainsi, le gouvernement rénovera complètement l'agriculture québécoise.

- Par la *Société Générale de Financement,* le Québec utilisera ses propres capitaux pour mettre en valeur ses propres richesses et pour édifier chez nous un vaste réseau d'industries de transformation.

  En somme, la *Société Générale de Financement,* propriété collective des citoyens de cette province, augmentera notre patrimoine commun. C'est la première fois en Amérique du Nord qu'une population se donne un moyen aussi dynamique d'assurer son progrès économique.

LA NATIONALISATION ET LE PROGRAMME DE 1960

Enfin le Parti libéral du Québec poursuivra sans relâche la réalisation de son programme de 1960 pour:

- Intensifier notre vie nationale
- Compléter la grande charte de l'éducation
- Favoriser l'expansion économique

- Assurer le plein emploi
- Adopter un Code du travail
- Augmenter le bien-être de la population
- Affirmer le rôle du Québec dans la confédération
- Assainir l'administration de la chose publique

Cependant, pour que tout cela se continue, pour réaliser entièrement et dans sa plénitude le programme d'action déjà approuvé par le peuple, pour l'étendre dans l'avenir et pour obtenir les moyens qui nous manquent encore, le moment est venu de nous attaquer à fond, sans délai et sans hésitation, à l'œuvre exaltante de la *libération économique du Québec*.

Pour ce principe, le Parti libéral du Québec joue son existence. Jamais chez nous un parti politique n'a combattu avec autant d'ardeur pour un idéal.

*(Une réimpression publiée par la
Fédération libérale du Québec)*

Achevé d'imprimer à Montmagny
par les travailleurs des ateliers Marquis Ltée
le 21 avril 1981